Practical
Writing

应用文写作

刘　俐　张文礼◎主　编
王　宏　侯首辉　邓力轩◎副主编

人民交通出版社股份有限公司
北　京

内 容 提 要

本书主要由应用文基础理论、公文基础知识、党政机关公文写作、常用事务文书写作、常用专用文书写作五大项目共43个任务构成，并配合内容精心安排了相应的思考和练习，便于检查对应用文相关知识的掌握情况。

本书可作为各类高职院校的教材使用，也可作为国家公务员、企事业单位从业人员的培训教材和工具书使用。

图书在版编目（CIP）数据

应用文写作 / 刘俐，张文礼主编 . — 北京：人民交通出版社股份有限公司，2020.8

ISBN 978-7-114-16767-6

Ⅰ. ①应… Ⅱ. ①刘… ②张… Ⅲ. ①汉语—应用文—写作 Ⅳ. ① H152.3

中国版本图书馆 CIP 数据核字（2020）第 143820 号

Yingyongwen Xiezuo

书　　名： 应用文写作
著 作 者： 刘　俐　张文礼
责任编辑： 郭红蕊　齐黄柏盈
责任校对： 席少楠
责任印制： 张　凯
出版发行： 人民交通出版社股份有限公司
地　　址： （100011）北京市朝阳区安定门外外馆斜街 3 号
网　　址： http://www.ccpcl.com.cn
销售电话： （010）59757973
总 经 销： 人民交通出版社股份有限公司发行部
经　　销： 各地新华书店
印　　刷： 北京印匠彩色印刷有限公司
开　　本： 787 × 1092　1/16
印　　张： 16.25
字　　数： 352 千
版　　次： 2020 年 8 月　第 1 版
印　　次： 2021 年 12 月　第 4 次印刷
书　　号： ISBN 978-7-114-16767-6
定　　价： 45.00 元

《应用文写作》是根据我国高等职业教育“十三五”规划和建设现代化职业教育体系的要求，结合我国高等职业教育人才培养特点和教学改革的最新成果，由高职教育领域一线骨干教师精心编写而成的教材，以期帮助我国高职院校的学生切实有效地提高应用文写作水平，增强职业竞争能力。

《应用文写作》的编写吸取了现行国内同类教材的优点，以我国高等职业教育人才培养特点和教学改革的最新成果为依据，突出教学内容的实用性和针对性，将应用文写作基础能力与党政机关公文写作能力、事务文书写作能力、专用文书写作能力的培养有机地结合起来，并根据应用文写作的规范要求，将《党政机关公文处理工作条例》《党政机关公文格式》《标点符号用法》《出版物上数字用法》以附录形式罗列，以满足新时代社会经济发展对高职人才的要求。

本教材将“教”“学”“练”融为一体。除了讲授应用写作基础理论要素、法定公文文种写作、事务文书写作、专用文书写作相关知识外，还配有专门针对高等学校学生应用文写作能力的思考练习题，以期让学生在巩固知识内容的同时，增加应用文相关常用文种的写作实践经验。

本教材的编写，参考了有关政府网站、专著和教材，选用了相关例文，因作为教材未能与相关作者联系，敬祈见谅，并深表谢意。

本教材由刘俐、张文礼任主编，王宏、侯首辉、邓力轩任副主编。朱丽娟、张琛、陈婷、彭慧灵、张瑞为参编人员。刘俐负责全书的策划、统稿、修改和思考练习题的编撰工作。各部分的执笔情况是：刘俐负责项目一、项目二、项目三中的任务六、任务八至任务十四及项目五中的任务九、任务十；王宏负责项目三中的任务一至任务四、任务七及项目四中的任务七、任务八；侯首辉负责项目三中的任务五、任务十五及项目五中的任务一、任务五；朱丽娟负责项目四中的任务一、任务四至任务六；张琛负责项目五中的任务三、任务四、任务六；陈婷负责项目四中的任务二、任务三、任务九；彭慧灵负责项目五中的任务七、任务八；张瑞负责项目五中的任务二。

由于我们的水平有限，教材中难免存在一些不足或错误之处，恳请专家、读者不吝赐教。

编　者

2020年6月6日

目录
Contents

项目一　应用文基础理论

应用文在我国经过数千年的发展，形成了较为系统规范的理论体系。学习应用文必须掌握这些理论，打好基础，才能为各种应用文种的写作提供充足的理论依据。因此，掌握应用文理论基础知识，对学好应用文写作具有十分重要的意义。

任务一　应用文概述

一、认识应用文

应用文也称实用文，是国家机关、企事业单位、社会团体、人民群众在工作、学习、生活中使用的具有直接效用和一定体式的文书，是指导实践、表达思想、传递信息、处理事务的工具。

二、应用文的主要特点

1.实用性

实用性是应用文区别于其他文种的根本特点。应用文的实用性是指使用应用文能够实现处理某种事务的目的，若换成其他文体则难以实现办成某些事务的目的。在表达时主要体现在内容应与具体事务密切相连，不尚空谈。表达形式要遵循法定使成和约定俗成原则，不求新奇。

2.真实性

真实性是应用文的生命。应用文的真实性主要是指应用文中涉及的事务应是客观存在的，事务中涉及的事情是已经发生的，或是即将进行的真实准确的事情，不能有半点的夸张和虚构，否则，传递的信息失真，将会造成重大损失。

3.模式性

应用文的模式性主要体现为具有较为固定的模式性结构和模式性语言两方面。模式性结构具体表现为具有法定使成的结构模式和约定俗成的结构模式两方面。法定使成模式是指应用文中的法定公文都具有鲜明的外在形式，如现行党政公文都要按照中共中央办公厅、国务院办公厅于2012年4月16日印发的《党政机关公文处理工作条例》，国家质量监督检验检疫总局、国家标准化管理委员会于2012年6月29日发布的《党政机关公文格式》（GB/T 9704—2012）两个文件执行，显示出公文格式等工作的统一化要求。约定俗成模式是指应用文中部分文种没有具体的部门文件规定其结构具体要求，因而在表达时比较灵活。

应用文模式性语言主要表现为短语的普遍使用，如开头用语、过渡用语、结尾用语等。在不同作者、不同内容的应用文中都可以使用这些模式性的短语。

应用文较为固定的程式性结构和程式化语言，是在长期使用中逐步形成并为社会所公认和接受的。这种相对固定的模式，因其表意明确而易于理解，形式稳固而易于把握，特别适用于处理具体事务。

三、应用文的作用

1.处理事务作用

在工作和生活中，我们需要处理相关公私事务，按照有关规定必须提供相关的文件才能予以办理。应用文具有实用性的特点，承担了这一重任，阐明行文的目的、依据、原因，讲明具体事情的来龙去脉及结果，提出相关要求，才能得到对方的认可，方能处理好相关事务。若提供的文件不是应用文则很难达到相应要求，无法办理具体事务。

2.协调沟通作用

应用文是工作、学习和生活中相互沟通联系的桥梁和纽带。社会要有序发展就离不开用应用文加强联系和交流。上下级机关之间需要用应用文传递相关信息，使上级及时了解下情，作出正确决策；使下级及时得到指导，工作有所遵循。机关单位部门之间通过有关信息进行交流、商洽、协调，相互了解，加强协作，使工作能够顺利进行，正常运转。个人之间通过应用文传递的信息进行沟通，可以处理私务。

3.凭证依据作用

应用文是处理公私事务活动的真实记录。它记载着处理公私事务的意图、缘由、目的和结果，是处理公私事务的依据和凭证，使处理工作有章可循，有据可查。事务处理完成，根据需要有的文件还要归档保存，作为以后研究使用的重要依据凭证。

四、应用文的分类

根据不同的标准，应用文可以分为不同的类别。

应用文可以分为公务文书和私务文书两大类。公务文书又可以分为通用文书和专用文书。通用文书可以分为法定公文和事务文书。法定公文主要由现行的《党政机关公文处理工作条例》规定的决议、决定、命令（令）、公报、公告、通告、意见、通知、通报、报告、请示、批复、议案、函、纪要15种文种构成。事务文书主要包括计划、总结、调查报告、简报等机关单位工作中常用的非法定公文文种。专用文书又可以分为规章文书、经济文书、科技文书、法律文书、社交礼仪文书等类型。私务文书涉及的内容也非常多。本教材主要介绍公务文书的写作，私务文书不做具体介绍。有很多私务文书文种既具有专用文书文种的属性，又具有私务文书文种属性，则从公务文书角度对其进行介绍。

任务二　应用文主旨

应用文通常由主旨、材料、结构、语言、表达方式等要素构成。应用文的写作过程从客观需要到形成作品，经历了明确写作主旨、充分占有材料、合理谋篇布局、准确得体表达等过程。学习应用文写作，应掌握好应用文各要素的相关知识和要求。

一、认识主旨

主旨是应用文的重要要素。要学好应用文必须明确主旨的含义、主旨的要求和突出主旨的方法。

主旨通常指作者通过应用文内容表达出的统领全文、贯穿始终的基本思想、观点或主张，即是指我们在办事时所持的意图、主张、要求等。主旨在现代写作中有不同的称谓，文学作品称为主题，学术论文称为中心论点，应用文则称为主旨。古人将主旨称为“意”“旨”“脑”等。

主旨在应用文写作中具有重要的作用，古人将其喻为“灵魂”“统帅”。主旨决定应用文的基本内容和表达形式。主旨与材料、结构、语言、表达方式等被称为应用文文本构成要素。这些要素既相互作用，又在主旨的统领下组成有机整体。

“灵魂”是就应用文的内容而言的，是评判应用文表达效果和呈现价值的主要依据。衡量应用文写作成功与否首先看主旨是否符合相关的要求。

“统帅”是就应用文的形式而言的。主旨决定应用文的形式，材料、结构、语言、表达方式等写作要素都要为主旨服务。主旨在应用文中作为贯穿全文的思想红线，发挥了串起材料的取舍、支配结构技巧、掌控语言运用、选择恰当的表达方式的重要作用。

二、主旨的要求

主旨的要求是前人在长期实践中总结而成并指导我们现在及未来应用文写作的法宝。主要包括正确、鲜明、集中等要求。

1.正确

正确是指作者在应用文中表达出来的内容应该符合党和国家的政策，认识全面，观点科学，符合客观实际，能反映事物的真实面貌和本质规律，有利于社会的发展，经得起历史的检验。

2.鲜明

鲜明是指应用文主旨的表达明确清晰，观点明确，态度明朗，赞成什么，反对什么，主张什么，要求什么，有什么意见和建议，都要直截了当，表达明确，使人一目了然。

3.集中

集中是指应用文主旨的表达要单一，即一文一旨。应用文主旨表达应单纯，通常一篇应用文只确立一个基本思想、主张，全文围绕着这个主旨进行表达，阐明观点，说明道理，并将其说深说透，给人留下深刻的印象，起到指导、教育、鼓舞作用，达到传递写作意图的目的。

三、突出主旨的方法

1.标题显旨

标题显旨即在标题中要直接把主旨准确简要地概括，让读者在看见标题的第一时间明确该文的主旨。这是大多数应用文标题的特点之一。如《关于增拨救灾资金的请示》，标题就将主旨“增拨救灾资金”明确表达出来了。

2.开篇显旨

应用文在开头直接表明主旨，使之统领全篇彰显主旨。这种开门见山的表达方式，使读者一目了然。如《国务院办公厅关于进行2004年各类突发公共事件评估分析的通知》的开头为：“为了做好突发公共事件年度评估分析工作，根据国务院领导同志批示精神，请你们按照职责分工，分别汇总2004年自然灾害、事故灾难、公共卫生事件和涉及社会安全的突发公共事件情况，并对应急管理工作进行评估分析。”开篇表述就让各主送机关大概知道国务院办公厅发布该通知要求他们做何事，为后面了解任务的具体事项打好基础。

3.结尾归旨

应用文结尾部分通常采用重申主旨、总结全文、提出希望、发出号召的方式凸显主旨，起到强调的作用。如《国务院办公厅关于2020年部分节假日安排的通知》的结尾“节假日期间，各地区、各部门要妥善安排好值班和安全、保卫等工作，遇有重大突发事件，要按规定及时报告并妥善处置，确保人民群众祥和平安度过节日假期。”就让阅读者明确了2020年部分节假日的安排及国务院的要求。结尾起到了较好的强调作用。

任务三　应用文材料

一、认识材料

古人把材料喻为文章的“血肉”。材料是形成应用文主旨和构成文本的物质基础，是表达应用文主旨并获取认同的依据保证。

应用文材料有广义和狭义之分。广义材料是指为写作应用文而搜集积累以备选用的具有一定意义和价值的全部资料，是写作准备阶段获取的具体资料；狭义材料是指写入应用文中用来支撑主旨的理论、事实和数据，是任何文章都必备的构成要素。由此可见，广义材料与狭义材料存在着包含关系。只有掌握丰富的广义材料，才有可能从中选出能支撑主旨的狭义材料。

二、获取应用文材料的方法

获取应用文材料有多种方法，只有充分占有材料才能对问题有全面的认识，发现问题的实质，提出科学的方法，为应用文写作打好基础。

1.留心观察

在社会实践中，通过直接观察，事事关心，获取第一手资料，特别要注意关心国家大事和相关方针政策，留心单位工作情况，了解身边发生事情，或者有关感受，有得必录。长期坚持，持之以恒，必有所得。

2.调查研究

直接参与某项具体工作实践，在工作中认真观察并思考。对相关人员进行采访，尽可能多地搜集原始材料，包括自己的切身体会和感受。进行认真研究，理清事件的来龙去脉，辨明是非曲直，形成自己的观点，为领导决策提供参考。

3.多方搜集

对于某些涉及历史问题的复杂事项的处理，需要有目的、有意识的通过档案馆查阅文件，通过图书馆检索专著资料，通过网络检索相关信息，寻找写作应用文需要的间接材料，为提出解决问题寻找理论依据。

三、选择材料的原则

选择材料是保证主旨表达正确、鲜明、集中的关键步骤。选择材料主要的原则是选择主旨需要的材料、选择真实的材料、选择典型的材料和选择新颖的材料。

1.选择主旨需要的材料

主旨的需要是选择材料的首要依据。选择材料应该遵循以主旨的需要为统领，选取能凸显主旨的材料在文中使用。凡是不能很好地表现主旨的材料，哪怕材料新颖，也不能使用，若将其选入使用不仅无助于主旨的表现，甚至会歪曲主旨，淹没主旨，达不到行文的目的。选择主旨需要的材料是选材的首要原则。

2.选择真实的材料

应用文选材必须遵循真实的原则。选材时必须具有科学严肃的精神和认真求实的态度。选取源自客观真实存在的事实，不能臆想虚构、夸大或缩小主旨。如摘引有关法规、政策或引用他人的话作为依据，要准确明白无误，表意完整；如表彰先进人物，其姓名、先进事迹涉及时间、地点、人物及因果关系要交代正确；如需引用数据、公式、符号等进行表达，必须反复核实，确认材料确凿无疑，可靠无误，不能以近似值、差不多等态度马虎对待。

3.选择典型的材料

所谓典型材料，是指能够深刻揭示事物本质或规律，具有广泛代表性和强大说服力的材料。选材时要从材料的全部总和与联系中去选择能反映客观事物本质或规律的材料，不能选用那些孤立的、偶然的、个别的材料。这些材料虽然是真实的，但不具有代表性，不能反映事物的真实全貌，因而也没有说服力。典型材料中也有个别的、特殊的，但能反映事物的共性，揭示某些事物本质或发展规律。这种材料可以起到“以一当十”的作用。

4.选择新颖的材料

所谓新颖的材料，是指新近发生的事情，出现的新经验、新问题，需要不断地去调查、发掘、研究、解决。新颖的材料能引领读者去认识新事物、新任务。这类材料紧密联系实际，具有时代特征。在工作、学习和生活中要与时俱进，新事物、新情况、新问题层出不穷，需要进行解决，若还是使用陈旧的思维方法、解决时过境迁的问题情况，则会产生材料缺乏说服力，达不到应用文写作的目的的现象。

任务四　应用文结构

一、认识结构

结构是应用文的组织构造，通常也称谋篇布局，是指作者对客观事物的认识形成的写作思路，通过文章内容的组合、构造形成逻辑上的视觉化。应用文结构包含了作者的认识规律，以及对材料主次、详略的取舍和先后顺序的安排。作者通过分句、分行、分段，形成应用文的外部轮廓。应用文结构是研究文章表达有序的重要问题，因而古人将结构喻为文章的“骨架”。

二、应用文结构的特点

1.规范性

规范性表现为应用文的结构要符合法定规范要求和约定俗成的格式要求。不同的应用文文种在长期实践中形成了特有的固定结构模式，有不同的特定格式或惯用格式，得到了大家的认可。我们在应用文写作中对此应有清楚的认识，不能随意改动。

2.条理性

条理性表现为应用文的结构必须体现思维的规律性和有序性。应用文是与客观社会发展紧密联系在一起的，是处理公私事务的重要工具，其内容表达应有条有理，反映事物的规律或本质。通常用一段文字或一个条款说明一个问题，甚至用小标题或序号予以表达，使作者的认识能够层次清晰地表达出来，达到行文的目的。

三、应用文结构安排的原则

应用文结构安排的原则也是前人在长期实践中总结出来的经验，值得我们学习、继承、发扬光大。应用文结构安排的原则主要包括根据突出主旨的需要安排结构、根据事物客观发展规律安排结构、根据应用文文种特点安排结构三方面内容。

1.根据突出主旨的需要安排结构

应用文的主旨是“统帅”，是作者写作意图与主张的体现。应用文的结构必须服务于主旨的表达需要，以最有效的方式表达主旨是首要原则。

2.根据事物客观发展规律安排结构

应用文表达的事物与客观现实密切相连，蕴含着人们对事物的普遍规律认识和事物自身发展规律的了解，只有按事物客观发展规律安排结构，才能合理有序地凸显主旨。通常应用文结构的安排或以事件发生的时间先后为序，或以事物的空间位置变化为序，或以作者观点的逐层展开为序，必须依照事物发展的逻辑关系安排，才能达到行文的目的。

3.根据应用文文种特点安排结构

应用文的文种繁多，不同类别文种具有不同的特点和要求，或符合法定使成的规范要求，或符合约定俗成的一般要求。只有明确该应用文文种的格式和内容构成特点，根据要求安排结构，才能得到读者的认可，进行有效沟通，处理好相关事务。

四、应用文结构要素要求

应用文结构要素主要包括标题、开头、主体、结尾、落款等。

（一）标题

标题是读者阅读、知晓应用文内容的首要信息，人们将标题比喻为文章的窗口。通常应用文的标题要概述文章内容，凸显主旨，起到引导读者迅速知晓应用文具体内容的作用。

1.应用文标题的类型

应用文标题通常包括公文式标题、论文式标题、新闻式标题和文种式标题四大类。

（1）公文式标题。主要包括完全式标题和省略式标题。

①完全式标题。《党政机关公文处理工作条例》第三章公文格式第九条第七款规定：“标题。由发文机关名称、事由和文种组成。”这就是对完全式标题作出的规定。完全式标题即由发文机关名称、事由、文种三要素构成，其又被称为三要素俱全的标题。在长期的实践中，通常在事由之前加上介词“关于”，使其和事由形成介词结构，关联更紧密。如《重庆市人民政府办公厅关于进一步加强当前安全生产工作的紧急通知》，这个标题即是标准的完全式标题，其中包含了发文机关名称、事由和文种。主送机关一看标题就知道是谁发来的文件，要求做何事，一目了然。

②省略式标题。主要包括三类：第一种为省略发文机关的省略式标题，如《关于加强安全生产的通知》。收文机关若只看标题不知道此文是谁发来的，还要参照版头的发文机关标志或落款部分署名才能知晓。采用这种标题，对于收文机关迅速了解公文内容会造成一定的不便。第二种为省略事由的省略式标题，如《宏远公司通知》。没有事由也就不使用介词“关于”。这种标题的使用更要小心，只有公文内容很简单时才可使用，若是发布法规规章等事项，若标题中把事由表达出来，则可能出现标题与正文内容字数差不多的情况，让人感到冗赘。最好不采用这种省略式标题。第三种为省略发文机关和事由，只有文种的省略式标题，如《通知》。这种标题从研究角度看，理论上是可

以存在的，但一般都不建议使用这种表达。

从省略式标题中可以明确一点，标题三要素中“文种”是不能省略的。明确这一点可以为后面学习颁转性通知打好基础。

（2）论文式标题。学术论文和部分调查报告等常用此类标题。主要有两种类型：一是以论题为标题，如《对高职学生就业问题的思考》；二是以论点为标题，如《宏观调控是现代市场经济体制的内在要求》。

（3）新闻式标题。在标题中表达出事件涉及的主要事实。常用于简报、调查报告、总结等文种的标题中，如《扎根第二故乡创业致富——万州三峡库区移民新村调查》。

（4）文种式标题。如《感谢信》《启事》等即属于文种式标题。通常是在内容简单的事务文书或专用文书中使用。大家一看标题就知道内容是表感谢或告知某事。若对此感兴趣，继续阅读便能全知晓。

2.应用文标题表达的方式

应用文标题表达的方式常见的为单标题和双标题两种形式。

（1）单标题。这种标题使用最多，公文可以用，事务文书可以用，专用文书可以用，文学作品也可以用。通常标题置于文章的首页、首行，字号比正文内容大，其他没有做专门规定。公文标题的表达，国家标准《党政机关公文格式》中做了专门规定：“分一行或多行居中排布；回行时，要做到词意完整，排列对称，长短适宜，间距恰当，标题排列应当使用梯形或菱形。”我们在制作公文标题时应遵守此规定。

（2）双标题。双标题主要由正题和副题构成，或引题与正题构成。在正题和副题双标题中，通常正题是虚题，副题是实题。双标题的表达通常在文章的首页分一行或两行表达。分一行表达的双标题，应该是正副标题字数较少，正副标题间用冒号间隔。分两行表达的双标题，通常是正标题在上，副标题在下，副标题前用破折号标识，如《以腾飞科技实现新的发展目标——宏远公司科研工作总结》。正副标题的表达也可以采取不用标点符号的形式，正标题用大一号的字体，副标题用小一号的字体以示区别表达。双标题通常用于调查报告、经验总结、简报等文种中。

（二）开头

开头又称为导言、前言、引言、缘由等。开头对全篇起着引领作用。应用文常用的开头有很多，本书着重介绍目的式、依据式、原因式、引据式4种。

1.目的式

目的式即在应用文开头的句首说明行文的目的，常用“为了”或“为”领起，或交代有关情况后用“为此”转入下文，说明行文的目的。“为保障民用航空的安全，防止劫持、破坏民航飞机和破坏民用航空设施事件的发生，确保公共财产和旅客生命财产的安全，特通告如下：”即为目的式开头。

2.依据式

依据式即在应用文开头的句首说明行文的依据，常用“根据”“遵照”“依据”“××决定”，或说明了有关内容后用“据此”表明行文的依据。“根据《中华人民共和国合同法》及有关规定，为明确买卖双方的权力及义务，经双方协商一致，签订合同如下：”即为依据式开头。

3.原因式

原因式即在应用文开头的句首说明行文的原因，常用“因为（因）”“由于”“鉴于”，或说明了有关内容后用“因此”表明行文的原因。“因检修管道，定于××月××日停水一天。”即为原因式开头。

上面三种开头方式通常用于主动行文的开头，既可以单独使用，也可以两两结合，或三种方式结合使用。“为加强主城区燃放烟花爆竹的安全管理，防止人员伤亡和火灾事故的发生，保障国家、集体和个人财产安全，保护公民身心健康，创造良好的工作、生产、生活环境，根据《重庆市燃放烟花爆竹管理条例》有关规定，特通告如下：”就是由行文目的和行文依据结合的开头。又如，“近来由于天气炎热，有部分同学到嘉陵江游泳，为了保障同学们的生命安全，根据《西南大学学生管理办法》的有关规定，特作如下通告。”这个开头就是采用了行文原因、行文目的、行文依据三种方式结合的开头，很好地说明了行文的必要性、重要性及可行性。

应用文写作用何种方法开头，没有固定的模式，应视具体情况灵活选用，达到迅速引领读者进入主体部分内容阅读的目的。

4.引据式

引据式主要用于被动行文的公文开头，一般在应用文开头引述来文的标题和发文字号。表达为“你（贵）×《关于×××的请示（函）》（××〔××××〕×号）收悉。经研究，批复（函复）如下。”再写明批复或复函的具体内容。例如：“你公司《关于购买汽车的请示》（宏司〔2020〕10号）收悉。经研究批复如下。”

应用文的开头方式还有情况概述式、背景交代式、问候祝贺式等，甚至还有无专门的开头，直接写出主体内容的方式。在应用文写作实践中，要根据行文的目的和主旨表达的需要确定最佳的开头方式，但是不管用何种方式开头，都要做到开门见山，直截了当。

（三）主体

主体的文面形态决定于应用文正文内容的繁简。通常内容简单的应用文采用篇段合一式，内容复杂的应用文采用分条列项式使内容表达清晰明白。

1.篇段合一式

篇段合一式又称为独段式。应用文全篇只有一段，这一段包括了开头、主体、结尾的所有内容。例如，《招领启事》就只需表达出招领物概况、联系方式等内容即可。全文只有一段，一段就是一篇应用文。

2.分条列项式

分条列项式又称为多段式。这种方式适用于内容复杂的应用文。分条列项式的表达主要分为以下三种方式。

（1）小标题式。根据内容表达要求用短句或词组概括出本层次或本段落的要点置于首要位置，凸显应用文内容的条理性，便于读者迅速掌握应用文内容。调查报告、计划、总结的主体部分常用这种方式。

（2）条目式。条目式又称为条款式。这种方式是将主体内容按一定的逻辑关系分为若干条，一条说明一个问题，每条以简短的句子为首括句作为本条的目，随后再展开表达。通常在首括句前加上序号。很多通用文书常用此方式。如会议通知的主体部分，表达为：

“一、会议议题：部署安全工作检查具体事宜。

“二、会议时间：2020年9月7日下午3：00。

“三、会议地点：……”

（3）标序式。标序即用序号标出应用文主体内容各层次的序号。序号的表达通常有两种方式。第一种为《党政机关公文格式》（GB/T 9704—2012）规定的正文“文中结构层次序数依次可用‘一、’‘（一）’‘1.’‘（1）’标注”。另一种为章条款项式，如《党政机关公文格式》的表达，章用“1”“2”等表达，节用“2.1”“2.2”等表达，条用“2.1.1”“2.1.2”等表达，款用“2.1.1.1”“2.1.1.2”等表达。这种标序式在《科学技术报告、学位论文和学术论文的编写格式》（GB 7713—1987）中有具体阐述。

（四）结尾

应用文的结尾方式有很多，常用的有责令式、模式语式、祈请式、建议式、期望号召式等。

（1）责令式。责令式结尾通常用于下行公文中，即向下级提出贯彻执行要求，如“望认真贯彻执行”“望遵照办理”等。也有责令性不强的要求，如“请研究执行”。

（2）模式语式。模式语式又称为强调式，通常表达为“特此通知”“特此函达”等。

（3）祈请式。祈请式一般用于上行公文或平行公文中，要求上级对相关问题予以指示或批准，如“以上请示当否，请批复”。若请求不相隶属机关商洽等问题时用“敬请函复”作结尾。

（4）建议式。建议式即针对应用文主体部分所述问题提出意见或建议。调查报告、意见等文种常采用这种结尾方式。

（5）期望号召式。期望号召式即提出希望，发出号召，达到行文的目的。

在工作实践中，也有不用结语的情况，若主体内容已表达完整清楚，也可以无专门的结尾。主体内容表达完就进入落款部分内容的表达。

（五）落款

落款一般包括署名、成文日期和印章三要素。落款的位置通常在正文下偏右位置。

若是经会议讨论通过的公文，通常将会议名称、通过的日期表达在标题下一行，用圆括号括起来。这种表达称为题注，就不能再标识落款内容。例如，《中国共产党第十九届中央纪律检查委员会第四次全体会议公报》（2020年1月15日中国共产党第十九届中央纪律检查委员会第四次全体会议通过）。

1.署名

署名即署上发文机关名称或个人姓名。发文机关名称要与标题中的发文机关表达相同，用全称或规范化简称。

2.成文日期

成文日期是应用文生效的标志之一，也是重要凭证依据。表达时应写全年月日，法定公文应按要求正确表达。现行党政机关公文的成文日期要求用阿拉伯数字写全年月日。

3.印章

印章是发文机关合法有效的标识，特别是在处理公务中要按相关规定加盖印章，印章的名称要与行文机关的名称一致。有些简单内容的应用文也可以不要印章。

（六）过渡与照应

过渡与照应是应用文内结构的重要要素。使用过渡与照应可以使应用文气血贯通，脉络分明。

1.过渡

过渡是指上下文、层次段落之间的衔接、转换，在文中起到承前启后、前后连贯的作用，使文章脉络通畅，结构严密，是承上启下的中介。应用文中用得最多的过渡方式为词语过渡和句子过渡。

（1）词语过渡。常用于意思转折、跳跃不大的上下句、上下段或上下层之间。常用表转折或因果关系的关联词来贯通意思。如“但是”“如果”“即使”“固然”“因为”“所以”“综上所述”等。

（2）句子过渡。常用于文章层次或段落之间意思的连接。如公文中的过渡句，“现将有关情况报告如下”“特作如下通知”“特通告如下”等将开头部分与主体部分内容衔接起来。

2.照应

照应是指文章内容的前后关照呼应，是一种有意识的重复或再现，起到突出主旨、补充强调行文思想和目的、使读者加深印象的作用。应用文中常用的照应有题文照应、首尾照应、图文照应等方式。

（1）题文照应，即标题与内容相互照应。

（2）首尾照应，即应用文的开头与结尾内容相照应。

（3）图文照应。在如今的大数据时代，应用文要表达众多数量关系时，常用图示语言将数据间的关系表达出来，照应相关内容，达到简明直观准确的效果。

任务五　应用文语言

一、认识应用文语言

语言被誉为是应用文的“细胞”，是人类表达意愿、交流思想的重要工具，也是作者思想的直接体现。应用文语言在长期的实践中形成了不同于文学语言的鲜明独特的表达方式。要学好应用文写作必须掌握应用文语言特点。

二、应用文语言的主要特点

1.使用通用性的书面语体

文学语言的语体风格为强调形象化、追求个性化。应用文写作以实用性为目标，为了快捷地实现写作目的、有效地传达信息，必须使用社会认知的书面语体，避免造成阅读、理解障碍和偏差。不用个性化的方言俚语和生僻字词、非规范化的词语及超常规的句式，谨慎使用外来词语、网络用语。

2.沿用模式化语词和句式

应用文在长期的实践中形成了模式化的语词和句式，展现了应用文独特的语言风格。

（1）应用文模式化的语词主要体现在两方面。首先体现在保留使用部分文言词语，如“兹”“悉”“拟”“径送”等，使应用文语言更具书面语特征。其次常用固定的、模式化的专门用语，主要有开端用语、承启衔接语、结尾用语、称谓用语、表态用语等。

①开端用语。应用文固定的开端用语，是人们在长期实践中总结出来的固定开头方式。学习掌握应用文的开端用语可以使写作应用文的开头变得容易。常用的开端用语主要有“为了（为）”“根据”“遵照”“依据”“×××决定”“因为（因）”“由于”“鉴于”“欣悉”“惊闻”等。这类开端用语或阐明行文目的，或引出行文依据、原因，或阐明对事件的态度等。用好开端用语能开门见山，直截了当，迅速引入对主体内容的表达。

②承启衔接语。应用文的承启衔接语常用关联词或模式化的短句表达，如“为此”“鉴于”“总之”“综上所述”“特作如下通知”等。

③结尾用语。应用文的结尾用语常用模式化的短句表达，如“以上请示当否，请指示”“以上报告，请审阅”“特此函告”“此致敬礼”等。

④称谓用语。应用文的称谓用语常用“本”表达第一人称，用“贵”表达第二人称，用“该”表达第三人称。

⑤表态用语。应用文的表态用语常用“同意”“不可”“不得”“严禁”“原则同意”等。使用时应表明承受对象，如“对××问题同意（不同意）”“严禁××”等。

应用文模式化的语词，要求必须使用其特定的模式或约定俗成的词语，一般不能用其他同义词语替代。

（2）应用文模式化句式主要体现为应用文主要使用陈述句和祈使句，较少使用疑问句和感叹句。应用文由于有特定的阅读对象，常使用无主句的句型进行表达。常用介词“关于”达到表意的严密性、明确化。

3.合理使用书面辅助语言

书面辅助语言属于人工语言的一部分。随着科学技术的高速发展，人们认识世界的能力得到极大的提高，纷繁复杂的事物呈现海量的数据，对这些大数据进行研究已成为公共事务工作的重要组成部分。为了能更好地揭示某些事物的特点、规律，就需要对这些大数据进行专业处理。图形、表格、公式、符号等书面辅助语言可以将繁杂的数据直观、清晰、简明地表达出来。应用文写作也紧随科技的发展，常常借用书面辅助语言中的图形、表格、公式、符号等进行表达，替代繁琐数字，使应用文的表达更准确、简明、直观，具有更好的说服力。

三、应用文语言运用的基本要求

应用文语言经过长期实践形成了约定俗成的相关要求，最基本的要求主要有准确、简洁、朴实、得体。

1.准确

准确被誉为应用文语言的第一要求，也是对应用文语言的最基本要求和最高要求。应用文语言要做到准确，首先应做到词语概念准确。概念的内涵、外延要一致，特别是汉语中的同义词、近义词、词序等要仔细辨别，如“公租房”“廉租房”一字之差，区别很大。还要明确中心语，用好限定性修饰语，努力做到词义表达准确。其次应做到判断要准确，要注意应用文句子应符合语法规则，表意完整，并要注意应用文因为发文者与收文者的明确性，常使用无主句的现象，不能盲目加上主语使其表达冗赘。再次应做到句群、段落要符合推理要求，不能犯逻辑错误。最后应用文中涉及的人名、地名、引文要准确，图式、数据、公式、符号表达要准确无误。

2.简洁

应用文写作以高效、快速地传达信息，处理事务，以取得社会效益、经济效益为目的，具有极强的时效性和实用性。在语言运用要准确的基础上，还应做到语言简短，言简意赅。可以适当使用专用词语、惯用语、尚具活力的文言词语、规范化的简称及书面辅助语言，用较少的文字表达尽量多的信息内容。

3.朴实

朴实是指应用文语言表达平实质朴，明白通俗，不求华丽时尚，不做大肆渲染，不堆砌辞藻，不夸饰，不隐晦，不故作高深，以适合实用为目的。

4.得体

得体是指应用文用词、语气、语体风格等要符合应用文文体的特定要求。应用文文种繁多，不同的文体有不同的语言风格，如公文语言要庄重严肃，科技学术论文语言要严谨缜密，社交礼仪文书语言要端庄典雅、情感适度。公文中对不同收文机关语言使用也有很大的差别。上行文语言要诚恳恭敬，平行文语言要平和有礼，下行文语言要果断威严。选用应用文语言时，应针对行文目的、受文对象、所用文种及使用场合等因素决定选用什么词语，采用什么语气，形成何种风格，以获得最佳表达效果。

任务六　应用文的表达方式

表达在写作学中的特定含义是指通过语言反映思想，表明意愿，陈述事实，说明问题等所采取的方式。写作的基本表达方式主要有叙述、说明、议论、描写、抒情5种。应用文写作，一般常用的表达方式是叙述、说明和议论。

一、应用文的叙述

1.叙述的含义

叙述是把人物的经历或某种情况、事情的发生发展和变化过程陈述出来的一种表达方式。叙述是写作最基本、最常用的表达方式，几乎所有文体都会运用它。应用文写作中的叙述，主要用来介绍事件、事实以及交代写作的缘由等。

应用文叙述的基本要求是真实、直接、概括。

2.叙述方法

叙述的方法有很多，应用文写作用到的叙述方法主要有顺叙、概述。

（1）顺叙。顺叙即是按照事物或事件的发生、发展的先后顺序进行叙述。这样表达可以使效果显得有头有尾，条理清楚。但有些汇报性的应用文也采用先把事物或事件的结局，或某方面突出的效果提到前面表达，给读者一个总的印象之后，再叙述发展过程。工作报告、情况报告、通报等也用这种倒叙的方法。因此，应用文的叙述可以总结为：常以顺叙为主，有时也可用分叙、倒叙，但一般不用插叙、追叙、补叙等方法。

（2）概述。概述即是概括地叙述某一情况或某一过程的基本信息，让读者对情况或过程有概要的了解。应用文概述，不必将事件发生的时间、地点、人物、事件、原因、结果六要素全部表达出来，只需表达出事件涉及的人物、缘由、结果等主要信息，表达出单纯的叙事线索即可。例如："1月2日10时23分，渝中区张家花园21号6-2号居民家因用火不慎引发火灾，烧死1人（夏凤珍，女，84岁），直接财产损失2000元。"很好地概述了一起火灾事故，主要有时间、地点、结果，让读者知道事件的概况。

3.叙述人称

应用文的叙述人称主要以第一、第二人称为主。常用"本"代替第一人称"我、我们"；"贵"代替第二人称"你、你们"；"该"代替第三人称"他、他们"。由于应用文的行文者与受文者均十分明确，故常省去人称用无主句表达。

二、应用文的说明

1.说明的含义

说明是对客观事物、事理进行解说和阐释的一种表达方式。说明具有将事物的客观状况或事理的固有联系表达出来，使读者了解情况、明确事理的作用。

应用文写作中广泛使用说明表达方式，常用于点明应用文的主旨、界定事物概念、交代相关情况、引述资料、列举数据等。

应用文写作对说明的要求是准确、简明。

2.应用文常用的说明方法

应用文常用的说明方法主要有定义说明、分类说明、举例说明、引用说明、比较说明、图示说明等。

（1）定义说明。即是对事物的本质特征或某一概念的内涵与外延做明确界定，表明事物、事理“是什么”。例如：“党政机关公文是党政机关实施领导、履行职能、处理公务的具有特定效力和规范体式的文书，是传达贯彻党和国家方针政策，公布法规和规章，指导、布置和商洽工作，请示和答复问题，报告、通报和交流情况等的重要工具。”对“党政机关公文”作出了明确的界定。

（2）分类说明。对较为复杂事物的构成作不同层面、分门别类的介绍，或对纷繁情况进行归类，使之明确清晰地表达出来。例如：“公文处理工作应当坚持实事求是、准确规范、精简高效、安全保密的原则。”对“公文处理工作”的原则进行了明确表达。

（3）举例说明。通过选取典型具体事例来说明抽象观点或术语。

（4）引用说明。引用相关文件、资料中的观点、数据、结论等说明事物的形状、特点、本质和规律。

（5）比较说明。通过两种或两种以上事物的对照，突出所要说明的事实和问题。例如：“如，与去年同期相比，亡人火灾起数上升87.5%、死亡人数上升88.9%。”用了比较说明，凸显了问题的严重性。

（6）图示说明。运用统计数据制作成图、表来说明对象，准确、直观地反映对象的相关情况。

三、应用文的议论

1.议论的含义

议论是作者针对某个问题或某一事件，通过真实可靠的材料和严密推理，表明自己的观点和看法，达到阐明道理、明辨是非的一种表达方式。

应用文写作中，发表意见、阐明道理、作出评价、批驳他人观点乃至于提出要求、措施，大都属于议论的范畴。议论的目的主要是讲清道理，说服别人。

通常在应用文写作中，议论主要是叙述、说明的补充手段，处于从属地位。

2.应用文议论的方式

应用文议论主要采用夹叙夹议和简化论证的方式。

（1）夹叙夹议。应用文的议论多与事实结合，常采用边叙述说明情况，边予以分析评价，阐明自己的观点，即为夹叙夹议，又称为就事论事的方式。例如：“中国女子足球队是我国体育战线上的一支优秀队伍，长期以来，刻苦训练，锐意进取，在历次重大比赛中都获得了好的成绩，为我国体育事业的发展做出了贡献。中国女子足球队在第三届世界杯女子足球赛中，发扬为国争光、不畏强手、团结协作、顽强拼搏的精神，荣获亚军，为祖国赢得了荣誉，受到全国人民的称赞。”就是采用夹叙夹议的方式，既表明了中国女子足球队参加第三届世界杯女子足球赛的事迹，又表明对中国女子足球队的赞扬，为后文表达对其表彰奖励打下了基础。

（2）简化论证。应用文的议论一般不要求论点、论据、论证过程三要素完整，常采取简化论证，用判断句式表明“是什么”“要怎样”“应该怎样”等观点，三言两语、少而精、精而深，直接表明作者的立场、观点、主张、意见。这种议论使应用文表达简明扼要并有说服力。

在应用文写作中，叙述、说明、议论3种表达方式常常综合使用，达到突出主旨、准确表达行文意图的目的。

思考与练习

一、单项选择题（请选出正确的答案，并将其序号填入括号中。）

1.应用文可用于处理公务和（　　）。

A.校务　　B.政务　　C.事务　　D.私务

2.应用文是传递信息、指导实践的重要（　　）。

A.资料　　B.条件　　C.工具　　D.措施

3.应用文最根本的特点是（　　）。

A.模式性　　B.实用性　　C.时效性　　D.教育性

4.应用文具有较为固定的程式性结构，其特点为（　　）。

A.模式性　　B.工具性　　C.生动性　　D.实用性

5.形成应用文程式性结构的原因是法定使成和（　　）。

A.政府要求　　B.法律规定　　C.文人约定　　D.约定俗成

6.应用文的各要素中处于统领位置的要素是（　　）。

A.语言　　B.材料　　C.主旨　　D.结构

7.应用文的内容必须与党和国家政策一致，体现主旨的特点为（　　）。

A.鲜明　　B.正确　　C.集中　　D.单一

8.应用文的表达应直截了当，明明白白，体现了主旨要求的（　　）。

A.鲜明　　B.集中　　C.准确　　D.含蓄

9.为写作应用文搜集的具有一定意义和价值的全部素材为（　　）。

A.狭义材料　　B.事实材料　　C.数据材料　　D.广义材料

10.能够深刻揭示事物本质的材料是（　　）。

A.广义材料　　B.丰富材料　　C.典型材料　　D.生动材料

11.形成应用文程式性语言的原因是约定俗成和（　　）。

A.领导要求　　B.法定使成　　C.法律规定　　D.文人约定

12.应用文结构的特点包括条理性和（　　）。

A.规范性　　B.模式性　　C.个性化　　D.专业性

13.应用文外在格式的显著特点是（　　）。

A.条理性　　B.理论性　　C.生动性　　D.规范性

14.应用文内在结构要素的主要特点是（　　）。

A.理论性　　B.规范性　　C.条理性　　D.生动性

15.应用文一般不用方言俚语，反映了应用文语言特点是（　　）。

A.形象性　　B.通用性　　C.自由性　　D.模式性

16.应用文常用的书面辅助语言主要指图形、符号、公式和（　　）。

A.表格　　B.录音材料　　C.录像材料　　D.漫画

17.在应用文写作中，常用来代替第一人称的词语是（　　）。

A.该　　B.贵　　C.尔　　D.本

18.应用文常用的叙述方法为（　　）。

A.插叙　　B.倒叙　　C.顺叙　　D.补叙

19.应用文对说明的要求是准确和（　　）。

A.简体　　B.简明　　C.简单　　D.简直

20.在应用文写作中运用表达方式时，常与叙述并用的是（　　）。

A.说明　　B.描写　　C.抒情　　D.议论

二、多项选择题（请选出正确的答案，并将其序号填入括号中，每小题有2~5个正确答案，错选、少选、多选均为错误。）

1.专用文书的种类主要有（　　）。

A.经济文书　　B.法律文书　　C.科技文书

D.礼仪社交文书　　E.私务文书

2.应用文对主旨的基本要求为（　　）。

A.正确　　B.鲜明　　C.集中　　D.丰富　　E.含蓄

3.应用文材料的选择要求是（　　）。

A.紧扣主旨　　B.务求真实　　C.具有典型　　D.材料新颖　　E.形象生动

4.应用文结构的构成要素主要包括（　　）。

A.标题　B.开头与结尾　C.过渡与照应　D.层次和段落　E.版头

5.应用文标题主要包括（　　）。

A.公文式　B.论文式　C.新闻式　D.省略式　E.文种式

6.应用文常用的开头形式为（　　）。

A.原因式　B.目的式　C.依据式　D.引据式　E.情况概述式

7.应用文常用的结尾形式为（　　）。

A.执行要求式　B.祈求企盼式　C.希望号召式

D.结论建议式　E.模式套语式

8.应用文结构沿用模式化语词和句式常有（　　）。

A.领起用语　B.称谓用语　C.结尾用语

D.表态用语　E.承启衔接语

9.应用文语言表达的基本要求是（　　）。

A.准确　B.简洁　C.朴实　D.得体　E.生动

10.应用文常用的表达方式为（　　）。

A.叙述　B.说明　C.议论　D.抒情　E.描写

三、改正下列句子中不符合应用文用语之处

1.坚决不准你们拿着那些危险得很，容易爆炸的烟花火炮，坐我们公司的汽车。

2.高兴地听到您们公司营业大楼修好了。

3.希望你们大家一定要好好按照上面的要求做。

4.他们已经走了整整3个小时。

5.买方向他们买一批公认的名牌服装。

四、简答题

1.简述应用文的含义。

2.简述应用文主旨的要求。

3.简述选择材料的原则。

4.简述应用文结构中主动行文开头的方式。

5.简述语言运用的基本要求。

五、用所学应用文理论知识分析下文存在的问题，并予以修改

招领启事　十万火急!

昨天下午，我在学校第二食堂门口捡到黑色钱包一个，仔细一看还是鳄鱼牌的。里面有157.2元钱。一张一百的，五张十元的，一张五元的，还有两个一元，两个一角的钢镚。也不晓得是哪个丢的？恼火得很！我不晓得你有多着急，请快点来拿回去，免得影响你的生活。并且今后要小心点哦！

李小小

即日

项目二　公文基础知识

任务一　认识公文

一、公文的含义

公文是社会管理中的重要工具。通常公文包括广义公文和狭义公文两大类。

1.广义公文

广义的公文即公务文书，是指各级党政机关、社会团体和企事业单位等依法成立的社会组织在处理社会公务中形成和使用的各类文书。

2.狭义公文

狭义公文又称为法定公文，即为群众俗称的“红头文件”。它是指法律、法规所规定的具有特定法定效力和规范体式的公务文书，如中共中央办公厅和国务院办公厅于2012年4月16日发布，2012年7月1日起实施的《党政机关公文处理工作条例》（以下简称“《条例》”）规定的十五种文种。

《条例》第一章总则第三条对党政机关公文做了专门规定：“党政机关公文是党政机关实施领导、履行职能、处理公务的具有特定效力和规范体式的文书，是传达贯彻党和国家方针政策，公布法规和规章，指导、布置和商洽工作，请示和答复问题，报告、通报和交流情况等的重要工具。”

法定公文的类别因所涉系统不同而有不同的规定，如人大机关公文、政协机关公文等都有专门规定。应用文写作通常主要研究使用面最广的党政机关的法定公文。国家质量监督检验检疫总局、国家标准化管理委员会于2012年6月29日发布了《党政机关公文格式》（GB/T 9704—2012）（以下简称“《格式》”），并规定于2012年7月1日起与《条例》同步正式实施。

《条例》和《格式》对公文的种类、格式、行文规则、拟制、办理、管理等做出了明确的界定和较为详细规定。企事业单位和社会团体制发法定公文时亦应参照《条例》和《格式》规定执行。

本书研究的狭义公文与书中所提及的公文概念一般是特指《条例》和《格式》所规定的15种党政机关公文文种及格式规范。

二、公文的特点

公文区别于其他应用文的特点主要为法定性和规范性。

（一）法定性

法定性主要包括作者的法定性、内容的合法有效性和拟制的法定性三个方面的特点。

1.作者的法定性

公文中的作者必须是依法成立，受到国家法律保护并具有法定职权的合法组织，如中国共产党各级机关、中华人民共和国各级行政机关、企事业单位、社会团体、组织等。非合法社会团体、组织或个人无权制发公文。

2.内容的合法有效性

机关单位制发公文内容必须合法，具体是指公文内容要符合党和国家的路线方针政策、国家法律法规，在法定的职能和权限范围行文，受文对象必须执行。

3.拟制的法定性

《条例》第五章规定了公文拟制要求，包括公文的起草、审核、签发等程序，并详细规定了公文起草、公文审核和公文签发的具体要求及处理办法。确保公文准确规范，推进党政机关公文处理工作科学化、制度化、规范化。

（二）规范性

公文规范性是法定使成，对文种、内容、格式等都有相关的规范。公文的语言是约定俗成，是在长期实践中形成并得到公认的规范。

1.内容的规范性

《条例》在第五章公文拟制中提出了公文要“符合党的理论路线方针政策和国家法律法规，完整准确体现发文机关意图，并同现行有关公文相衔接。一切从实际出发，分析问题实事求是，所提政策措施和办法切实可行。”在第二章公文种类中明确了15种文种的适用范围。

2.格式的规范性

《条例》第三章公文格式用十八款规定了公文格式构成要素。《格式》对公文用纸涉及的幅面尺寸、版面、字体、字号、行数、字数、字色做了规定；对公文格式各要素标识位置、编排要求等也做了较为详细的规定。在《条例》其他章节中还提出，公文起草应做到“内容简洁，主题突出，观点鲜明，结构严谨，表述准确，文字精练”和“文种正确，格式规范”以期确保公文格式的规范。

3.语言的规范性

公文经过长久的发展，形成了约定俗成的较为规范的语言特点，主要表现为准确、简明、朴实、庄重。公文语言规范性旨在维护公文的严肃性和权威性。

三、公文的作用

公文的作用主要包括领导和指导作用、处理公务作用、宣传和教育作用、凭证和依据作用。

（一）领导和指导作用

各机关上下级之间，有着法定的领导与被领导关系。凡是上级机关对下级机关的行文都有权威性，都有领导和指导作用。上级机关下发的公文是下级机关开展各项工作的指导纲领和依据。领导作用具体体现在上级机关对直接下级机关制发自己法定职权范围内，有针对性的行之有效的公文，实施对下级机关的具体领导。指导作用主要体现于上级机关发布意见、决定、通知、批复等公文，布置任务、安排工作，指导下级开展工作。另外，上级机关在公文中提出一些指导原则，下级机关可以结合本地区、本部门实际情况灵活执行。

（二）处理公务作用

公文是公务活动中的重要工具。在公务活动中，国家机关、企事业单位、社会团体通过公文超越时空限制有效传递公务信息，处理公务，实施管理，充分发挥重要作用。离开了公文会给工作带来极大的不便，国家机关、企事业单位、社会团体则难以彰显自己的权力，难以实现自己的管理目的。

（三）宣传和教育作用

公文具有传达贯彻党和国家的方针政策的使命，在工作中需要阐明工作活动的原则，表彰先进，批评错误，处理违纪现象等，可以发挥统一思想、规范行为、引领舆论、教育群众的作用。

（四）凭证和依据作用

机关单位公文是机关单位公务活动的真实记录。它记载着一定时期制发机关的意图，是机关工作活动的依据和历史凭证。上级机关制发的公文是下级机关单位遵循执行或处理公务的依据，使其工作能够有章可循，有据可查，顺利规范进行。有些公文在工作完成之后，成为机关单位处理此项公务的历史记载，立卷、归档后成为历史档案，予以保存，是后人研究历史的重要依据凭证。

四、公文的分类

公文按照不同的标准，可以分为多种类型。

（一）按使用范围划分

公文按使用范围，可以分为通用公文和专用公文。

1.通用公文

通用公文主要是指通行于国家机关、企事业单位、社会团体都可以使用的公文，如通知、报告、请示等。通用公文包括部分法定公文和部分事务文书。

（1）法定公文。法定公文因系统不同，可以分为中国共产党机关公文、行政机关公文、人大机关公文、政协机关公文、军队机关公文及部分职能部门使用的专用公文。

（2）事务文书。事务文书主要包括计划、总结、简报、调查报告等机关单位工作中常用的部分文书。

2.专用公文

专用公文是指在一定业务范围内由专门业务机关、部门或行业，根据工作的特殊需要专门制定和使用的，具有其业务或行业特定内容和规定格式的公文，如外交文书、军事文书、司法文书等。

（二）按公文的作用划分

按公文的作用可以分为指挥性公文、报请性公文、知照性公文、商洽性公文和会议公文等。

1.指挥性公文

用以领导和指导下级机关工作，颁布法规规章，具有指挥性、强制性和约束力。这类公文主要有命令（令）、决定、批复、意见、指示性通知等。

2.报请性公文

用以汇报工作、请求指示和批准，主要有报告、请示、议案、请批函等公文。

3.知照性公文

用以通知事项、通报情况、公布要求，主要有公报、公告、通告、周知性通知、告知函等公文。

4.商洽性公文

用于机关单位之间联系、商洽工作。这类公文主要为函。

5.会议公文

用于记载、传达、反映经过会议讨论或通过事项，主要有决议、纪要两类公文。

（三）按行文方向划分

公文按行文方向可分为上行文、平行文和下行文。

1.上行文

上行文是指下级机关向所属上级机关报送的公文。主要有报告、请示及部分意见。

2.平行文

平行文是指不同系统的机关、相同系统的平级机关或不相隶属机关之间往来发送的公文。主要有议案、函及部分意见。

3.下行文

下行文是指上级机关向所属下级机关发送的公文，主要有命令（令）、决定、决议、通报、通知、批复、纪要及部分意见等。其中“意见”很特殊，既可上行、平行，也可下行。

（四）按涉密程度划分

按公文的涉密程度，可以将公文分为普通公文和保密公文。

1.普通公文

普通公文可以分为内部公文和公布性公文。

（1）内部公文。内部公文是指内容不涉及机密，但不宜或不必向国内外公开发布的公文。通常这类公文只在自己的职权范围内发布。

（2）公布性公文。公布性公文是面向国内外发布的公文。其发布形式主要是通过政府或单位网站、广播、电视、报纸等大众传媒公布，或公开张贴。公报、公告、通告属于这类公文。

2.保密公文

保密公文是指公文内容涉及党或国家机密，需要控制阅读范围的公文。保密公文按《中华人民共和国保密法》规定分为绝密公文、机密公文和秘密公文。

（五）按办理时限划分

按公文送达办理时限可以将公文分为普通公文和紧急公文。紧急公文按紧急程度又分为特急公文和加急公文。

（六）按公文的来源划分

根据公文的来源可以将公文分为收文和发文。

（七）按处理方式划分

根据处理方式可以将公文分为阅件和办件。

五、党政机关公文的适用范围

《条例》对党政机关公文各文种的名称和适用范围作了具体明确的规定。

（1）决议。适用于会议讨论通过的重大决策事项。

（2）决定。适用于对重要事项作出决策和部署、奖惩有关单位和人员、变更或者撤销下级机关不适当的决定事项。

（3）命令（令）。适用于公布行政法规和规章、宣布施行重大强制性措施、批准授予和晋升衔级、嘉奖有关单位和人员。

（4）公报。适用于公布重要决定或者重大事项。

（5）公告。适用于向国内外宣布重要事项或者法定事项。

（6）通告。适用于在一定范围内公布应当遵守或者周知的事项。

（7）意见。适用于对重要问题提出见解和处理办法。

（8）通知。适用于发布、传达要求下级机关执行和有关单位周知或者执行的事项，批转、转发公文。

（9）通报。适用于表彰先进、批评错误、传达重要精神和告知重要情况。

（10）报告。适用于向上级机关汇报工作、反映情况，回复上级机关的询问。

（11）请示。适用于向上级机关请求指示、批准。

（12）批复。适用于答复下级机关请示事项。

（13）议案。适用于各级人民政府按照法律程序向同级人民代表大会或者人民代表大会常务委员会提请审议事项。

（14）函。适用于不相隶属机关之间商洽工作、询问和答复问题、请求批准和答复审批事项。

（15）纪要。适用于记载会议主要情况和议定事项。

六、公文起草

写作公文应根据《条例》和相关规定做到以下要求：

（1）符合党的理论路线方针政策和国家法律法规，完整准确体现发文机关意图，并同现行有关公文相衔接。

（2）一切从实际出发，分析问题实事求是，所提政策措施和办法切实可行。

（3）内容简洁，主题突出，观点鲜明，结构严谨，表述准确，文字精练。

（4）文种正确，格式规范。

（5）深入调查研究，充分进行论证，广泛听取意见。

（6）公文涉及其他地区或者部门职权范围内的事项，起草单位必须征求相关地区或者部门意见，力求达成一致。

（7）机关负责人应当主持、指导重要公文起草工作。

任务二　党政机关公文格式

一、认识党政机关公文格式

党政机关公文的格式是人们在长期实践中总结归纳出来的。国家质量监督检验检疫总局、国家标准化管理委员会专门制发《党政机关公文格式》，作为党政机关、企事业单位、社会团体公文的规范样式。党政机关公文格式是公文在外观上的表现形式，是公文规范化、标准化的要求和体现，也是其法定权威性和约束性在形式上的体现。党政机关公文格式的作用在于保证公文的完整性、正确性和有效性，并为公文的后续处理工作，及公文的立卷、归档工作等提供必要条件起到保证作用。拟写党政机关公文应严格遵守《条例》和《格式》规定，按其要求制作。

《格式》较为详细地规定了党政机关公文通用的纸张要求、排版和印制装订要求、公文格式各要素的编排规则，并给出了公文的式样。

二、公文用纸、版面及印装的主要要求

（一）公文用纸主要要求

公文用纸采用GB/T 148中规定的A4型纸，其成品幅面尺寸为210mm × 297mm。

（二）公文版面主要要求

（1）公文版心尺寸为156mm × 225mm。

（2）公文用纸天头（上白边）为37mm ± 1mm。

（3）公文用纸订口（左白边）为28mm ± 1mm。

（4）公文字号：如无特殊说明，公文格式各要素一般用3号仿宋体字。特定情况可以作适当调整。

（5）公文排版：一般每面排22行，每行排28个字，并撑满版心。特定情况可以作适当调整。

（三）公文印装主要要求

公文应采用双面印刷。应当在左侧装订，不掉页。

三、公文格式各要素编排规则

《条例》规定："公文一般由份号、密级和保密期限、紧急程度、发文机关标志、发文字号、签发人、标题、主送机关、正文、附件说明、发文机关署名、成文日期、印章、附注、附件、抄送机关、印发机关和印发日期、页码等组成。"

《格式》将党政机关公文格式要素划分为版头、主体、版记三部分。

公文首页红色分隔线以上的部分称为版头。公文首页红色分隔线（不含）以下、公文末页首条分隔线（不含）以上的部分称为主体。公文末页首条分隔线以下、末条分隔线以上的部分称为版记。

页码位于版心外。

（一）版头部分

公文的版头部分主要包括公文份号、密级和保密期限、紧急程度、发文机关标志、发文字号、签发人六个要素。

1.公文份号

公文份号是指将同一文稿印制若干份，对每份公文编制的顺序号。编制份号的目的是为了准确掌握公文的份数、发送范围和对象。份号是选择项，不是每份公文的必备项目。《条例》规定："涉密公文应当标明份号。"《格式》规定："如需标注份号，一般用6位3号阿拉伯数字，顶格编排在版心左上角第一行。"

2.密级和保密期限

密级是涉密公文保密程度的标识。《条例》规定：“涉密公文应当根据涉密程度分别标注‘绝密’‘机密’‘秘密’和保密期限。”

保密期限是对公文密级时效规定的说明。保密期限的标注应根据实际情况确定。不标注保密期限的公文，保密时间按《中华人民共和国保密法》规定，绝密公文保密30年、机密公文保密20年和秘密公文保密10年予以管理。

《格式》规定：“如需标注密级和保密期限，一般用3号黑体字，顶格编排在版心左上角第二行；保密期限中的数字用阿拉伯数字标注。”

3.紧急程度

紧急程度又称为处理时限。《条例》规定：“紧急程度。公文送达和办理的时限要求。根据紧急程度，紧急公文应当分别标注‘特急’‘加急’，电报应当分别标注‘特提’‘特急’‘加急’‘平急’。”其目的是为了引起公文处理部门和承办人的注意，以保证公文的时效，确保紧急问题能得到及时处理。

《格式》规定：“如需标注紧急程度，一般用3号黑体字，顶格编排在版心左上角；如需同时标注份号、密级和保密期限、紧急程度，按照份号、密级和保密期限、紧急程度的顺序自上而下分行排列。”

4.发文机关标志

发文机关标志即是发文机关制发公文时使用的有固定版式的标识，即是群众说的红头文件“红头”的标识。《条例》规定：“发文机关标志。由发文机关全称或规范化简称加‘文件’二字组成，也可以使用发文机关全称或者规范化简称。联合行文时，发文机关标志可以并用联合发文机关名称，也可以单独用主办机关名称。”

《格式》规定：“发文机关标志居中排布，上边缘至版心上边缘为35mm，推荐使用小标宋体字，颜色为红色，以醒目、美观、庄重为原则。联合行文时，如需同时标注联署发文机关名称，一般应当将主办机关名称排列在前；如有“文件”二字，应当置于发文机关名称右侧，以联署发文机关名称为准上下居中排布。”

5.发文字号

发文字号又叫文号、字号。发文字号是指由发文机关编排的所发文件顺序号。编发发文字号的目的是为了便于统计发文的数量，便于查找和引用公文等管理需要。发文字号是党政机关公文格式中的必要项目。《条例》规定：“发文字号。由发文机关代字、年份、发文顺序号组成。联合行文时，使用主办机关的发文字号。”

对于发文字号，《格式》规定：“编排在发文机关标志下空二行位置，居中排布。年份、发文顺序号用阿拉伯数字标注；年份应标全称，用六角括号‘〔 〕’括入；发文顺序号不加‘第’字，不编虚位（即1不编为01），在阿拉伯数字后加‘号’字。上行文的发文字号居左空一字编排，与最后一个签发人姓名处在同一行。”

制作发文机关代字，通常是将发文机关名称进行高度浓缩，但还要能迅速还原为原名称。例如，“国务院办公厅”的代字为“国办”，“中华人民共和国教育部”的代字为“国教”。

年份要写全，不能写为20、21等；只能用六角括号“〔 〕”，不能用方括号等其他括号。

序号不加“第”和“零”。如“国办〔2020〕6号”，不能写为“国务院办〔20〕第0006号”。

6.签发人

《条例》规定：“上行文应当标注签发人姓名。”其目的是为了让上级领导了解下级单位谁对该公文内容负责，以保证上报公文能及时处理。

对于此项目，《格式》规定：“由‘签发人’三字加全角冒号和签发人姓名组成，居右空一字，编排在发文机关标志下空二行位置。‘签发人’三字用3号仿宋体字，签发人姓名用3号楷体字。如有多个签发人，签发人姓名按照发文机关的排列顺序从左到右、自上而下依次均匀编排，一般每行排两个姓名，回行时与上一行第一个签发人姓名对齐。”

7.版头中的分隔线

《格式》规定：“发文字号之下4mm处居中印一条与版心等宽的红色分隔线。”

（二）主体部分

公文主体部分主要包括标题、主送机关、正文、附件说明、发文机关署名、成文日期和印章、附注、附件等要素。

1.标题

《条例》规定：“标题。由发文机关名称、事由和文种组成。”

标题的表达方式主要有完全式标题和省略式标题两种。

（1）完全式标题。由发文机关名称、事由、文种构成。通常在事由前加上介词“关于”，如《重庆市人民政府办公厅关于2020年部分节假日安排的通知》。

（2）省略式标题。省略式标题主要有以下三种。

省略事由，由发文机关名称、文种构成，如《重庆市人民政府令》。

省略发文机关，由事由、文种构成，如《关于2020年国庆节放假的通知》。

省略发文机关和事由，仅表达文种，如《通知》。

对于标题，《格式》规定：“一般用2号小标宋体字，编排于红色分隔线下空二行位置，分一行或多行居中排布；回行时，要做到词意完整，排列对称，长短适宜，间距恰当，标题排列应当使用梯形或菱形。”

2.主送机关

主送机关又称为收文机关、受文机关。《条例》规定：“主送机关。公文的主要受理机关，应当使用机关全称、规范化简称或者同类型机关统称。”主送机关承担该公文的主办和答复责任。普发性公文可无主送机关。在公文的发送中，应正确选择主送机关。

对于主送机关，《格式》规定：“编排于标题下空一行位置，居左顶格，回行时仍顶格，最后一个机关名称后标全角冒号。如主送机关名称过多导致公文首页不能显示正文时，应当将主送机关名称移至版记。”

3.正文

《条例》规定：“正文。公文的主体，用来表述公文的内容。”公文正文表达通常包括开头、主体、结语三部分。

《格式》规定：“公文首页必须显示正文。一般用3号仿宋体字，编排于主送机关名称下一行，每个自然段左空二字，回行顶格。”

（1）开头。常见的公文开头有以下几种。

①原因式。常用“因为（因、由于）……”“……因此……”等句式表示。如“因检修管道，定于9月15日停水一天。”的开头表述。

②目的式。常用“为了（为）……”“……为此……”等句式表示。

③依据式。常用“根据（遵照）……”“……据此……”等句式表示。

④引据式。通常用于被动行文的公文开头。采用先引标题后引发文字号的方式。如“你（贵）院《关于购买计算机的请示（函）》（××〔2020〕13号）收悉。”的开头表述。

用何种方式开头，应视具体情况灵活处理，没有固定的模式。

（2）过渡语。常用的过渡语有“现将有关情况报告（通知、通告）如下”“现作如下报告（通知、通告）”和“特通知如下”三种方式。

（3）主体。简单内容的公文通常采用开头和主体合为一段的篇段合一方式安排结构。内容复杂的公文则采用分条列项方式安排结构。《格式》规定：“文中结构层次序数依次可以用‘一、’‘（一）’‘1.’‘（1）’标注；一般第一层用黑体字、第二层用楷体字、第三层和第四层用仿宋体字标注。”

（4）结语。常用的结语多为模式性结语。在现行工作中也有正文表达完则完，没有结语，接着表达其他要素。常用结语有以下三种。

①责令式，如“望（请）认真贯彻执行”。

②模式语式，如“特此通知（通告、批复）”。

③祈请式。一般用于上行公文、不相隶属的平行公文中。如“以上请示妥否，请批复”“恳请函复”等。

4.附件说明

这是指在公文正文中对公文正文的说明、补充或者参考资料。这些资料内容很多，不宜进入公文正文中，在正文中只用资料标题作简要表达，资料的具体内容在附件中详细具体表达。公文附件是正文内容的组成部分，与正文一样具有同等效力。附件说明是选择性要素，有附件才有附件说明，并不是每份公文的必备项目。

附件说明只需标识出公文附件的顺序号和标题。《格式》规定：“如有附件，在正文下空一行左空二字编排‘附件’二字，后标全角冒号和附件名称。如有多个附件，使用阿拉伯数字标注附件顺序号（如‘附件：1.×××××’）；附件名称后不加标点符号。附件名称较长需回行时，应当与上一行附件名称的首字对齐。”

5.发文机关署名

《条例》规定："发文机关署名。署发文机关全称或者规范化简称。"发文机关署名要与版头的发文机关标志的名称、完全式标题中发文机关名称一致。

6.成文日期

成文日期是公文生效的重要标志。对于署名，《格式》规定："成文日期。署会议通过或者发文机关负责人签发的日期。联合行文时，署最后签发机关负责人签发的日期。"

成文日期一般编排在公文正文或附件说明的右下方，右空四字位置。《格式》规定："用阿拉伯数字将年、月、日标全，年份应标全称，月、日不编虚位（即1不编为01）。"

通常经会议通过的公文，成文日期编排在公文标题之下的题注位置，应写全年月日，并用圆括号同会议名称加上"通过"二字一起括起来。

7.加盖印章

印章是体现公文效力的重要表达形式，是公文生效的标识，也是鉴定公文真伪的重要依据之一。公文的印章包括发文机关印章和签发人签名章。印章用红色，不得出现空白印章。《条例》规定："公文中有发文机关署名的，应当加盖发文机关印章，并与署名机关相符。有特定发文机关标志的普发性公文和电报可以不加盖印章。"

通常是发文机关署名在成文日期之上，以成文日期为准居中编排。印章端正、居中下压发文机关署名和成文日期，使发文机关署名和成文日期居于印章中心偏下位置。印章顶端应当上距正文或附件说明一行之内。

《格式》对公文印章的规定十分具体详细。具体要求请参考《格式》"7.3.5.1加盖印章的公文""7.3.5.2不加盖印章的公文"和"7.3.5.3加盖签发人签名章的公文"的相关内容。

本教材的例文多选自于政府网站，故所有例文落款处均未标识出"印章"项目。

8.特殊情况说明

《格式》规定："当公文排版后所剩空白处不能容下印章或签发人签名章、成文日期时，可以采取调整行距、字距的措施解决。"务必使印章与正文同处一面。

9.附注

《条例》规定："附注。公文印发传达范围等需要说明的事项。"《格式》规定："如有附注，居左空二字加圆括号编排在成文日期下一行。"

上行文请示必须有附注，并在附注中标明联系人姓名、电话，便于上级机关能及时了解请示事项中的问题。

10.附件

《条例》规定："附件。公文正文的说明、补充或者参考资料。"《格式》规定："附件应当另面编排，并在版记之前，与公文正文一起装订。'附件'二字及附件顺序号用3号黑体字顶格编排在版心左上角第一行。附件标题居中编排在版心第三行。附件顺序号和附件标题应当与附件说明的表述一致。附件格式要求同正文。如附件与正文不能一起装订，应当在附件左上角第一行顶格编排公文的发文字号并在其后标注'附件'二字及附件顺序号。"

（三）版记

版记部分主要由抄送机关、印发机关和印发日期构成。版记位于公文最后一页（封四）。版记的最后一个要素置于最后一行。

1.版记中的分隔线

《格式》规定："版记中的分隔线与版心等宽，首条分隔线和末条分隔线用粗线（推荐高度为0.35mm），中间的分隔线用细线（推荐高度为0.25mm）。首条分隔线位于版记中第一个要素之上，末条分隔线与公文最后一面的版心下边缘重合。"

2.抄送机关

《条例》规定："抄送机关。除主送机关外需要执行或者知晓公文内容的其他机关，应当使用机关全称、规范化简称或者同类型机关统称。"选择抄送机关时，不应扩大抄送的范围，但向下级机关的重要发文应同时抄送直接上级机关。

《格式》规定："如有抄送机关，一般用4号仿宋体字，在印发机关和印发日期之上一行、左右各空一字编排。'抄送'二字后加全角冒号和抄送机关名称，回行时与冒号后的首字对齐，最后一个抄送机关名称后标句号。如需把主送机关移至版记，除将'抄送'二字改为'主送'外，编排方法同抄送机关。既有主送机关又有抄送机关时，应当将主送机关置于抄送机关之上一行，之间不加分隔线。"

3.印发机关和印发日期

《条例》规定："印发机关和印发日期。公文的送印机关和送印日期。"《格式》规定："印发机关和印发日期一般用4号仿宋体字，编排在末条分隔线之上，印发机关左空一字，印发日期右空一字，用阿拉伯数字将年、月、日标全，年份应标全称，月、日不编虚位（即1不编为01），后加'印发'二字。版记中如有其他要素，应当将其与印发机关和印发日期用一条细分隔线隔开。"

（四）页码

关于页码，《格式》规定："一般用4号半角宋体阿拉伯数字，编排在公文版心下边缘之下，数字左右各放一条一字线；一字线上距版心下边缘7mm。单页码居右空一字，双页码居左空一字。公文的版记页前有空白页的，空白页和版记页均不编排页码。公文的附件与正文一起装订时，页码应当连续编排。"

四、公文的特定格式

（一）信函格式

《格式》对信函格式规定如下：

发文机关标志使用发文机关全称或者规范化简称，居中排布，上边缘至上页边为30mm，推荐使用红色小标宋体字。联合行文时，使用主办机关标志。

发文机关标志下4mm处印一条红色双线（上粗下细），距下页边20mm处印一条红色双线（上细下粗），线长均为170mm，居中排布。

如需标注份号、密级和保密期限、紧急程度，应当顶格居版心左边缘编排在第一条红色双线下，按照份号、密级和保密期限、紧急程度的顺序自上而下分行排列，第一个要素与该线的距离为3号汉字高度的7/8。

发文字号顶格居版心右边缘编排在第一条红色双线下，与该线的距离为3号汉字高度的7/8。

标题居中编排，与其上最后一个要素相距二行。

第二条红色双线上一行如有文字，与该线的距离为3号汉字高度的7/8。

首页不显示页码。

版记不加印发机关和印发日期、分隔线，位于公文最后一面版心内最下方。

（二）命令（令）格式

《格式》对命令（令）格式规定如下：

发文机关标志由发文机关全称加“命令”或“令”字组成，居中排布，上边缘至版心上边缘为20mm，推荐使用红色小标宋体字。

发文机关标志下空二行居中编排令号，令号下空二行编排正文。

签发人职务、签名章和成文日期的编排同前。

（三）纪要格式

《格式》对纪要格式规定如下：

纪要标志由“×××××纪要”组成，居中排布，上边缘至版心上边缘为35mm，推荐使用红色小标宋体字。

标注出席人员名单，一般用3号黑体字，在正文或附件说明下空一行左空二字编排“出席”二字，后标全角冒号，冒号后用3号仿宋体字标注出席人单位、姓名，回行时与冒号后的首字对齐。

标注请假和列席人员名单，除依次另起一行并将“出席”二字改为“请假”或“列席”外，编排方法同出席人员名单。

纪要格式可以根据实际制定。

任务三　公文的行文要求

公文的行文要求指公文在运行过程中应当遵守的相关规定。主要包括行文规则和行文方式。

一、公文行文规则

《条例》第四章行文规则第十三条规定：“行文应当确有必要，讲求实效，注重针对性和可操作性。”

《条例》第十四条规定：“行文关系根据隶属关系和职权范围确定。一般不得越级行文，特殊情况需要越级行文的，应当同时抄送被越过的机关。”

《条例》第十五条规定：“向上级机关行文，应当遵循以下规则：

“（一）原则上主送一个上级机关，根据需要同时抄送相关上级机关和同级机关，不抄送下级机关。

“（二）党委、政府的部门向上级主管部门请示、报告重大事项，应当经本级党委、政府同意或者授权；属于部门职权范围内的事项应当直接报送上级主管部门。

“（三）下级机关的请示事项，如需以本机关名义向上级机关请示，应当提出倾向性意见后上报，不得原文转报上级机关。

“（四）请示应当一文一事。不得在报告等非请示性公文中夹带请示事项。

“（五）除上级机关负责人直接交办事项外，不得以本机关名义向上级机关负责人报送公文，不得以本机关负责人名义向上级机关报送公文。

“（六）受双重领导的机关向一个上级机关行文，必要时抄送另一个上级机关。”

《条例》第十六条规定：“向下级机关行文，应当遵循以下规则：

“（一）主送受理机关，根据需要抄送相关机关。重要行文应当同时抄送发文机关的直接上级机关。

“（二）党委、政府的办公厅（室）根据本级党委、政府授权，可以向下级党委、政府行文，其他部门和单位不得向下级党委、政府发布指令性公文或者在公文中向下级党委、政府提出指令性要求。需经政府审批的具体事项，经政府同意后可以由政府职能部门行文，文中须注明已经政府同意。

“（三）党委、政府的部门在各自职权范围内可以向下级党委、政府的相关部门行文。

“（四）涉及多个部门职权范围内的事务，部门之间未协商一致的，不得向下行文；擅自行文的，上级机关应当责令其纠正或者撤销。

“（五）上级机关向受双重领导的下级机关行文，必要时抄送该下级机关的另一个上级机关。”

第十七条规定：“同级党政机关、党政机关与其他同级机关必要时可以联合行文。属于党委、政府各自职权范围内的工作，不得联合行文。党委、政府的部门依据职权可以相互行文。部门内设机构除办公厅（室）外不得对外正式行文。”

二、公文的行文方式

由于机关的隶属关系和职权范围不同，在行文时应根据实际情况采用不同的行文方式。常用的行文方式主要有逐级行文、直接行文、越级行文和多级行文4种。

1.逐级行文

在公文的运行中，按组织系统，对直属的上级或直属的下级机关行文以维护其正常的领导和指导关系。

2.直接行文

在行文时，不受组织系统与级别层次的制约而直接向受文机关制发公文。这种行文方式通常用于不相隶属机关和平行机关之间。

3.越级行文

在特殊情况下，越过直接上级机关，向更高一级或上几级领导机关行文。通常只有在以下情况才能采用越级行文的方式，并且应当同时抄送被越过的上级机关。

（1）按照上级机关交办并指定向更高一级或几级领导机关报告的事项。

（2）由于情况特别紧急，采用逐级上报会延误时机，造成重大损失。如突发事故、重大灾害等情况的发生应采用越级行文。

4.多级行文

在公文的运行中，为了使公文尽快传递到若干上级或下级机关，在必要时可采用同时向上几级机关或下几级机关行文，提高发文的时效。

思考与练习

一、单项选择题（请选出正确的答案，并将其序号填入括号中。）

1.《党政机关公文处理工作条例》施行的时间是（　　）。

A.2012年7月1日　　B.2015年7月1日

C.2019年7月1日　　D.2020年7月1日

2.公文的作者是指（　　）。

A.拟稿者　B.制发者　C.收文　D.印发者

3.《党政机关公文处理工作条例》规定了党政机关公文种类有（　　）。

A.13种　B.14种　C.15种　D.16种

4.公文格式“版头”中应标识签发人项目的是（　　）。

A.专用文　B.下行文　C.平行文　D.上行文

5.公文标题中不能省略的要素是（　　）。

A.发文机关　B.关于　C.事由　D.文种

6.标识公文成文日期中的数字应用（　　）。

A.罗马数字　B.阿拉伯数字　C.大写汉字　D.小写汉字

7.公文格式“版记”中的选择项是（　　）。

A.主送机关　B.抄送机关　C.印发机关　D.印发日期

8.必须标注“份号”的公文是（　　）。

A.涉密公文　B.普通公文　C.平行公文　D.上行公文

9.国务院公布法规和规章，行文应选（　　）。

A.命令　　B.批复　　C.公告　　D.公报

10.惩处有关单位及人员，行文应选（　　）。

A.命令　　B.决定　　C.指示　　D.报告

11.用于会议讨论通过的重大决策事项的文种是（　　）。

A.公告　　B.决定　　C.决议　　D.函

12.用于公布重要决定或者重大事项的文种是（　　）。

A.报告　　B.函　　C.指示　　D.公报

13.国家税务总局向国内外宣布法定事项，应选的文种是（　　）。

A.通报　　B.通知　　C.通告　　D.公告

14.江南中学拟向教委就新建实验大楼的选址问题提出建议，行文应选（　　）。

A.请示　　B.报告　　C.意见　　D.通知

15.东江区人民政府向区人大提请审议事项，行文应选（　　）。

A.通知　　B.议案　　C.报告　　D.意见

16.南岭市政府批准了市教委的来文，并将其转发至下级单位实施，行文应选（　　）。

A.通知　　B.决定　　C.请示　　D.通告

17.用于记载会议主要情况和议定事项的文种是（　　）。

A.纪要　　B.议案　　C.报告　　D.通知

18.向受双重领导的下级机关行文，必要时抄送该下级机关的另一个（　　）。

A.同级机关　　B.上级机关　　C.隔壁机关　　D.垂直机关

19.同级党政机关与其他同级机关必要时可以（　　）。

A.公开行文　　B.秘密行文　　C.联合行文　　D.单独行文

20.不得在报告等非请示性公文中夹带（　　）。

A.遵守事项　　B.周知事项　　C.通知事项　　D.请示事项

二、多项选择题（请选出正确的答案，并将其序号填入括号中，每小题有2~5个正确答案，错选、少选、多选均为错误。）

1.公文的主要特点为（　　）。

A.工具性　　B.时效性　　C.规范性　　D.法定性　　E.职权性

2.公文语言的基本要求（　　）。

A.准确　　B.简明　　C.朴实　　D.庄重　　E.生动

3.公文按行文方向可分为（　　）。

A.上行文　　B.平行文　　C.下行文　　D.内行文　　E.通行文

4.公文的保密级别可分为（　　）。

A.绝密　　B.涉密　　C.机密　　D.秘密　　E.保密

5.公文的处理时限可分为（　　）。

A.加急　　B.很急　　C.着急　　D.急件　　E.特急

6.意见行文很特殊，可（　　）。

A.横行　　B.侧行　　C.上行　　D.平行　　E.下行

7.公文主送机关的标识可用（　　）。

A.全称　　B.统称　　C.作者姓名　　D.机关代字　　E.规范化的简称

8.发文字号的构成要素为（　　）。

A.字号　　B.年份　　C.序号　　D.主题词　　E.发文机关代字

9.公文常用的开头方式有（　　）。

A.原因式　　B.目的式　　C.依据式　　D.祈请式　　E.建议式

10.完全式公文标题的构成要素为（　　）。

A.发文机关　　B.事由　　C.文种　　D.主题词　　E.字号

三、判断下列公文文种是否使用正确，若不正确请将其修改正确

1.南山县公安局发布了禁止赌博的“公告”。正确吗？

2.大地公司用“命令”行文，要求各单位要做好安全工作。正确吗？

3.红河乡政府用“请示报告”向区政府请求增拨救灾资金。正确吗？

4.宏远总公司发“通知”同意下属的分公司购买专用送货车。正确吗？

5.青山职业学院为联系学生实习事宜，用“请示”向宏远总公司行文。正确吗？

四、修改下列文号中的错误

1.江南政府报（20）第8号

2.｛20｝宏远公司发第015号

3.第012号【20】南交

五、改正下列句子中不符合公文用语之处

1.你们学校那天报来的文件我们收到了，内容全部都晓得了。

2.经过我们多次反复认真研究，想买一辆车，请你们一定要答应。

3.现在发给你们修订后的《学生管理办法》，请千万要做好。

4.今儿把有些事情通知在下面。

5.以上请示妥当不妥当，请批准。

六、修改下列公文标题中存在的问题

1.西山乡要点钱好救灾的请示报告

2.关于向教委请求多给我校招生指标的请示报告

3.宏远公司要求和东方大学一起培养高端人才的申请书

4.江山大学批转教育部、中央文明办《关于深入开展文明校园创建活动的实施意见》

5.宏远公司关于批复答应买计算机的通知

七、简述题

1.简述公文格式主体部分内容构成要素及标识要求。

2.简述公文起草要求。

3.简述公文的行文要求。

项目三　党政机关公文写作

《条例》规定党政机关的主要文种有15种。它们是在管理过程中形成的具有法定效力和规范体式的文书，是依法行政和进行公务活动的重要工具。

任务一　决　　议

一、认识决议

（一）决议的适用范围

《条例》规定："决议。适用于会议讨论通过的重大决策事项。"决议属于指导性下行公文。

（二）决议的主要特点

决议主要有程序性、决策性、权威性的特点。

1.程序性

决议必须经过会议的讨论，并经表决通过以后才能形成，体现出参会者全部或大多数人的意志，有严格的程序性。

2.决策性

决议的内容是重大决策事项，是针对重大问题和重大事项所作出的决策，一经形成，就会在较大范围内、较长时间内对党和国家的工作与生活造成重大影响。

3.权威性

决议主要由党政机关召开会议讨论通过，体现了领导集体的意志和智慧，具有极强的权威性和约束力。决议一经颁布，必须坚决执行。

（三）决议的分类

1.审批性决议

审批性决议主要用于发布经过会议审议、批准的重要事项、重要文件，如《中国共产党第十九次全国代表大会关于〈中国共产党章程（修正案）〉的决议》。

2.决策性决议

决策性决议主要用于对重要问题或重大事项作出决策、提出要求。

3.论断性决议

论断性决议通常是针对某个历史时期的思想政治路线、重大问题或重要工作布置，进行全面的总结或阐述，并从理论上加以综合分析及科学评价。如《中国共产党中央委员会关于建国以来党的若干历史问题的决议》。

二、决议的结构和写法

（一）决议的结构

决议通常由标题、题注、正文等要素构成。

（二）决议的写法

1.标题

决议的标题一般有完全式标题和省略式标题两种。

（1）完全式标题。由发文机关、介词“关于”、事由、文种构成，如《中国共产党中央委员会关于建国以来党的若干历史问题的决议》。

（2）省略式标题。由会议名称、文种构成，如《中国共产党重庆市第五届纪律检查委员会第三次全体会议决议》。

2.题注

决议通常采用题注的方式表明其通过时间和会议的名称，文后就不再标识落款。如“（2019年1月18日中国共产党重庆市第五届纪律检查委员会第三次全体会议通过）”。

3.正文

正文主要由会议概况、决议事项、结语构成。

（1）审批性决议的正文。审批性决议的正文通常由审议对象、决议事项构成。例如《中国共产党第十九次全国代表大会关于〈中国共产党章程（修正案）〉的决议》中，“中国共产党第十九次全国代表大会审议并一致通过十八届中央委员会提出的《中国共产党章程（修正案）》，决定这一修正案自通过之日起生效。”

（2）决策性决议。决策性决议的正文通常由会议概况、决策内容、执行的事项构成。若篇幅较大，各层次可概括为几个小标题，逐层展开。

①会议概况。概述会议情况。

②决议事项。对决议事项作逐一表达，常用“大会认为”“大会××”作为段首语引领该段的具体内容。例如：“大会认为，实现中华民族伟大复兴是近代以来中华民族最伟大的梦想，是我们党向人民、向历史作出的庄严承诺。大会同意在党章中明确实现‘两个一百年’奋斗目标、实现中华民族伟大复兴的中国梦的宏伟目标。”

③提出号召。提出要求或发出号召。例如：“大会要求，党的各级组织和全体党员在以习近平同志为核心的党中央坚强领导下，高举中国特色社会主义伟大旗帜，以马克思列宁主义、毛泽东思想、邓小平理论、‘三个代表’重要思想、科学发展观、习近平

新时代中国特色社会主义思想为指导，更加自觉地学习党章、遵守党章、贯彻党章、维护党章，坚持和加强党的全面领导，坚持党要管党、全面从严治党，为决胜全面建成小康社会、夺取新时代中国特色社会主义伟大胜利、实现中华民族伟大复兴的中国梦、实现人民对美好生活的向往继续奋斗！”

（3）论断性决议。这类决议正文为对某一重大问题进行全面评价和科学论断。通常将该问题剖为若干方面，可以小标题式或分条列项式逐层分析、评价、总结。

三、例文

中国共产党重庆市第五届纪律检查委员会第三次全体会议决议

（2019年1月18日中国共产党重庆市第五届纪律检查委员会
第三次全体会议通过）

中国共产党重庆市第五届纪律检查委员会第三次全体会议，于2019年1月18日举行。出席会议的市纪委委员45人，列席232人。

市委书记陈敏尔出席全会并讲话。市委、市人大常委会、市政府、市政协领导同志出席会议。有关方面负责同志参加了会议。

全会由中共重庆市纪委常委会主持。全会深入学习贯彻习近平新时代中国特色社会主义思想，全面贯彻落实党的十九大精神，认真落实十九届中央纪委三次全会和市委五届三次、四次、五次全会部署，总结2018年全市纪检监察工作，部署2019年任务，审议通过了穆红玉同志代表市纪委常委会所作的《忠实履行职责使命，坚定推进改革创新，努力实现新时代纪检监察工作高质量发展》工作报告。

全会认真学习、深刻领会习近平总书记在十九届中央纪委三次全会上的重要讲话精神。一致认为，讲话站在新时代党和国家事业发展全局的高度，充分肯定党的十九大以来全面从严治党取得新的重大成果，深刻总结改革开放40年来党进行自我革命、永葆先进性和纯洁性的宝贵经验，对以全面从严治党巩固党的团结统一、为决胜全面建成小康社会提供坚强保障作出战略部署，对贯彻新形势下党内政治生活若干准则提出明确要求。讲话高瞻远瞩，思想深邃，直面问题，掷地有声，充分彰显了我们党自我净化、自我完善、自我革新、自我提高的高度自觉，具有鲜明深刻的政治性、思想性、理论性，对于推动全面从严治党向纵深发展具有重大指导意义，为推动新时代纪检监察工作高质量发展指明了方向、提供了遵循。陈敏尔同志就深入学习习近平总书记重要讲话精神提出要求，强调要保持战略定力，以永远在路上的执着把全面从严治党引向深入，把握重点任务，不断巩固发展反腐败斗争压倒性胜利，强化政治担当，进一步加强和规范党内政治生活。全市各级党组织和广大党员干部要把学习贯彻习近平总书记重要讲话精神作为重要政治任务，深入学习领会，坚决贯彻落实。

……

全会指出，打铁必须自身硬，要着力建设忠诚干净担当的纪检监察队伍。全市各级纪检监察机关要带好头，加强党的政治建设，贯彻民主集中制，加强各级纪委领导班子建设，培养锻炼优秀干部特别是年轻干部，加强能力建设，提高执行政策水平、执纪执法水平、思想政治工作水平和信息化工作水平，突出抓好基层建设，大力宣传纪检监察战线先进典型和英模人物，加强作风和纪律建设，依规依纪依法履行职责，认真学习贯彻监督执纪工作规则并研究制定实施细则，对执纪违纪、执法违法者“零容忍”，坚决防止“灯下黑”，打造忠诚坚定、担当尽责、遵纪守法、清正廉洁的纪检监察铁军。

全会号召，要紧密团结在以习近平同志为核心的党中央周围，在中央纪委国家监委和市委的坚强领导下，不忘初心、牢记使命，奋发有为、锐意进取，以永远在路上的坚韧和执着，扎实推进全面从严治党、党风廉政建设和反腐败斗争，为把党的十九大精神、党中央重大决策部署和习近平总书记殷殷嘱托全面落实在重庆大地上不懈奋斗！

任务二　决　　定

一、认识决定

（一）决定的适用范围

《条例》规定：“决定。适用于对重要事项作出决策和部署、奖惩有关单位和人员、变更或者撤销下级机关不适当的决定事项。”决定属于指挥性下行公文。

（二）决定的主要特点

决定的主要特点为指挥性、重要性。

1.指挥性

决定是指挥性公文，体现了发文机关的权威。党政机关对重要事项的决策和部署，是对下级机关工作的统一部署，具有很强的指挥性，下级机关必须接受指挥、认真贯彻执行。

2.重要性

决定的内容是较为重要的事项，通常要经过会议讨论通过而产生，体现了领导集体的权威。有的决定内容如同法规，对工作具有战略性的指导意义。

（三）决定的分类

决定根据其用途，主要分为指挥性决定、审批性决定、奖惩性决定、更改性决定。

1.指挥性决定

指挥性决定用于对事关全局、涉及重大方针政策和战略决策进行指挥部署。这类决定指挥性较强，受文机关必须严格贯彻执行。如《国务院关于调整工业产品生产许可证管理目录加强事中事后监管的决定》。

2.审批性决定

审批性决定用于发布党政机关制定、修订或试行的法规规章文件等。如中华人民共和国交通运输部发布的《交通运输部关于修改〈中华人民共和国国际海运条例实施细则〉的决定》。

3.奖惩性决定

奖惩性决定用于表彰贡献突出、成绩重大的单位或个人，或者是对有突出贡献单位或个人授予有关称号，或者用于惩处重大失误、错误性质严重、影响恶劣的单位或个人。如《国务院关于2019年度国家科学技术奖励的决定》《中共中央宣传部关于授予海军"和平方舟"号医院船"时代楷模"称号的决定》《国务院关于大兴安岭特大森林火灾事故的处理决定》等。

4.更改性决定

更改性决定用于变更某些过时的、与现行法规规章不适宜的政策或规定，或者撤销下级机关不适当的决定。不适当的决定事项是指下级机关违反党的方针政策、国家法律法规，产生或将产生不良影响后果的决定事项。如《交通运输部关于修改〈快递业务经营许可管理办法〉的决定》《重庆市人民政府关于取消一批行政权力事项的决定》等。

二、决定的结构和写法

（一）决定的结构

决定通常由标题、主送机关、正文、落款等要素构成。

（二）决定的写法

1.标题

决定常用完全式标题和省略式标题。

（1）完全式标题。由发文机关、事由、文种构成，如《国务院关于2019年度国家科学技术奖励的决定》。

（2）省略式标题。由事由、文种构成。

2.主送机关

有特定下发的决定要标识主送机关。普发性决定则可以不标识主送机关。

3.正文

决定的正文通常由开头、主体、结尾构成。不同类型的决定有不同写法。

（1）指挥性决定的正文通常由缘由、主体、结语构成。

①决定的缘由，可以表明行文依据、行文的目的等。例如，《中共中央关于坚持和完善中国特色社会主义制度　推进国家治理体系和治理能力现代化若干重大问题的决定》的开头为"为贯彻落实党的十九大精神，十九届中央委员会第四次全体会议着重研究了坚持和完善中国特色社会主义制度、推进国家治理体系和治理能力现代化的若干重

大问题，作出如下决定。”

②主体，应将决定的事项分条列项具体确切地表达出来。

③结语，可以提出希望和发出号召。如主体部分已表达充分，可不用专门结尾。

（2）奖惩性决定的正文由概述事由、分析评价、奖惩决定、提出希望号召构成。

①概述事由。表达对表彰先进单位或个人的事迹，或批评对象的事件及后果，为后面的内容表达打好基础。例如，《国务院关于2019年度国家科学技术奖励的决定》的开头为“为深入贯彻落实习近平新时代中国特色社会主义思想，全面贯彻党的十九大和十九届二中、三中、四中全会精神，坚定实施科教兴国战略、人才强国战略和创新驱动发展战略，国务院决定，对为我国科学技术进步、经济社会发展、国防现代化建设作出突出贡献的科学技术人员和组织给予奖励。”

②分析评价。包括分析评价先进事迹意义等，或惩处犯严重错误单位、个人所犯错误的性质、危害性等，说明奖惩的理由。可以采用夹叙夹议方式将这两部分内容结合起来表达。例如，《中共中央宣传部关于授予海军“和平方舟”号医院船“时代楷模”称号的决定》的开头就是采用夹叙夹议的方式介绍了海军“和平方舟”号医院船事迹和评价：“海军‘和平方舟’号医院船，是我国第一艘制式远洋医院船，是践行党在新时代的强军目标、推进海军转型发展的先锋舰船。入列以来，医院船以“和谐使命”任务为主要载体，勇闯大洋锤炼远海卫勤保障能力，远赴海外开展人道主义医疗服务，在波峰浪谷中砥砺强军之志，在卫护士兵中增强打赢本领，在救死扶伤中传递和平理念，先后9次走出国门，航行24万余海里，服务43个国家和地区、23万余人次，极大提升了备战打仗水平，有力服务了国家政治外交大局，赢得了国内外高度赞誉。2019年被共青团中央、全国青联授予‘中国青年五四奖章集体’，被海军表彰为‘人民海军70周年突出贡献单位’，荣立一等功1次、二等功2次、三等功1次。”对于多单位、多人的表彰奖励，则可以做简要评价。

③奖惩决定。写明奖惩依据和具体的奖惩内容。《国务院关于2019年度国家科学技术奖励的决定》表述为：“根据《国家科学技术奖励条例》的规定，经国家科学技术奖励评审委员会评审、国家科学技术奖励委员会审定和科技部审核，国务院批准并报请国家主席习近平签署，授予黄旭华院士、曾庆存院士国家最高科学技术奖；国务院批准，授予‘高效手性螺环催化剂的发现’国家自然科学奖一等奖，授予‘电化学表面增强拉曼光谱学研究’等45项成果国家自然科学奖二等奖，授予‘复杂机场高精度飞行校验技术及装备’等3项成果国家技术发明奖一等奖，授予‘农产品中典型化学污染物精准识别与检测关键技术’等62项成果国家技术发明奖二等奖，授予‘海上大型绞吸疏浚装备的自主研发与产业化’等3项成果国家科学技术进步奖特等奖，授予‘高品质特殊钢绿色高效电渣重熔关键技术的开发和应用’等22项成果国家科学技术进步奖一等奖，授予‘优质早熟抗寒抗赤霉病小麦新品种西农979的选育与应用’等160项成果国家科学技术进步奖二等奖，授予马丁·波利亚科夫教授等10名外国专家中华人民共和国国际科学技术合作奖。”

④提出希望号召。可以对受奖励单位、个人提出希望，向相关对象发出号召，予以鼓励。《国务院关于2019年度国家科学技术奖励的决定》表述为："全国科学技术工作者要向黄旭华院士、曾庆存院士及全体获奖者学习，不忘初心、牢记使命，继续发扬服务国家、造福人民的光荣传统和追求真理、勇攀高峰的科学精神，坚持新发展理念，深入实施创新驱动发展战略，坚定不移走中国特色自主创新道路，着力实现原始创新重大突破，攻克关键核心技术，推动科技成果转化应用，加强科技创新开放合作，为建成创新型国家、加快建设世界科技强国，夺取全面建成小康社会伟大胜利、实现"两个一百年"奋斗目标和中华民族伟大复兴的中国梦作出新的更大贡献。"

（3）更改性决定的正文通常由撤销或变更缘由和撤销或变更事项构成。

①撤销或变更缘由。撤销或变更决定的缘由为此类决定开头部分，可以简要说明。例如，"××会议决定"或"根据××文件要求"等。

②主体部分，若是"撤销"，应写明撤销所涉及的具体事项是哪些；若是"变更"，应说明变更的具体事项。最好分条列项表达，使内容清晰。

4.落款

标识发文机关署名、成文日期、印章。

三、决议与决定的区别

1.适用范围不同

决议适用于会议讨论通过的重大决策事项。而决定则适用于对重要事项作出决策和部署、奖惩有关单位和人员、变更或者撤销下级机关不适当的决定事项。

2.内容不同

决议的内容是重大决策事项。决定的内容为对重要事项作出决策和部署、奖惩有关单位和人员、变更或者撤销下级机关不适当的决定事项。比较而言，决议事项多为宏观性事项，决定涉及的事项更多，内容更丰富、更具体。

3.发布程序不同

决议须经会议讨论通过方能发布。决定发布则没有特殊规定，按公文发文程序发布即可。

四、例文

【例文1】

国务院关于2019年度国家科学技术奖励的决定

各省、自治区、直辖市人民政府，国务院各部委、各直属机构：

为深入贯彻落实习近平新时代中国特色社会主义思想，全面贯彻党的十九大和十九届二中、三中、四中全会精神，坚定实施科教兴国战略、人才强国战略和创新驱动发展战略，国务院决定，对为我国科学技术进步、经济社会发展、国防现代化建设作出突出贡献的科学技术人员和组织给予奖励。

根据《国家科学技术奖励条例》的规定，经国家科学技术奖励评审委员会评审、国家科学技术奖励委员会审定和科技部审核，国务院批准并报请国家主席习近平签署，授予黄旭华院士、曾庆存院士国家最高科学技术奖；国务院批准，授予"高效手性螺环催化剂的发现"国家自然科学奖一等奖，授予"电化学表面增强拉曼光谱学研究"等45项成果国家自然科学奖二等奖，授予"复杂机场高精度飞行校验技术及装备"等3项成果国家技术发明奖一等奖，授予"农产品中典型化学污染物精准识别与检测关键技术"等62项成果国家技术发明奖二等奖，授予"海上大型绞吸疏浚装备的自主研发与产业化"等3项成果国家科学技术进步奖特等奖，授予"高品质特殊钢绿色高效电渣重熔关键技术的开发和应用"等22项成果国家科学技术进步奖一等奖，授予"优质早熟抗寒抗赤霉病小麦新品种西农979的选育与应用"等160项成果国家科学技术进步奖二等奖，授予马丁·波利亚科夫教授等10名外国专家中华人民共和国国际科学技术合作奖。

全国科学技术工作者要向黄旭华院士、曾庆存院士及全体获奖者学习，不忘初心、牢记使命，继续发扬服务国家、造福人民的光荣传统和追求真理、勇攀高峰的科学精神，坚持新发展理念，深入实施创新驱动发展战略，坚定不移走中国特色自主创新道路，着力实现原始创新重大突破，攻克关键核心技术，推动科技成果转化应用，加强科技创新开放合作，为建成创新型国家、加快建设世界科技强国，夺取全面建成小康社会伟大胜利、实现"两个一百年"奋斗目标和中华民族伟大复兴的中国梦作出新的更大贡献。

国务院

2020年1月7日

【例文2】

重庆市人民政府关于取消一批行政权力事项的决定

各区县（自治县）人民政府，市政府各部门，有关单位：

为贯彻落实《国务院关于加快推进全国一体化在线政务服务平台建设的指导意见》（国发〔2018〕27号）精神，准确编制我市行政权力事项清单，经对全市三级行政权力事项进行全面清理和严格审核论证，市政府决定取消行政权力设立依据不足或与改革精神不符、与实际工作脱节的198项行政权力事项，现予以公布，自公布之日起实施。

各区县（自治县）政府、市政府各部门和有关单位要抓紧做好取消行政权力事项的落实和衔接工作，加快配套制度建设，完善工作措施，切实强化事中事后监管。要进一步深化"放管服"改革，规范行政权力运行，降低制度性交易成本，提升政府治理能力和治理水平，提升群众和企业的获得感、满意度。

附件：重庆市决定取消的行政权力事项清单（共198项）

重庆市人民政府
2019年10月23日

任务三　命令（令）

一、认识命令（令）

（一）命令（令）的适用范围

《条例》规定："命令（令）。适用于公布行政法规和规章、宣布施行重大强制性措施、批准授予和晋升衔级、嘉奖有关单位和人员。"命令属于指挥性的下行文。

（二）命令（令）的主要特点

命令（令）的主要特点包括制发主体的规定性、法定权威性、执行的强制性、内容的简明性与庄严性。

1.制发主体的规定性

命令（令）的制发主体有严格的规定，按照《中华人民共和国宪法》和《中华人民共和国地方各级人民代表大会和地方各级人民政府组织法》等有关规定，只有以下组织机构及领导有权制定和发布命令（令）：

①全国人民代表大会的常务委员会、委员长。

②中华人民共和国国家主席。

③国务院和国务院总理，国务院各部委及其部长、主任。

④地方各级人民政府和各级人民代表大会。

其他组织机构及领导均无权制发，即企事业单位、党团组织和社会团体，均无权制发命令（令）。

2.法定权威性

命令（令）由法律规定的国家机关发布，具有法定权威。上级机关对下级机关有着法定的权威性。命令（令）作为党政机关活动中最具有权威特征的指挥性下行公文，最集中且最充分地体现了发令机关的这种权威性。

3.执行的强制性

命令（令）是所有公文中最具强制性的下行文种。命令一经发布，受令者必须绝对服从与执行，没有任何商量的余地。否则，相关责任人员要受到严厉的纪律处分，情节严重的还要受到法律的制裁。通常所说的"令行禁止"，通过命令这种文体，能得到最充分的体现。

4.内容的简明性与庄严性

命令（令）的篇幅一般都较简短，语言简洁清晰，主题明确，绝不模棱两可，简明性突出。命令（令）依照相关法律制定和发布，制发主体也由相关法律严格规定，因此它的内容相当严肃庄严，语气决断有力，结构严谨周密，通常情况下不容拒绝或变通更改，更不能朝令夕改。

（三）命令（令）的分类

命令（令）根据其用途，主要分为公布令、强制令、嘉奖令。

1.公布令

公布令又叫颁布令、发布令，是依照有关法律规定，发布重要行政法规和规章的命令（令）。如，重庆市人民政府令第324号发布的《重庆市生活垃圾分类管理办法》。如有相关重大法规和规章需要修改或废止，仍使用公布令，如中华人民共和国国家发展和改革委员会　中华人民共和国商务部令第25号发布的《外商投资准入特别管理措施（负面清单）（2019年版）》。

2.强制令

强制令是依照有关法律规定，用于宣布施行重大强制性措施的命令。这类命令具有极强的执行性，如《重庆市武隆区人民政府森林防火禁火令》。

3.嘉奖令

嘉奖令是依照有关法律规定，用于嘉奖贡献或事迹突出的先进集体或个人发布的命令。这类命令具有极强的号召力，如《国务院关于授予和晋升李纪周等84名同志人民警察警衔的命令》。

二、命令（令）的结构和写法

（一）命令（令）的结构

命令（令）通常由标题、令号、主送机关、正文、落款等要素构成。

（二）命令（令）的写法

1.标题

命令（令）的标题通常有完全式标题和省略式标题两种。

（1）完全式标题。由发令机关名称、事由、文种构成，如《国务院关于在西藏自治区拉萨市施行戒严的命令》。

（2）省略式标题。通常采用省略事由，由发令机关名称、文种构成的标题表达，如《中华人民共和国主席令》《重庆市人民政府令》。

2.令号

命令（令）的令号相当于发文字号的作用。通常有两种表达形式，一种是接上次命令顺序连续编号。另一种为从该任领导人或该届机关履职时开始编排，直至任职期满为止，下任或下届又重新编号。

3.主送机关

嘉奖令、行政令应标出主送机关，若是针对具体单位或个人的命令（令）则应标出主送机关或个人名字。例如，《国务院、中央军委关于授予钱学森同志“国家杰出贡献科学家”荣誉称号的命令》，其主送的对象是钱学森同志。普发性命令（令）不标注主送机关。

4.正文

不同类别的命令（令）正文内容表达有所区别。

（1）公布令。公布令通常篇幅简短，正文一般采用一段式结构表明公布的行政法规规章名称、公布依据、公布决定、执行要求四个方面。通常要写明所公布的行政法规与规章名称，说明这一法规或规章在什么时间、经过什么机关或会议通过或批准，并写明该法规或规章开始执行、实施和生效的时间，如要废止该法规或规章，写明废止、实施和生效的时间。例如：“《公安部关于修改〈公安机关办理行政案件程序规定〉的决定》已经2018年11月3日公安部部长办公会议通过，现予发布，自2019年1月1日起施行。”

（2）强制令。此类令正文一般首先写明发令的依据、目的等，其次写明命令事项，最后表明执行要求。

（3）嘉奖令。嘉奖令正文一般首先写明嘉奖的缘由，即对嘉奖对象的优秀事迹进行简述。其次评价事迹、提出嘉奖内容，也就是授予荣誉称号或其他奖励措施。最后提出希望和号召，也可写明对受嘉奖者的勉励和要求，向相关人员提出向受嘉奖者学习的希望和号召。

5.落款

由签发人职务、签名章和成文日期组成。成文日期置于签发人签名章下空一行的位置。

三、例文

【例文1】

中华人民共和国教育部令

第47号

《教育系统内部审计工作规定》已经2020年2月25日教育部第2次部务会议审议通过，现予公布，自2020年5月1日起施行。

教育部部长　　陈宝生

2020年3月20日

【例文2】

重庆市武隆区人民政府森林防火禁火令

为有效预防和遏制森林火灾，保障人民群众生命财产和森林资源安全，根据《中华人民共和国森林法》和《森林防火条例》（国务院令541号）等有关规定，区政府决定，发布全区森林防火禁火令。

一、禁火时间：从即日起至2020年4月10日、2020年7月10日至2020年10月10日。

二、禁火范围：全区所有林地及距林地边缘80米范围内。

三、在禁火期间，严禁出现下列行为：

（一）未经许可携带火种进入林区；

（二）未经许可在林区从事有可能引发火灾的施工作业；

（三）在林区玩火、吸烟、野炊、烧烤、点火照明、放孔明灯等；

（四）在林区上坟祭祀时点烛、燃香、烧纸、燃放鞭炮等；

（五）在林区或林地边缘烧灰积肥、炼山、烧荒、烧秸杆稻草等农事生产活动；

（六）在林区或林地边缘采取生火、点灯、拉电网、放鞭炮等方式驱赶野猪等野兽；

（七）其他易诱发森林火灾的活动。

四、森林、林木、林地的经营单位和个人，在其经营范围内承担森林防火责任。

五、区森林防火指挥部、区林业局依法履行职责，指导全区及时消除森林火灾隐患，组织森林火灾的扑救及灾后处置工作。

六、进入林区的车辆和个人，应按规定接受辖区乡镇（街道）人民政府或景区管理单位设立的森林防火定点检查，并严格遵守森林防火相关规定。对拒绝接受森林防火检查的，由区林业主管部门责令整改，给予警告，对个人并处200元以上2000元以下罚款，对单位并处5000元以上10000元以下罚款。

七、对未经批准擅自在森林防火区内野外用火的，由区林业主管部门依据《森林防火条例》有关规定责令停止违法行为，给予警告，对个人并处200元以上3000元以下罚款，对单位并处10000元以上50000元以下罚款；违反《中华人民共和国治安管理处罚法》的，由区公安机关依法处理；构成犯罪的，依法追究刑事责任。

八、本令自发布之日起施行，禁火期到期后自行解除。

举报电话：武隆区森林警察支队：×××××××××

重庆市武隆区林业局：×××××××××

重庆市武隆区人民政府

2020年2月13日

任务四　公　　报

一、认识公报

（一）公报的适用范围

《条例》规定："公报。适用于公布重要决定或者重大事项。"公报是党政机关发布重要决定和重大事项时常用的一种普发性下行公文。

（二）公报的主要特点

公报的主要特点包括权威性、政治性、新闻性与庄重性。

1.权威性

公报的发文机关主要由权威的党政机关发布，包括政党、政府以及国家职能机关等，制发机关级别一般比较高，发布机关权威且所发布事项绝不容反驳与质疑，因此公报具有很高的权威性。

2.政治性

公报公布的决定与事项通常非常重要与重大，且为国内外广泛关注，具有很强的政治性，一般的决定与事项不能使用公报发布。

3.新闻性

公报通常以大众传媒方式发布，即采用网络、电视台、广播电视台、报纸等方式，发布及时且速度快，传播范围极广，为人们普遍关注，因而有很强的新闻特征与新闻价值。

4.庄重性

由于公布的决定与事项重大，发布机关主要为权威的党政机关，因而公报的语言、文风都是极为庄重、严肃的。

（三）公报的分类

1.会议公报

会议公报是用以报道重要会议或会谈的决定和情况的公报。报道党中央召开的重要会议可使用公报，如《中国共产党第十九届中央委员会第四次全体会议公报》。

2.事项公报

党和国家高级领导机关或职能部门用以发布重大决策、重大措施、重大情况、重要事项、重要事件，公布相关重大工作进展、事实、数据的总结。事项公报的数据可以被国家各个部门制定条例、政策时参考使用。例如，《2018年重庆市国民经济和社会发展统计公报》。

二、公报的结构和写法

（一）公报的结构

公报的结构为法定公文的基本结构，通常由标题、题注、正文等要素构成，

（二）公报的写法

1.标题

公报的标题有完全式标题和省略式标题两种。

（1）完全式标题。

事项性公报常用完全式标题，即由发文机关、事由、文种构成，如《四川省统计局关于2019年国民经济和社会发展的统计公报》。

（2）省略式标题。

事项性公报标题和会议公报标题省略的要素不同。

①事项性公报标题常省略发文机关，由事由、文种构成。例如，《2018年重庆市国民经济和社会发展统计公报》。

②会议公报标题常省略事由，由会议名称、文种构成。例如，《中国共产党第十九届中央纪律检查委员会第四次全体会议公报》。

2.题注或签署

公报通常采用题注形式，在标题正下方标注会议通过的日期和成文日期，并用圆括号括起来。

3.正文

事项性公报正文内容的构成与会议公报正文内容的构成存在不同。

（1）事项性公报正文一般由公报缘由和公报的事项构成。

首先写明公布的缘由，即行文的依据、目的；其次写明公布事项、执行要求。公报的事项多采用条列式结构，逐项写明工作事项、事实、数据等。一般没有专门的结语。

（2）会议公报正文一般由会议概况、会议的主要内容、结语三个部分构成。

①会议概况。

通常包括：会议的名称，会议的时间与地点，出席人、列席人和主持者，会议流程等。

②会议的主要内容。

通常包括：会议以何种形式研究了什么问题，或通过了什么事项，或通过会议取得了什么成果；必要时还可添入对会议的评价等。通常在段首采用“会议认为”“会议指出”“会议要求”之类的表达。

③结语。

多为对相关人员或单位提出要求、希望或号召。

三、例文

【例文1】

中国共产党第十九届中央纪律检查委员会第四次全体会议公报

（2020年1月15日中国共产党第十九届中央纪律检查委员会
第四次全体会议通过）

中国共产党第十九届中央纪律检查委员会第四次全体会议，于2020年1月13日至15日在北京举行。出席这次全会的有中央纪委委员133人，列席246人。

中共中央总书记、国家主席、中央军委主席习近平出席全会并发表重要讲话。李克强、栗战书、汪洋、王沪宁、赵乐际、韩正等党和国家领导人出席会议。

全会由中央纪律检查委员会常务委员会主持。全会以习近平新时代中国特色社会主义思想为指导，深入贯彻党的十九大和十九届二中、三中、四中全会精神，回顾2019年纪检监察工作，部署2020年任务，审议通过了赵乐际同志代表中央纪委常委会所作的《坚持和完善党和国家监督体系　为全面建成小康社会提供坚强保障》工作报告。

全会认真学习、深刻领会习近平总书记重要讲话。一致认为，讲话站在实现“两个一百年”奋斗目标的历史交汇点上，深刻总结新时代全面从严治党的历史性成就，深刻阐释我们党实现自我革命的成功道路、有效制度，深刻回答管党治党必须“坚持和巩固什么、完善和发展什么”的重大问题，对以全面从严治党新成效推进国家治理体系和治理能力现代化作出战略部署。讲话高屋建瓴、统揽全局、思想深邃、内涵丰富，充分彰显了以习近平同志为核心的党中央高瞻远瞩的战略视野、居安思危的政治清醒、兴党强国的使命担当，对不断深化党的自我革命、持续推动全面从严治党向纵深发展具有重大指导意义。习近平总书记对纪检监察干部队伍寄予殷切期望，提出明确要求。要深入学习贯彻习近平总书记重要讲话精神，把思想和行动统一到党中央决策部署上来，把“严”的主基调长期坚持下去，砥砺初心、勇担使命，以高度的政治自觉把全会部署的任务落到实处。

全会指出，2019年，以习近平同志为核心的党中央立足世界百年未有之大变局，统揽中华民族伟大复兴战略全局，加强战略谋划，保持战略定力，坚持稳中求进工作总基调，统筹推进“五位一体”总体布局，协调推进“四个全面”战略布局，成功应对国内外风险挑战明显上升的复杂局面，推动党和国家各项事业取得新的重大成就。在党中央坚强领导下，中央纪委国家监委和地方各级纪委监委忠实履行党章和宪法赋予的职责，扎实开展“不忘初心、牢记使命”主题教育，一以贯之学习贯彻习近平新时代中国特色社会主义思想，一以贯之督促党员、干部自觉做到“两个维护”，一以贯之贯彻落实全面从严治党方针和要求，坚持稳中求进、实事求是、依规依纪依法，纪检监察工作坚定稳妥、扎实有效，在高质量发展上取得新的成绩。强化监督职责，突出政治监督，围绕党的路线方针政策和党中央重大决策部署落实情况加强监督检查，坚决维护党中央权威和集中统一领导。深化拓展群众身边腐败和作风问题整治，持续严惩扶贫和民生领域腐败、涉黑涉恶腐败及“保护伞”。持之以恒抓好中央八项规定精神落实，集中整治形式主义、官僚主义。深化政治巡视和巡视整改，完善巡视巡察工作格局。有效运用“四种形态”，严格执纪执法、精准有力问责。统筹推进纪检监察体制改革，不断提高规范化法治化水平。坚持不敢腐、不能腐、不想腐一体推进，突出重点削减存量，零容忍遏制增量，深化以案促改、标本兼治，反腐败斗争压倒性胜利巩固发展。全面加强纪检监察机关党的建设，对执纪违纪、执法违法者“零容忍”，建设忠诚干净担当纪检监察铁军。全会总结了过去一年工作中形成的认识和体会，在肯定成绩的同时，实事求是分析了纪检监察工作和干部队伍建设存在的主要问题，要求高度重视、采取有效措施加以解决。

全会提出，2020年是全面建成小康社会和“十三五”规划收官之年，做好纪检监察工作意义重大。总体要求是：以习近平新时代中国特色社会主义思想为指导，全面贯彻党的十九大和十九届二中、三中、四中全会精神，增强“四个意识”、坚定“四个自信”、做到“两个维护”，坚持稳中求进工作总基调，协助党委深化全面从严治党，坚持和完善党和国家监督体系，强化对权力运行的制约和监督，一体推进不敢腐、不能腐、不想腐，在坚持和完善中国特色社会主义制度、推进国家治理体系和治理能力现代化中充分发挥监督保障执行、促进完善发展作用，建设高素质专业化纪检监察干部队伍，推动新时代纪检监察工作高质量发展，为决胜全面建成小康社会、决战脱贫攻坚提供坚强保障。

全会要求，各级纪检监察机关要认真贯彻落实党的十九届四中全会精神，自觉把各项工作放到坚持完善中国特色社会主义制度和国家治理体系的大局中来思考、谋划、推进，牢牢抓住监督这个基本职责、第一职责，精准监督、创新监督，深化纪检监察体制机制改革创新，以高质量党内监督、国家监察促进国家制度和治理体系提质增效，充分彰显中国共产党领导和中国特色社会主义制度的优越性。

第一，坚持以初心使命作为政治本色和前进动力，不断增强“两个维护”的自觉性坚定性。（略）

第二，全力保障脱贫攻坚决战决胜，集中整治群众反映强烈的突出问题。（略）

第三，持续深化纪检监察体制改革，推动健全党和国家监督体系。（略）

第四，发挥纪委监委专责监督作用，加强对权力运行的监督。（略）

第五，巩固拓展作风建设成效，推动化风成俗、成为习惯。（略）

第六，完善巡视巡察上下联动工作格局，促进巡视巡察与其他各类监督贯通融合。（略）

第七，构建一体推进不敢腐、不能腐、不想腐体制机制，进一步巩固和发展反腐败斗争压倒性胜利。（略）

第八，建设高素质专业化干部队伍，做忠诚干净担当、敢于善于斗争的战士。（略）

全会号召，要更加紧密地团结在以习近平同志为核心的党中央周围，不忘初心、牢记使命，团结一心、开拓进取，奋力书写全面从严治党、党风廉政建设和反腐败斗争新篇章，为坚持和完善中国特色社会主义制度、推进国家治理体系和治理能力现代化，实现“两个一百年”奋斗目标、实现中华民族伟大复兴的中国梦作出新的更大贡献！

【例文2】

第四次全国经济普查公报（第一号）
——第四次全国经济普查顺利完成

国家统计局

国务院第四次全国经济普查领导小组办公室

2019年11月20日

根据《全国经济普查条例》规定和《国务院关于开展第四次全国经济普查的通知》（国发〔2017〕53号）要求，我国进行了第四次全国经济普查，普查的标准时点为2018年12月31日，普查的时期资料为2018年度，普查对象是我国境内从事第二产业和第三产业活动的全部法人单位、产业活动单位和个体经营户。按照党中央、国务院统一部署，在各地区、各部门和各级普查机构的共同努力下，经过广大普查人员两年来的艰辛努力以及全国范围内普查对象的积极参与，第四次全国经济普查全面完成方案设计、单位清查、现场登记、事后质量抽查、汇总评估等各项任务，取得重大成果和显著成效。

一、组织领导有力

2018年5月21日，国务院成立了由韩正副总理担任组长的第四次全国经济普查领导小组，领导小组办公室设在国家统计局，由34个部门组成。按照“全国统一领导、部门分工协作、地方分级负责、各方共同参与”的组织实施原则，全国乡镇、街道和县以上各级人民政府以及相关部门均建立普查机构，为普查工作开展提供了坚实的组织保障。地方各级人民政府全面加强领导，精心组织实施，做到人员到位、措施到位、经费到位。参与普查工作的相关部门积极主动履职，充分发挥各自职能，提供多方保障，确保了普查的顺利实施。

二、全面摸清家底

第四次全国经济普查是中国特色社会主义进入新时代后的一次重大国情国力调查，是在决胜全面建成小康社会、开启全面建设社会主义现代化国家新征程中对国民经济进行的一次“全面体检”。2019年1月1日至4月30日，全国160多万基层普查人员克服重重困难，对我国境内从事第二产业和第三产业的法人单位、产业活动单位和抽取的个体经营户逐一入户完成数据采集。通过这次普查，既摸清了我国第二产业和第三产业的发展规模、布局和效益，了解了我国产业组织、产业结构、产业技术、产业形态的现状以及各生产要素的构成，也掌握了全部法人单位资产负债状况和新兴产业发展情况，进一步查实了各类单位的基本情况和主要产品产量、服务活动，全面准确反映了供给侧结构性改革、新动能培育壮大、经济结构优化升级等方面的新进展。

三、采用科学方法

按照“确保质量、改革创新、突出重点、依法普查、共享成果”的原则，国务院第四次全国经济普查领导小组办公室（以下简称领导小组办公室）借鉴历次普查经验，切实加强顶层设计，着力提高普查的科学性、规范性。经过6个省（市）普查专项试点、5个省（市）普查综合试点检验，制定了《第四次全国经济普查方案》及13项业务流程，先后印发《普查数据审核验收组织实施方案》、《普查数据检查工作方案》等实施办法，为经济普查工作有序开展提供了制度性保障。在方法运用上，第四次全国经济普查采取“地毯式”清查的方法，对辖区内全部法人单位、产业活动单位和从事第二产业和第三产业的个体经营户进行全面清查。全面清查后，对从事第二产业和第三产业的法人单位、产业活动单位在其主要经营活动所在地进行全面普查登记，对建筑业法人单位在其注册地进行全面普查登记，对数量众多的个体经营户采用抽样调查方法在其主要经营活动所在地进行样本登记。普查主要内容包括单位基本情况、组织结构、人员工资、财务状况、能源生产与消费情况、生产能力、生产经营和服务活动、固定资产投资、研发活动、信息化和电子商务交易情况等，根据不同普查对象，分别设置了一套表单位普查表、非一套表单位普查表、个体经营户普查表和部门普查表。

四、创新普查方式

为减轻调查对象负担，提高工作效率，这次普查积极应用“五证合一”改革成果，大力提高部门参与程度。在清查和普查阶段，积极利用部门行政记录和业务资料，收集、整理了44个部门的单位名录信息，通过比对、合并生成底册信息近亿条。全面提高普查数据采集信息化水平，扩大联网直报单位范围，全面使用手持移动终端（PAD）采集数据，广泛应用行业代码自动识别赋码技术，普查数据生产全过程实行电子化、网络化，大大提高了数据采集处理效率。

五、强化执法监督

各级普查机构和广大普查人员严格执行《中华人民共和国统计法》和《全国经济普查条例》，严格履行独立普查、独立报告职责，依法保护普查对象资料。通过建立健全普查数据质量追溯和问责机制，加大普查违纪违法行为的查处力度，确保普查工作中造假作假责任追究到位。领导小组办公室主动公开普查工作过程，自觉接受媒体和社会监督，通过网络平台面向社会公开招募了31名义务监督员，全程参与事后质量抽查工作，充分发挥了监督作用。

六、确保数据质量

第四次全国经济普查实行全过程数据质量控制。各级普查机构狠抓源头数据质量，实时监控普查数据采集、上报，加强入户数据核实与业务指导，开展源头数据自查与抽查，坚持联动审核，及时消除差错，确保普查数据真实可靠。为检验各地普查工作成效和普查数据质量，领导小组办公室组织开展了经济普查史上规模最大的事后质量抽查，对全国31个省（区、市）的249个样本县（市、区、旗）、996个样本普查小区、21808家单位进行了抽查。抽查方式采用了“重新调查式”，取代以往将普查登记数据作为参考的“回访式”，抽查结果更为客观、准确。事后质量抽查结果表明，普查数据填报综合差错率为1.09%，普查数据质量符合控制标准。

总体来看，第四次全国经济普查充分运用了现代信息技术手段，普查全过程公开透明，全面摸清了我国第二产业和第三产业家底，能够真实反映我国经济社会发展状况，达到了预期目标。普查结果显示，2018年末，全国共有从事第二产业和第三产业活动的法人单位2178.9万个，与2013年第三次全国经济普查相比，增长100.7%；从业人员38323.6万人，增长7.6%；产业活动单位2455.0万个，增长88.3%；个体经营户6295.9万个。

任务五　公　　告

一、认识公告

（一）公告的适用范围

《条例》规定：“公告。适用于向国内外宣布重要事项或者法定事项。”公告属于普发性的下行文。

（二）公告的主要特点

公告主要有发文机关的限定性、内容的重大性、传播方式的新闻性、传播范围的广泛性四大特点。

1.发文机关的限定性

公告的发文机关多为中央国家机关或省部级的领导机关。一般基层机关、企事业单位、社会团体无权发布公告。

2.内容的重大性

公告发布的内容是涉及国内外的重要事项或法定事项，能在国内外产生一定的影响，或要求社会成员必须依法办理的事项。

3.传播方式的新闻性

传播方式的新闻性指公告的内容都是新近发生的重要事项，在一定程度上具有新闻的特点，一般通过授权的新闻机关，采用大众传媒的方式公开发布。

4.传播范围的广泛性

传播范围的广泛性指公告的告知范围最广，包括国内外所有组织、机构、公民。

（三）公告的分类

公告可分为重要事项的公告和法定事项的公告两大类。

1.重要事项的公告

凡涉及国家的政治、经济、军事、科技、教育、人事、外交、文化等方面需要告知国内外的重要事项，均需使用公告告知，如宣布重大国事活动，公布重大科技成果，报道国家领导人出访、病情、逝世等情况，以及外交答谢等；又如国外有关部门对我国重大活动的祝贺，有关职能部门宣布有关国计民生的大事等。这类公告发布的目的只是让公众知晓。如《中华人民共和国外交部　国家移民管理局关于暂时停止持有效中国签证、居留许可的外国人入境的公告》《关于征集新型冠状病毒感染的肺炎疫情防控工作问题线索及意见建议的公告》。

2.法定事项的公告

凡按照我国宪法和法律规定必须予以公布的事项，均需使用公告告知。有的是国家领导机关制定的法定事项向国内外宣布，有的是宣布有关重大政策。通常这类公告的发布是有程序的，发布的目的是要求公众知晓并遵照执行。如《财政部　税务总局　海关总署关于杭州2022年亚运会和亚残运会税收政策的公告》《国家药监局　国家卫生健康委关于发布药物临床试验机构管理规定的公告》。

二、公告的结构和写法

（一）公告的结构

公告由标题、正文、落款三部分构成。

（二）公告的写法

1.标题

公告的标题可分为完全式标题和3种省略式标题。

（1）完全式标题。标题由发文机关、事由、文种构成，如《海关总署关于实行新进出境旅客申报制度的公告》《国家统计局关于修订2018年国内生产总值数据的公告》。

（2）省略事由的标题。标题由发文机关、文种构成，如《中华人民共和国国务院公告》《国家税务总局公告》。

（3）省略发文机关的标题。标题由事由、文种构成，如《关于发布〈环境影响评价公众参与办法〉配套文件的公告》。

（4）省略发文机关和事由的标题，即标题由文种构成，如《公告》。

为体现公告的严肃性，公告的标题最好用完全式标题。

2.正文

公告的正文一般由缘由、事项和结语三部分构成。

（1）缘由。缘由通常可以是公告的原因、根据和目的，该部分有时也可以省略。

（2）事项。公告应具体确切地表明事项的内容，如果内容简单则可采用篇段合一的写法表达；如果内容较复杂，宜用分条列项方式表达。

（3）结语。可以提出希望、要求等，或用“现予公告”“特此公告”等习惯用语结尾。有的公告也可以不写执行要求，不以习惯用语结尾，事完文止，自然收尾。

3.落款

落款包括发文机关署名、印章、成文日期。

发文机关署名必须署发文机关的全称或规范化简称。成文日期应用阿拉伯数字标全年月日。

三、例文

【例文1】

中华人民共和国外交部　国家移民管理局
关于暂时停止持有效中国签证、居留许可的外国人入境的公告

鉴于新冠肺炎疫情在全球范围快速蔓延，中方决定自2020年3月28日0时起，暂时停止外国人持目前有效来华签证和居留许可入境。暂停外国人持APEC商务旅行卡入境。暂停口岸签证、24/72/144小时过境免签、海南入境免签、上海邮轮免签、港澳地区外国人组团入境广东144小时免签、东盟旅游团入境广西免签等政策。持外交、公务、礼遇、C字签证入境不受影响。外国人如来华从事必要的经贸、科技等活动，以及出于紧急人道主义需要，可向中国驻外使领馆申办签证。外国人持公告后签发的签证入境不受影响。

这是中方为应对当前疫情，参考多国做法，不得已采取的临时性措施。中方愿与各方保持密切沟通，做好当前形势下中外人员往来工作。中方将根据疫情形势调整上述措施并另行公告。

特此公告。

中华人民共和国外交部
国家移民管理局
2020年3月26日

【例文2】

财政部　税务总局　海关总署
关于杭州2022年亚运会和亚残运会税收政策的公告

为支持筹办杭州2022年亚运会和亚残运会及其测试赛（以下统称杭州亚运会），现就有关税收政策公告如下：

一、对杭州亚运会组委会（以下简称组委会）取得的电视转播权销售分成收入、赞助计划分成收入（货物和资金），免征增值税。

二、对组委会市场开发计划取得的国内外赞助收入、转让无形资产（如标志）特许权收入、宣传推广费收入、销售门票收入及所发收费卡收入，免征增值税。

三、对组委会取得的与中国集邮总公司合作发行纪念邮票收入、与中国人民银行合作发行纪念币收入，免征增值税。

四、对组委会取得的来源于广播、因特网、电视等媒体收入，免征增值税。

五、对组委会按亚洲奥林匹克理事会、亚洲残疾人奥林匹克委员会（以下统称亚奥委会）核定价格收取的运动员食宿费及提供有关服务取得的收入，免征增值税。

六、对组委会赛后出让资产取得的收入，免征增值税和土地增值税。

七、对组委会使用的营业账簿和签订的各类合同等应税凭证，免征组委会应缴纳的印花税。

八、对财产所有人将财产（物品）捐赠给组委会所书立的产权转移书据，免征印花税。

九、对企业、社会组织和团体赞助、捐赠杭州亚运会的资金、物资、服务支出，在计算企业应纳税所得额时予以全额扣除。

十、对企业根据赞助协议向组委会免费提供的与杭州亚运会有关的服务，免征增值税。免税清单由组委会报财政部、税务总局确定。

十一、对组委会为举办运动会进口的亚奥委会或国际单项体育组织指定的，国内不能生产或性能不能满足需要的直接用于运动会比赛的消耗品，免征关税、进口环节增值税和消费税。享受免税政策的进口比赛用消耗品的范围、数量清单，由组委会汇总后报财政部会同税务总局、海关总署审核确定。

十二、对组委会进口的其他特需物资，包括：亚奥委会或国际单项体育组织指定的，国内不能生产或性能不能满足需要的体育竞赛器材、医疗检测设备、安全保障设备、交通通讯设备、技术设备，在运动会期间按暂时进口货物规定办理，运动会结束后复运出境的予以核销；留在境内或做变卖处理的，按有关规定办理正式进口手续，并照章缴纳关税、进口环节增值税和消费税。

十三、上述税收政策自发布之日起执行。

特此公告。

财政部
税务总局
海关总署
2020年4月9日

【例文3】

国务院公告

为表达全国各族人民对抗击新冠肺炎疫情斗争牺牲烈士和逝世同胞的深切哀悼，国务院决定，2020年4月4日举行全国性哀悼活动。在此期间，全国和驻外使领馆下半旗志哀，全国停止公共娱乐活动。4月4日10时起，全国人民默哀3分钟，汽车、火车、舰船鸣笛，防空警报鸣响。

任务六　通　　告

一、认识通告

（一）通告的适用范围

《条例》规定："通告。适用于在一定范围内公布应当遵守或者周知的事项。"

通告属于普发性下行文，既可以用来公布重大的事项，也可以用来公布一般事项。各级机关单位、职能部门都可以用通告行文，因而通告的使用频率很高。通告的发布除了发布纸质文件外，通常还采用报刊、电视、广播、网络、张贴等大众传媒方式发布。

（二）通告的分类

通告可以分为规定性通告和周知性通告两类。

1.规定性通告

规定性通告又称为遵守类通告，适用于公布社会各有关方面在特定范围内应该严格遵守或执行的相关要求，即是要求人们"应当遵守"或"应予禁止"的要求。诸如打击某些不法犯罪行为、维护或整治社会秩序等，都属于规定性通告。例如，《国务院关于保障民用航空安全的通告》《重庆市人民政府关于加强燃放烟花爆竹管理的通告》。这类通告具有强制性和约束力，具有一定的法规的作用。通告的制发者必须拥有相应的法定职权，决不可超越法定职权制发此类通告。

2.周知性通告

周知性通告又称为事项性通告，适用于公布各有关对象应当周知的具体事项。诸如停水、停电、迁址等，均属于周知性通告。这类通告主要起晓谕、知照的作用，不具有强制性和惩处意义。例如，《宏远公司关于迁址的通告》《西山学院关于停电的通告》《清江自来水公司关于停水的通告》。

二、通告的结构和写法

（一）通告的结构

通告通常由标题、正文、落款要素构成。

（二）通告的写法

1.标题

通告的标题通常有完全式标题和省略式标题两种。

（1）完全式标题。由发文机关、事由、文种构成，如《重庆市人民政府关于加强燃放烟花爆竹管理的通告》。

（2）省略式标题包括三种。

①省略了事由，由发文机关、文种构成，如《重庆市人民政府通告》。

②省略了发文机关，由事由、文种构成，如《关于加强市区道路停车秩序管理的通告》。

③省略了发文机关、事由，只有文种，如《通告》。

2.正文

通告的正文通常由通告缘由、通告事项、通告结语构成。

（1）通告缘由可以是通告的原因、通告的目的、事实依据。

通告缘由的表达模式为："因为……，为……，根据……，特通告如下（现将有关事项通告如下、特作如下通告）。"

①用行文的原因、目的、依据开头。例如："近来由于天气炎热，有部分同学到长江游泳，为了保障同学们的生命安全，根据《重庆交通职业学院学生管理办法》的有关规定，特作如下通告："

②用行文的目的、依据开头。例如："为加强燃放烟花爆竹安全管理，减少大气污染、改善城市环境、维护公共安全，根据新修订的《重庆市燃放烟花爆竹管理条例》（以下简称《条例》）等有关规定，特通告如下："

③用行文的依据开头。例如："根据党的十九届三中全会审议通过的《深化党和国家机构改革方案》、第十三届全国人民代表大会第一次会议审议批准的国务院机构改革方案和国务院第一次常务会议审议通过的国务院直属特设机构、直属机构、办事机构、直属事业单位设置方案，现将国务院机构设置通知如下："

④用行文的原因开头。例如："因检修管道，芳草地片区停水一天。"

⑤用行文的目的开头。例如："为保障民用航空的安全，防止劫持、破坏民航飞机和破坏民用航空设施事件的发生，确保公共财产和旅客生命财产的安全，特通告如下："

写作通告用何种方法开头，没有固定的模式，应视具体的情况灵活处理。不管用何种方法开头，都要开门见山，直呈其事。

（2）通告事项是正文的主体部分，要具体确切地写明应遵守的事项或告知的事项。

①内容单一的周知性通告可以采用独段式结构。

②内容复杂的规定性通告事项较多，则应采用条列式结构，分条列项表明规定的事项。通常为一条一式一要求，各条之间应有一定的逻辑联系。

（3）通告结语。

①结语可以是执行要求。例如："违反上述规定，构成犯罪的，依法追究刑事责任；尚不构成犯罪的，依法给予治安管理处罚。"又如："对违反本通告规定的，由相关行政主管部门依据有关法律、法规追究法律责任。"

②结语也可以是补充说明，如"本通告自发布之日施行"。也可以是专用结语，如"特此通告"。

这一部分的写法，可以单独成段，也可作为通告事项的最后一个条款。

3.落款

落款包括发文机关署名、印章、成文日期。

三、公告与通告的异同

相同处为公告与通告都属于《条例》规定的公布性公文，并都有极强的知照作用。

不同之处主要有以下几点：

1.适用范围不同

公告适用于向国内外宣布重要事项或者法定事项。通告则适用于在一定范围内公布应当遵守或者周知的事项。

2.使用机关级别不同

公告发布机关级别较高，一般是国家高级机关或有关授权机关。通告没有机关级别限制，各级机关、职能部门、企事业单位都可以发布。

3.内容不同

公告发布的多为国内外关注的重要事项或法定事项。通告发布的是一定范围内应当遵守或者周知的事项。

4.发布的范围和方式略有不同

公告是向国内外发布，主要通过电视、报刊、网络发布。通告是在一定范围内，特指一定领域，某一地区公布，同时可以以张贴方式使有关人员知晓，并能遵照执行或周知。

四、例文

【例文1】

重庆市人民政府关于加强燃放烟花爆竹管理的通告

为加强燃放烟花爆竹安全管理，减少大气污染、改善城市环境、维护公共安全，根据新修订的《重庆市燃放烟花爆竹管理条例》（以下简称《条例》）等有关规定，特通告如下：

一、禁止燃放烟花爆竹的区域（以下简称禁放区域）：

（一）重庆市绕城高速公路以内区域（含绕城高速公路）。

（二）北碚区、江津区、合川区、永川区、南川区、綦江区、大足区、璧山区、铜梁区、潼南区、荣昌区、万盛经开区的城市建成区。城市建成区的具体范围，由区政府（经开区管委会）确定并向社会公布。

（三）其他区县（自治县）政府可以根据本行政区域的实际情况，确定本行政区域内禁止燃放烟花爆竹的区域并向社会公布。

二、禁放区域以外的下列区域或者场所禁止燃放烟花爆竹：

易燃易爆物品生产、储存单位；文物保护单位；车站、码头、机场、桥梁、隧道、轨道交通设施以及铁路线路安全保护区内；饮用水水源保护区内；输变电设施安全保护区内；医疗机构、幼儿园、学校、养老机构；化粪池、沼气池、地下管网；森林、草原等重点防火区；法律、法规、规章规定禁止用火的其他区域或者场所。由有关管理责任单位在上述区域或者场所设置明显的禁放警示标志，并严格管理。

三、在禁放区域和场所内，禁止生产、储存、经营烟花爆竹。

四、严禁任何单位和个人非法生产、经营、储存、运输、燃放烟花爆竹，严禁销售、储存、携带、燃放不符合本市公布的规格和种类要求的烟花爆竹。

五、严格烟花爆竹品种管理。在本市燃放区允许经营和个人燃放的烟花爆竹品种为C级和D级产品中的喷花类、旋转类、玩具类（烟雾型、摩擦型除外）、爆竹类（“土火炮”“大夹小”和“炮中炮”爆竹产品除外）、升空类（火箭、旋转烟花产品除外）、组合烟花类6类。禁止销售和燃放礼花弹、架子烟花、小礼花、吐珠烟花产品和单发火药量大于25g、内径大于30mm（1.2"）的内筒型组合烟花等专业燃放类产品；禁止销售和燃放擦炮、摔炮、药粒型吐珠产品。

六、未成年人燃放烟花爆竹，应当由监护人或者其他成年人陪同看护。

七、任何单位和个人应当自觉遵守《条例》规定。

八、对违反《条例》等法律法规和本通告规定的行为，依法追究当事人责任。构成犯罪的，依法追究刑事责任。

九、本通告自2019年2月1日起施行。

重庆市人民政府

2019年1月10日

【例文2】

××自来水公司关于停水的通告

因检修管道，从10月12日晚上9点至13日凌晨5点，城南芙蓉水岸至邻亲苑片区暂停供水。请该片区用户提前做好蓄水准备。

特此通告

××自来水公司
2020年10月10日

任务七　意　　见

一、认识意见

（一）意见的适用范围

《条例》规定：“意见。适用于对重要问题提出见解和处理办法。”意见是适用范围较广的具有多向行文特点的文种。

（二）意见的主要特点

意见的主要特点包括行文方向的多向性和用途的多样性。

1.行文方向的多向性

行文方向的多向性是意见最为显著的特点。意见通常可以下行，成为上级机关在发现下级机关遇到有关重要问题时，提出见解和办法措施，对下级予以指示、安排的途径；意见还可以上行，成为下级机关向上级机关提出解决有关重要问题的见解和处理办法等方面的建议，供上级机关决策参考的途径；意见还可以向平级或不相隶属机关就某些重要问题进行协调或提出建议，供对方参考。在多年的实践中，“意见”较好地解决了呈转性公文中长期存在的难题，以及上级在指导工作中的弹性问题。

2.用途的多样性

用途的多样性是由意见的行文多向性派生出来的特点。上行的意见，上级可从中了解下级工作中出现的新情况、新问题，下级拟议的这类意见具有报告、请示的作用。下行的意见是上级对下级某工作或某活动展开的指示、要求，下级应遵照执行或参照执行。平行的意见，可供平级或不相隶属机关处理某些问题时参考使用。

（三）意见的分类

1.按行文方向分

按照行文方向，意见可分为上行意见、下行意见和平行意见。

（1）上行意见。这是下级机关向上级机关就某些问题发表自己的见解或提出处理问题的办法，以供上级机关决策参考。上级收到下级报送的意见后，应当作出处理或给予答复，对于请求批准转发的意见，上级就应给予批示或批准转发。

（2）下行意见。这是上级从全局出发，对重要问题提出见解和处理办法，对下级机关有关工作予以指挥、指导或提供建议。指挥是指文中有贯彻执行的明确要求，下级机关必须贯彻执行。指导是指文中对贯彻执行没有明确要求，下级机关参照执行。建议是该意见无贯彻执行的要求，可供下级机关工作参考。

（3）平行意见。平行的意见，可供平级或不相隶属机关处理某些问题时作为参考。

2.按行文内容分

按照行文内容，意见可分为指示性意见、请批性意见和建议性意见。

（1）指示性意见。这是党政领导机关用于布置工作的下行文，阐明工作的原则、方法、措施和步骤，提出要求，对下级展开相关工作的原则、方法和依据。例如，2020年1月，退役军人事务部、中共中央宣传部、国家发展和改革委员会等20个部门联合印发《关于加强军人军属、退役军人和其他优抚对象优待工作的意见》。

（2）请批性意见。这类意见主要适用于两种情况，一是需要处理解决却无相应政策规定或者和政策有矛盾的重要事项、重大问题；二是需要有关方面配合，却无权直接向对方提出执行要求的重要事项、重大问题。面对上述情况，可向上级报送意见，阐明自己的见解和办法，请求上级予以批示或批准转发。例如，国家卫生健康委、民政部、国家发展改革委等12部门联合印发的《关于深入推进医养结合发展的若干意见》为向国务院发送的请求批准转发的意见。

（3）建议性意见。这类意见可以上行，供上级机关决策参考；也可以平行，供平级或不相隶属机关处理相关问题时作为参考；还可以下行，提出对下级机关处理重大问题的意见参考。例如，中共中央办公厅、国务院办公厅印发的《关于促进劳动力和人才社会性流动体制机制改革的意见》，即为下行的建议性意见。

二、意见的结构和写法

（一）意见的结构

意见通常由标题、主送机关、正文等要素构成。

（二）意见的写法

1.标题

意见的标题通常有完全式标题和省略式标题两种。

（1）完全式标题。由发文机关、事由、文种构成，如《重庆市人民政府办公厅关于克服新冠肺炎疫情影响推动服务业恢复发展的意见》。根据行文需要，可以在文种前增添“若干”“几点”或“指导”等说明性词语，如《国务院关于促进国家高新技术产业开发区高质量发展的若干意见》。

（2）省略式标题。由关于、事由、文种构成，如《关于深入推进医养结合发展的若干意见》。

2.主送机关

意见一般应标明主送机关，但下行的普发性意见可省略主送机关。

3.正文

正文主要包括开头、主体、结语三部分。

（1）开头。开头写明意见的缘由。例如，《国务院关于进一步做好稳就业工作的意见》的开头为：“就业是民生之本、财富之源。当前我国就业形势保持总体平稳，但国内外风险挑战增多，稳就业压力加大。为全力做好稳就业工作，现提出以下意见。”

（2）主体。意见的主体部分将意见作具体确切表达，若意见太多，宜拟小标题分条列项予以阐述。如《国务院关于进一步做好稳就业工作的意见》的主体内容分为八条，每条下面再详细阐述。

（3）结语。结语部分应根据行文方向、行文内容选择适当的语句。如“以上意见如无不妥，请批转有关部门执行”“以上意见，请予考虑”“以上意见仅供参考”等。若主体部分言尽文意，也可不再使用结语。

三、例文

重庆市人民政府办公厅
关于克服新冠肺炎疫情影响推动服务业恢复发展的意见

各区县（自治县）人民政府，市政府各部门，有关单位：

为深入贯彻习近平总书记关于统筹推进新冠肺炎疫情防控和经济社会发展重要指示精神，全面落实党中央、国务院决策部署，妥善处理即期消费品与耐用消费品刺激、生活性服务业与生产性服务业发展、线上服务与线下服务结合、疫前疫中疫后和后疫情期业态变化等关系，努力克服疫情影响，推动我市服务业加快恢复发展，经市政府同意，提出如下意见。

一、全面推进服务业恢复发展

（一）推动服务业复产达产。创造有利于服务业复工复产的条件，畅通产业循环、市场循环、经济社会循环，推动专业市场、餐饮住宿等生活性服务业，研发设计、专业服务等生产性服务业全面复产达产，努力把疫情造成的损失降到最低限度。建立部门协调、市与区县（自治县，以下简称区县）联动工作机制，帮助企业做好原料、资金、用工、防护物资等要素保障。取消复工审批或其他变相的限制措施，促进服务业上下游、产供销、大中小企业整体配套、协同复产达产。（责任单位：市级有关行业主管部门，各区县政府）

（二）加快推进项目建设。围绕文化旅游、现代物流、健康养老、科技服务、数字信息等服务业领域，策划、储备一批重大项目，积极争取国家政策支持。集中开工一批对生产生活具有较强拉动作用、对服务业发展具有战略导向意义的重大项目。依托市级重大项目调度机制，督促在建项目优化施工组织、提速放量。及时解决项目推进过程中的困难和问题，提前谋划和推出一批对本辖区、本行业生产生活具有较强拉动和引领作用的服务业重大项目。（责任单位：市发展改革委，市级有关行业主管部门，各区县政府）

（三）推动生产性服务业恢复发展。通过信息改造、功能完善等措施，培育发展解放碑—江北嘴—弹子石等7个金融商务区、大渡口天安等10个大健康产业园区、江北网商产业园等10个市级以上电商产业园、重庆科学城等20个信息科技产业园。加强国际经贸合作，组建工作专班，加快国际物流供应链体系建设，建立海外供应链保障体系，着力解决重点产业零部件供应链不畅问题。推动货物运输企业复工复产，保障重点生产资料、生活必需物资和农业生产物资等运输。提升信息技术服务能力，加快发展微服务、智能应用、虚拟现实等在线运营服务，推动信息技术服务企业发展壮大。鼓励和支持工业设计企业开拓新的设计领域和市场，形成新的增长点。创新办好中国国际智能产业博览会、中新（重庆）战略性互联互通示范项目金融峰会等展会节庆活动。合理布局五大类型主辅联动物流枢纽网络，新建和改造一批物流园区、大型分拨中心和公共配送中心。（责任单位：市发展改革委、市经济信息委、市商务委、市大数据发展局、市卫生健康委、市金融监管局、市中新项目管理局、市政府口岸物流办）

（四）推动文旅体产业恢复发展。认真贯彻《国务院办公厅关于进一步激发文化和旅游消费潜力的意见》（国办发〔2019〕41号），落实好带薪休假制度，瞄准劳动节、端午节等节假日和暑期档，恢复举办“重庆文化旅游惠民消费季”，重点推出温泉旅游、乡村旅游、避暑旅游等生态康养类文化旅游优惠活动，激活新型文化旅游消费市场；加大对国内市外旅行社、市内邮轮企业引客入渝奖励力度，激发旅行社开发产品、宣传营销、地接组团的积极性。实施市内国有A级旅游景区面向全国医护工作者免费开放游览政策，鼓励市内民营A级旅游景区参照执行。积极申报国家体育消费试点城市，促进体育消费。（责任单位：市文化旅游委、市体育局）

（五）推动商贸服务业恢复发展。大力实施消费升级行动计划，争创国际消费中心城市，支持有条件的区县创建国际消费中心城市示范区。积极扩大居民消费，增加公共消费，加大实体商店消费。加快步行街改造提升，鼓励创建绿色商场，大力发展夜间经济、网络经济，培育发展“首店经济”“品牌经济”和“小店经济”。支持餐饮企业在不影响市容环境、居民生活和安全通行的前提下开展外摆经营。继续深化商贸“十个一”主题消费活动。适时举办“消费促进季”系列活动，创新开展汽车惠民、家电以旧换新以及火锅节、夜市文化节和商圈购物节等各类促销活动，提振城乡消费。鼓励机关

干部、企事业单位员工积极带头消费，引导大众消费。（责任单位：市商务委、市文化旅游委，各区县政府）

二、加快推进服务业转型发展

（六）推进数字化转型。加强物联网、5G网络、云计算平台等新型基础设施布局，做大互联网、数字服务、电子商务等产业集群。推动服务业企业借助大数据、区块链、人工智能等新一代信息技术，积极培育电子竞技、线上直播、数字出版、网络文学、网络音乐等线上服务。鼓励政务数据和社会数据融合共享、互动互用，打造经济新增长点。（责任单位：市大数据发展局、市教委、市文化旅游委、市卫生健康委、市体育局、市通信管理局）

（七）培育新业态新模式。积极推广远程会诊、远程手术、远程超声、远程监护等在线医疗服务。大力推进在线出行，推广“重庆交通APP”出行服务平台，发展网约车、共享汽车。深入实施网络学习空间覆盖行动，加快打造“在家上课”“云课堂”“空中课堂”“网络学习空间”等线上教育。支持“线上超市”“网上餐厅”“线上家政”“网红带货”等各类生活服务企业，为消费者提供“见屏如面”的生活服务体验，保持线上新型消费热度不减；鼓励发展“无接触配送到家”新模式，繁荣发展“宅经济”。（责任单位：市卫生健康委、市交通局、市教委、市商务委、市大数据发展局，各区县政府）

（八）推进标准化建设。积极推进建设高质量发展的标准体系，抓好电子商务、文化旅游、物流、养老等重点领域标准制（修）订工作，加强文化旅游、高新技术、检验检测等领域国家级服务业标准化试点示范项目建设。鼓励开展国家级服务业标准化试点工作。（责任单位：市市场监管局，市级有关行业主管部门）

（九）促进融合创新。顺应制造业服务化、服务业制造化趋势，推进研发设计和制造业有机融合、金融服务和制造业高效融合、现代物流和制造业紧密融合、生产型制造和服务型制造深度融合、平台经济和产业发展创新融合，加快推进供应链管理、产品全生命周期管理、总集成总承包服务、信息增值服务等服务型制造新模式发展。开展市级服务型制造示范企业遴选和培育工作。（责任单位：市经济信息委、市大数据发展局、市发展改革委）

（十）加快服务业对外开放。聚焦金融、教育、医疗、文化旅游娱乐、信息技术服务、科技服务、专业服务、数字贸易等领域，推动服务业扩大开放。以落实负面清单为引领，争取放宽外资市场准入，允许更多领域实行独资或合资经营。支持智能制造、文化旅游、生态环保、劳务输出等服务业企业“走出去”发展。（责任单位：市商务委、市发展改革委、市教委、市科技局、市生态环境局、市经济信息委、市文化旅游委、市卫生健康委、市金融监管局）

（十一）加强市场主体培育。围绕零部件、关键技术、中间产品供需服务等产业链，定制化物流、专业化清关、多样化组配等供应链，加强招商引资，提升重庆在全球产业链供应链体系中的话语权和选择权。加快培育服务业领军龙头企业，支持中小微服务企业协作协同发展，对认定为“专精特新”和“小巨人”的企业给予奖励。开展绿色示范创建活动，鼓励服务业绿色生态转型。大力发展总部经济，支持和鼓励跨国公司、国内上市企业在重庆设立地区总部、分支机构或运营中心。积极培育科技企业孵化器、众创空间等平台，对疫情防控一线科研人员实行“不限项、不限时”项目申报服务，加强知识价值信用贷款风险补偿基金应急转贷服务，推动服务业企业创新创业。（责任单位：市经济信息委、市商务委、市科技局）

三、优化服务业发展保障（略）

本意见执行期限为发布之日起至2020年12月31日止。

重庆市人民政府办公厅
2020年4月14日

任务八　通　　知

一、认识通知

（一）通知的适用范围

《条例》规定：“通知。适用于发布、传达要求下级机关执行和有关单位周知或者执行的事项，批转、转发公文。”通知主要用于下行文。

通知主要具有适用范围广、使用频率高的特点。上至国务院，下至一般机关单位，只要下面还有二级部门均可以用通知行文。通知可以发布指示，可以告知事项，批转、转发、发布公文。通知是机关单位常用的公文文种。

（二）通知的分类

通知可以分为颁转性通知、周知性通知和指示性通知。

1.颁转性通知

颁转性通知又称为发文通知。这类通知又可以细分为批转性通知、转发性通知和发布性通知。

（1）批转性通知用于批准下级机关的来文并转发给相关下级机关执行，如《国务院关于批转交通运输部等部门重大节假日免收小型客车通行费实施方案的通知》。

（2）转发性通知用于转发上级机关、同级机关、不相隶属机关的公文，如《宏远公司转发总公司关于做好安全工作通知的通知》。

（3）发布性通知用于发布（颁布、印发）本机关单位制定的规章制度，或发布非法定公文如计划、总结、调查报告、领导的讲话稿等文件。如《重庆交通职业学院关于印发〈重庆交通职业学院学生管理办法〉的通知》《宏远公司关于印发2020年工作要点的通知》。

2.周知性通知

周知性通知又称为事务通知。这类通知是向下级机关或有关单位告知某些事项，如召开会议、任免人员、变更机关名称、设置或撤并机构等事项。如《重庆交通职业学院关于召开教学工作会议的通知》《重庆市人民政府关于曹春华等同志职务任免的通知》。

3.指示性通知

指示性通知又称为工作通知。这类通知是向下级机关或有关单位布置工作任务、安排活动，或就某一事项、问题作出指示。如《宏远公司关于做好防疫期间职工安全工作的通知》。

二、通知的结构和写法

（一）通知的结构

通知通常由标题、主送机关、正文、落款构成。不同类型的通知在结构上基本相同，但在写法上有很大的区别。下面对相同的格式内容就不做逐一赘述，重点介绍不同的写法。

（二）颁转性通知的写法

颁转性通知的结构为复合式结构，由标题、主送机关、正文、落款及被颁转文件构成。与周知性通知和指示性通知的结构略有不同，增加了被颁转文件部分。

1.标题

颁转性通知标题由发文机关、事由、文种构成。在标题的拟制中要注意以下问题。

（1）事由。颁转性通知标题中的事由通常由颁转动词和被颁转文件构成。常用的颁转动词为“批转”“转发”“发布（颁发、发布、印发）”等，不同的颁转动词所颁转的来文机关是不同的，应根据不同机关的来文准确选择颁转动词。例如，《国务院关于批转交通运输部等部门重大节假日免收小型客车通行费实施方案的通知》《宏远公司转发总公司关于做好安全工作通知的通知》《重庆交通职业学院关于印发〈重庆交通职业学院学生管理办法〉的通知》。

（2）标题中只能有一个介词结构“关于……的”，若转发由若干单位多层转发来的公文只能用一个“关于”，通常保留离事由最近的“关于”。

（3）转发来的文件是多个单位联合行文，不能将所有的联合单位名称都表达出来，通常只表达出主办单位名称，其余联合单位用“等部门（单位）”表示。如上例标题中的“交通运输部等部门”。

（4）若文件是由多层机关转发来的，并还要转发下去，不宜将标题中的若干层转发文机关全部照写，应省掉“中转”发文机关名称和文种，只标明原始发文机关名称和文种。

（5）不能将发布的任何文件都用书名号括起来。被发布的文件为法规规章时，才能用书名号括起来。常用法规名称为办法、规定、条例，常用规章名称为办法、规定、职责、细则、章程等。

（6）标题中不能缺少文种。例如，《宏远公司关于批转〈总公司关于做好安全工作〉的通知》。这个标题存在着很多问题：事由中的动词“批转”用错了，批转是批准并转发的意思，宏远公司无权对上级总公司的文件批准，只能用“转发”；标题中有两个“关于”：应保留总公司后面的“关于”；被转的文件不是法规或规章名称不能加书名号；标题中只有一个文种，是总公司还是宏远公司的呢？因而还应加一个文种“通知”。因此，该标题应为《宏远公司转发总公司关于做好安全工作通知的通知》。

2.主送机关

通知是特指性公文，必须要有主送机关。主送机关应当使用全称、规范化简称或统称。周知性通知和指示性通知的主送机关表达相同，后面就不再赘述。

例如，国务院或国务院办公厅发通知中的主送机关通常表达为“各省、自治区、直辖市人民政府，国务院各部委、各直属机构”。

3.正文

颁转性通知正文的表达与其他两类通知基本相同，但也略有区别。

（1）转发性通知正文表达为先引出被颁转文件标题和发文字号，再表达发文要求。其模式如“现将《宏远总公司关于加强安全生产的通知》（宏发〔2020〕10号）文件转发给你们，请遵照执行。”若还需对所发文件作强调或补充，则可以提行写出强调或补充内容。

（2）批转性通知正文，通常是先表达批准，接着再表达转发、要求。其模式如“国务院同意财政部《权责发生制政府综合财务报告制度改革方案》，现转发给你们，请认真贯彻执行。”

（3）发布性通知正文模式如“《党政机关公文处理工作条例》已经党中央、国务院同意，现印发给你们，请遵照执行。”动词“颁发”“颁布”“发布”“印发”的使用有区别，通常发布重要的、正式的法规规章用“颁发”或“颁布”。发布单位“暂行”“试行”的规章制度或计划、总结等通常用“印发”。“发布”一词既可以用于发布重要的法规规章，也可以用于“暂行”“试行”的规章制度。若有实施时间要求应一并说明。

4.结语

结语表述为“特此通知”。周知性通知和指示性通知的结语表达相同，后面不再赘述。

5.落款

发文机关名称、印章、成文日期。周知性通知和指示性通知的落款表达相同，后面不再赘述。

6.被颁转文件

被颁转的文件属于颁转性通知的重要组成部分，不能当作附件处理，在实际制文中应全文实录于成文日期之后、版记之前，不能作为“附件”。通常应在成文日期下一行居中写上被颁转文件标题，后写“（略）”表达，与通知构成复合式结构。

7.例文

【例文1】

国务院关于批转财政部权责发生制政府综合财务报告制度改革方案的通知

各省、自治区、直辖市人民政府，国务院各部委、各直属机构：

国务院同意财政部《权责发生制政府综合财务报告制度改革方案》，现转发给你们，请认真贯彻执行。

国务院

2014年12月12日

权责发生制政府综合财务报告制度改革方案（略）

【例文2】

中共中央办公厅　国务院办公厅关于印发《党政机关公文处理工作条例》的通知

各省、自治区、直辖市党委和人民政府，中央和国家机关各部委，解放军各总部、各大单位，各人民团体：

《党政机关公文处理工作条例》已经党中央、国务院同意，现印发给你们，请遵照执行。

中共中央办公厅　国务院办公厅

2012年4月16日

党政机关公文处理工作条例（略）

（三）会议通知的写法

1.标题

会议通知标题应用完全式标题。事由通常采用“召开……会议”结构，如《宏远公司关于召开销售工作会议的通知》。

2.正文

正文通常由开头、事项、结语构成。

（1）开头。可以表达出开会的目的、依据（谁决定召开）和会议名称等内容，用过渡句“现将有关事项通知如下”衔接具体事项。

（2）事项。主要包括会议内容或议题、开会时间或期限、开会地点、与会者、会议要求、其他事项等内容。写作时要采用分条列项的方式具体确切表达。

3.例文

××总公司关于召开加强安全生产工作会议的通知

各分公司，各部门：

为了搞好安全工作，决定召开加强安全生产工作会议，部署有关措施。现将有关事项通知如下：

一、会议时间：2020年10月19日上午9时；

二、会议地点：总公司第一会议室；

三、与会人员：各分公司，各部门主要负责人。

特此通知

××总公司

2020年10月15日

（四）任免通知的写法

1.标题

任免通知标题应用完全式标题。事由通常采用“×××职务任免”或“×××任职”“×××免职”结构。如《宏远公司关于李小红任职的通知》。

2.正文

正文由任免的根据、任免事项、结语构成。

（1）任免的根据，常用“经××研究决定……”等句式表述。

（2）任免事项，由任免对象及任免职务构成。如果对同一人有任有免，则先写任后写免。

（3）结语，结语使用“特此通知”表述。

3.例文

××公司关于周×等同志职务任免的通知

各部门：

公司决定：任命

周×为销售部部长；

李××为综合部部长

免去

李××的销售部部长职务。

……

特此通知

××公司

2020年9月28日

（五）指示性通知的写法

1.标题

指示性通知应用完全式标题，若发文机关名称很长也可以用省略式标题。例如，《国务院办公厅关于组织做好疫情防控重点物资生产企业复工复产和调度安排工作的紧急通知》《关于进一步加强境外来渝返渝人员疫情防控工作的通知》。

事由部分，通常用“做好”“搞好”“开展”“举办”“加强”等动词引出具体事项。

文种前可以加上“紧急”“重要”“联合”“补充”等词语加以强调。

2.正文

正文通常由通知缘由、通知事项、结语构成。

（1）通知缘由可以是目的、依据、原因等。用“现就有关事项通知如下”过渡到通知事项。例如：“为做好新型冠状病毒感染肺炎疫情防控重点物资生产企业的复工复产和调度安排工作，经国务院同意，现就有关事项紧急通知如下：”

（2）通知事项部分是指示性通知的重点。要采用分条列项的方式具体确切写明工作任务、工作原则、方法措施、注意事项等的具体内容。结语提出贯彻执行要求。

3.例文

【例文1】

国务院办公厅关于组织做好疫情防控重点物资生产企业复工复产和调度安排工作的紧急通知

各省、自治区、直辖市人民政府，国务院各部委、各直属机构：

为做好新型冠状病毒感染肺炎疫情防控重点物资生产企业的复工复产和调度安排工作，经国务院同意，现就有关事项紧急通知如下：

一、各省（区、市）人民政府要切实履行主体责任，迅速组织本地区生产应对疫情使用的医用防护服、N95口罩、医用护目镜、负压救护车、相关药品等企业复工复产。要做好生产人员、技术人员和相关设备、原辅料、资金等各方面保障工作，帮助企业及时解决生产经营中遇到的困难和问题，并根据需要及时扩大相关产品产能。

二、国务院应对新型冠状病毒感染肺炎疫情联防联控机制物资保障组负责对上述重点医疗应急防控物资实施统一管理、统一调拨，地方各级人民政府不得以任何名义截留、调用。物资保障组将向重点企业选派驻企特派员，负责监督物资的统一调拨，帮助企业及时反映困难和问题，配合有关部门抓好产品质量监管。

三、生产重点医疗应急防控物资的有关企业，要按照国务院应对新型冠状病毒感染肺炎疫情联防联控机制物资保障组要求，抓紧组织原材料采购和产品生产，及时完成生产任务，并加强产品质量管理，确保物资符合相关安全标准。有关企业要根据物资保障组要求，及时上报产能产量、产品库存等数据。

四、为确保做好重点医疗应急防控物资的及时生产、调拨、运输和配用等方面协调工作，建立有关工作衔接机制，确保24小时联络畅通。各省级人民政府要确定一名厅（局）级负责同志牵头对接联系物资调拨工作。

各地区、各部门及有关企业要统一思想，提高站位，充分认识做好重点地区应急防控物资供应工作的重要性，切实增强紧迫感和责任感，按照本通知要求扎实做好各项工作。

国务院办公厅

2020年1月29日

（本文有删减）

【例文2】

重庆市新型冠状病毒肺炎疫情防控工作领导小组综合办公室关于进一步加强境外来渝返渝人员疫情防控工作的通知

各区县（自治县）党委和人民政府，市级有关部门，有关单位：

目前国际新冠肺炎疫情形势日趋严峻，境外来渝返渝人员不断增加。为切实做好我市“外防输入”工作，经市新型冠状病毒肺炎疫情防控工作领导小组同意，现就有关事项通知如下：

一、对从日本、韩国、意大利、伊朗、法国、德国、美国、西班牙、瑞士、瑞典、英国、荷兰、挪威、比利时、奥地利、丹麦等16个疫情严重国家入境来渝返渝人员（后续根据国家有关部委认定的疫情严重国家和地区进行动态调整），以及近14天内有上述国家旅居史的入境来渝返渝人员，一律先行进行体温和核酸检测。检测结果异常的，立即送定点医院按规定进行处置；检测结果无异常的，按属地原则由有关区县（自治县，以下简称区县）接回并集中医学观察14天。对经重庆前往其他省（区、市）的中转人员，做好过境中转管控，将中转人员信息通报目的地省级疫情防控指挥部，并做好受控转运或就地集中医学观察14天。

二、对从非疫情严重国家或地区入境来渝返渝人员，一律先行进行体温和核酸检测。检测结果异常的，立即送定点医院按规定进行处置；检测结果无异常的，按属地原则由有关区县接回并居家医学观察14天，纳入社区健康管理，不具备居家医学观察条件的，实行集中医学观察。对经重庆前往其他省（区、市）的中转人员，做好过境中转管控，将中转人员信息通报目的地省级疫情防控指挥部，并做好受控转运或就地集中医学观察14天。

三、所有入境来渝返渝人员发生的食宿、交通费用自理。关于检测和医疗费用，参加基本医疗保险或购买商业保险的，按相关规定核报或理赔；未参加基本医疗保险的，费用自理；对特殊困难人员，按照有关规定予以救助。

四、境外来渝返渝人员必须如实报告本人健康状况和旅居史，对拒不配合或故意隐瞒、虚假填报，造成疫情传播或有传播严重危险的，根据有关刑事法律规定追究刑事法律责任，并依法承担相应的民事赔偿责任。

五、机场工作组要切实加强统筹协调，外事、卫生健康、公安、海关、民航、边检、机场、交通等部门要各司其职、紧密协作。有关区县党委政府要密切配合，接到机场工作组通知后，按要求及时接回入境来渝返渝人员并规范管理。对不认真履职，不担当、不作为，造成严重后果或不良影响的，将严肃追责问责。

重庆市新型冠状病毒肺炎疫情
防控工作领导小组综合办公室
2020年3月17日

【例文3】

国务院办公厅关于2020年部分节假日安排的通知

各省、自治区、直辖市人民政府，国务院各部委、各直属机构：

经国务院批准，现将2020年元旦、春节、清明节、劳动节、端午节、国庆节和中秋节放假调休日期的具体安排通知如下。

一、元旦：2020年1月1日放假，共1天。

二、春节：1月24日至30日放假调休，共7天。1月19日（星期日）、2月1日（星期六）上班。

三、清明节：4月4日至6日放假调休，共3天。

四、劳动节：5月1日至5日放假调休，共5天。4月26日（星期日）、5月9日（星期六）上班。

五、端午节：6月25日至27日放假调休，共3天。6月28日（星期日）上班。

六、国庆节、中秋节：10月1日至8日放假调休，共8天。9月27日（星期日）、10月10日（星期六）上班。

节假日期间，各地区、各部门要妥善安排好值班和安全、保卫等工作，遇有重大突发事件，要按规定及时报告并妥善处置，确保人民群众祥和平安度过节日假期。

国务院办公厅

2019年11月21日

任务九　通　　报

一、认识通报

（一）通报的适用范围

《条例》规定：“通报。适用于表彰先进、批评错误、传达重要精神和告知重要情况。”通报属于下行文。

通报具有典型性和教育性的特点。通报的内容必须具备一定的典型性，即代表性、重要性，只有典型的人物、事件、信息，才具有经验或教训的价值，才能达到通报行文的目的，发挥教育、启示、引导作用。

（二）通报的分类

通报分为表彰性通报、批评性通报和情况通报三类。

1.表彰性通报

表彰性通报适用于表彰先进人物、先进单位和宣传推广先进经验。例如，《国务院办公厅关于表彰奖励中国女子足球队的通报》。

2.批评性通报

批评性通报分为批评错误通报和处理事故通报。

（1）批评错误通报。用于处理犯错误的人、单位或批评某种不良倾向，如《国务院办公厅关于四川山东两省部分市（县）乱集资乱收费问题的通报》。

（2）处理事故通报。用于处理重大事故，如《南山学院关于中心实验室漏水事故的处理通报》。

3.情况通报

情况通报适用于传达重要精神或者交流重要情况。例如，《国务院安委会办公室关于近期四起重特大道路交通事故情况的通报》。

二、通报的结构和写法

（一）通报的结构

通报由标题、主送机关、正文、落款构成。

（二）通报的写法

1.标题

通报的标题宜采用完全式标题，如《国务院安委会办公室关于近期四起重特大道路交通事故情况的通报》。

2.主送机关

通报的主送机关为选择项，表达时用全称、规范化简称或统称。普发性通报可以不要主送机关。

3.正文

正文主要由情况或事实、分析评价、作出决定或处理意见、提出希望或发出号召四部分构成。

（1）情况或事实。应概述通报情况或事件发生的时间、地点、人物、原因、结果等主要事实，为后面内容的表达打好基础。

（2）分析评价。紧承情况或事实进行分析评价，可以分析情况事实产生的主客观原因；评价先进事迹的意义、错误事实的性质、危害等。在分析评价时应采用就事论事的方式，不能旁征博引。通常采用夹叙夹议的方式将情况事实、分析评价这两部分合起来表达。

（3）作出决定或处理意见。表达作出决定或处理的目的、机关名称和作出决定内容，或提出对事件的直接责任者和间接责任者的处理意见。其模式为："为了……××决定，给予××通报表彰（批评）……"

（4）提出希望或发出号召。表彰通报通常在此对表彰对象作出勉励、期望，对有关方面和群众提出希望和号召。批评通报则对批评对象提出改正错误的具体要求，并要求有关方面和群众引以为戒。

三、嘉奖令、表彰性决定和表彰性通报的区别

1.发文机关级别不同

嘉奖令是奖励公文中级别最高的文种，发文单位级别较高，基层单位不能使用。表彰性决定的发文机关级别比较宽泛，要求没有那么严格，各级各类单位、组织均可以使用，但一般基层单位较少使用表彰性决定。表彰性通报适用于所有机关单位使用，通常基层机关用得最多。

2.奖励对象的影响力不同

嘉奖令通常用于表彰在工作中做出重大贡献的人员或单位，影响力最广，各行各业都应向他们学习，如《国务院对胜利粉碎劫机事件的民航杨继海机组的嘉奖令》。表彰性决定主要对具有典型性的先进单位或人员进行表彰，某些表彰性决定有对表彰对象肯定性的作用，影响力在发文机关权限范围内。表彰性通报也是对具有典型性的对象进行表彰，主要具有宣传推广经验、树立榜样、教育和激励人们的工作热情和积极性的作用，一般基层单位用得最多。

四、例文

【例文1】

国务院办公厅关于对国务院第六次大督查发现的典型经验做法给予表扬的通报

各省、自治区、直辖市人民政府，国务院各部委、各直属机构：

为进一步推动中央经济工作会议部署和《政府工作报告》提出目标任务的贯彻落实，国务院部署开展了第六次大督查。从督查情况看，各有关地区在以习近平同志为核心的党中央坚强领导下，以习近平新时代中国特色社会主义思想为指导，认真落实党中央、国务院重大决策部署，求真务实、攻坚克难，统筹推进稳增长、促改革、调结构、惠民生、防风险、保稳定各项工作，加大"六稳"工作力度，各项工作取得积极成效。在对16个省（区、市）开展实地督查中，除发现一些地方存在有令不行、有禁不止，不作为慢作为乱作为等问题外，也发现有关地方在减税降费、稳定和扩大就业、深化"放

管服”改革优化营商环境、推动创新驱动发展、合理扩大有效投资等方面主动作为、精准发力，在实践中创造和形成了一批好的经验做法。

为表扬先进，宣传典型，进一步激发和调动各地区、各部门锐意进取、改革创新的积极性、主动性和创造性，推动形成善于破解难题、勇于干事创业的良好局面，经国务院同意，对天津市加强财政开源节流保障重点项目实施、四川省探索职务科技成果权属改革打通科技与经济结合通道等32项地方典型经验做法予以通报表扬。希望受到表扬的地方牢记使命，珍惜荣誉，发扬成绩，奋力拼搏，再创佳绩。

各地区、各部门要坚决贯彻落实党中央、国务院决策部署，坚持稳中求进工作总基调，坚持新发展理念，坚持推动高质量发展，坚持以供给侧结构性改革为主线，坚持深化市场化改革、扩大高水平开放，学习借鉴典型经验做法，认真履职尽责，强化责任担当，抓深抓实抓细抓好各项工作，力戒形式主义官僚主义，保持经济持续健康发展和社会大局稳定，确保完成全年经济社会发展主要目标任务，为实现“两个一百年”奋斗目标和中华民族伟大复兴的中国梦作出新的更大贡献。

附件：国务院第六次大督查发现的典型经验做法（共32项）

国务院办公厅
2019年11月1日

【例文2】

××学院关于中心实验室漏水事故的处理通报

各系、处：

2020年7月6日，中心实验室因水龙头未关，水槽堵塞漏水，致使学校计算机中心机房12台计算机和部分设备被损毁，造成较大经济损失。为严肃纪律，强化管理，增强实验工作人员责任心，经学院行政会议决定，作出如下处理：

一、给予事故直接责任人陈×同志警告处分，并赔偿计算机等损失10000元。

二、中心实验室主任李×同志对此事故负有管理及领导责任，给予批评处分，并赔偿计算机等损失5000元。

三、中心实验室分管领导王×同志对此事故负有领导责任，赔偿计算机等损失2000元。

四、实验设备处应会同各系、处相关科室，拟订相关整改措施，加强对实验工作及实验设备的管理，消除发生事故的隐患。

全校教职工均应引以为戒，增强责任心，认真执行各项规章制度，履行岗位职责，搞好本职工作，防止此类事件的发生。

特此通报

××学院

2020年7月10日

【例文3】

重庆市××区人民政府关于对××拒服兵役联合惩戒的通报

各镇乡（民族乡）人民政府，各街道办事处，区政府各部门，有关单位：

依法服兵役是法律赋予每个适龄公民的神圣使命，为进一步强化兵役法律法规的严肃性，确保我区征兵工作依法有力有序推进，现对我区2019年度××拒服兵役违法行为进行联合惩戒。

一、拒服兵役对象

××，男，家庭住址：××区××镇××村4组。

二、拒服兵役违法事实

经查，2019年征兵过程中，××自愿在全国征兵网报名应征，经××区人民政府征兵办公室组织体格检查、政治考核、役前训练合格后，2019年9月批准入伍服役于××军分区，并签定了《依法服兵役承诺书》。××入营1周后逐渐显现怕苦怕累思想，并表示习惯了家中自由自在的日子，极其不适应部队工作生活节奏。2019年10月15日接到部队函告，××多次提交申请不愿意在部队服役，且经反复教育仍拒绝履行兵役义务。2019年10月18日至20日区征兵办、家庭共同到部队对其进行思想教育转化工作，解读兵役政策和拒服兵役有关后果，××仍态度坚决，表示“愿意承担后果，坚决拒服兵役”。2019年11月7日，××军分区按照程序对××作出拒服兵役除名处理，将××退回重庆市××区人民政府征兵办公室予以接收。

三、拒服兵役处理决定

依法服兵役是法律赋予每个适龄青年的神圣使命，任何人都不能以任何理由践踏法律尊严。××拒服兵役问题严重违反了《中华人民共和国兵役法》，已构成拒服兵役违法行为，造成极其恶劣的社会影响，不仅干扰了兵役机关的工作，还给所在部队的管理带来了负担。为切实维护兵役制度的权威性和严肃性，遏制失信歪风邪气形成震慑效应，警示教育全社会适龄青年。根据《中华人民共和国兵役法》《征兵工作条例》《中国人民解放军纪律条令（试行）》和中央军委国防动员部《关于印发〈解决新兵拒服兵役问题暂行办法〉的通知》等有关规定，决定对××实施如下惩处：

1.区委宣传部对××拒服兵役行为和惩处结果在区政府网、电视台、报刊、微信公众号等媒体上向社会通报；

2.政府机关、社会团体、事业单位和国有企业两年内不得招聘录用为国家公务员或者参照公务员法管理的工作人员；

3.公安机关两年内不得为其办理出国（境）手续，并在户籍信息系统“兵役状况”栏注明为“拒服兵役”；

4.教育部门两年内不得为其办理入学、升学和复学手续；

5.区民政部门两年内不得将其纳入困难补助及保障性安居工程帮扶对象；

6.区退役军人事务局取消其义务兵优待金并处以我区2019年义务兵家庭优待金两倍罚款；

7.各家银行两年内不得给予信贷优惠政策支持和利率优惠支持，纳入严重失信主体名单，终身记录在案。

重庆市××区人民政府
2020年1月8日

任务十　报　　告

一、认识报告

（一）报告的适用范围

《条例》规定：“报告。适用于向上级机关汇报工作、反映情况，回复上级机关的询问。”报告属于上行文。

报告主要有陈述性、汇报性的特点。报告向上级机关汇报工作、反映情况，其表达主要采用叙述和说明的方式，以达到向上级汇报工作的目的。报告内容表述要求只谈汇报，不夹带请示等其他事项。

（二）报告的分类

按《条例》规定内容划分，报告可分为工作报告、情况报告、答复报告三类。

1.工作报告

工作报告是就本部门、本单位的日常工作情况向上级机关作出的报告，内容包括工作的进展情况、取得的成绩或经验、存在的问题或教训，以及今后的打算等。工作报告又可以分为综合工作报告和专题工作报告。

（1）综合工作报告是就本单位工作的全面情况向上级机关所作的报告，其内容具有综合性。如《宏远公司关于2019年工作报告》，报告内容涉及公司收入情况、产品生产情况、销售情况、员工情况等各方面。

（2）专题工作报告是就工作中的某一方面或某一专项工作所作的报告，其内容具有单一性。如《宏远公司关于2020年第三季度销售工作报告》，其内容仅限于公司2020年第三季度销售工作，不涉及公司其他方面的工作内容。

2.情况报告

用于及时反映工作中遇到的新问题、特殊事件、突发情况等给上级机关的报告。行文的目的是便于上级及时制定或调整政策，对问题的处理给予指示。例如，《铁道部关于193次旅客快车发生重大颠覆事故的报告》就是向国务院反应重大事故的情况报告。

3.答复报告

答复报告又称为回复报告，是针对上级机关的询问汇报有关工作或情况的报告。答复报告不是主动行文的报告，而是被动行文的报告。

二、报告的结构和写法

（一）报告的结构

报告主要由标题、主送机关、正文和落款构成。

（二）报告的写法

1.标题

报告的标题最好用完全式表达，如《宏远公司关于2020年第三季度销售工作报告》《铁道部关于193次旅客快车发生重大颠覆事故的报告》。

2.主送机关

报告的主送机关即是自己的上级机关，应用全称或规范化的简称表达。

3.正文

报告的正文内容一般由报告缘由、报告事项和结语组成。

（1）报告缘由。工作报告的缘由可以简要说明报告的目的或概述报告的基本内容等，再用过渡语“现将有关情况报告如下”过渡到报告事项。情况报告的缘由可以交代背景材料或概括报告的内容，再用“现将有关情况报告如下”等过渡语衔接报告事项。答复报告的缘由可以采用引据式开头，先引来文标题及发文字号，再用过渡语衔接报告事项。

（2）报告事项部分是报告的主体部分，是写作的重点，应采用分条列项方式使内容表达层次清晰。

①工作报告的综合报告和专题报告的写法略有不同。

综合报告通常将报告事项归纳为基本情况、主要体会及今后的打算等方面进行表达。

基本情况可以概述工作的情况、采取的主要方法或措施、取得的主要成绩等，为下面内容的表达打好基础。

主要体会包括取得的成绩、总结的经验或发现的问题、归纳的教训。这是对前一阶段工作的总结，反映出对事物本质的认识，并归纳出对今后工作具有指导意义的规律性的理论。根据工作实际，可以以总结成绩经验为主，或以总结问题教训为主，或只有成绩经验没有问题教训也可。大部分的工作报告都以总结成绩经验为主。总结经验的方法通常有3种。一是可以从做法上总结做了什么，怎么做的，得出经验。这种方法通常用于带有创造性的并取得了突出成绩的做法。二是可以从认识上总结，得出能反映事物本质或发展规律的认识。三是可以从效果上总结经验，把工作中取得的突出成效摆出来，证明决策的正确或方法、措施的得当等。这部分的表达应既有观点又有材料，相互印证才能有很好的说服力。

今后的打算要照应前面的经验或教训，提出对今后工作的设想及改进意见。

综合报告还可以按工作的内容划分为若干部分，每一部分又包含工作情况、主要体会、今后意见等内容。

专题报告的主体部分内容与综合报告的主体部分基本一致，区别在于综合报告涉及多方面的工作情况，专题报告只能始终围绕某一专项工作内容进行表述。

②情况报告的主体部分内容通常由情况概述、情况分析及提出处理意见三部分构成。反映事故、灾情的情况报告，应参照国务院颁发的《安全生产事故报告和调查处理条例》进行规范化写作，其具体内容为：简要叙述事故发生单位概况，事故发生的时间、地点以及事故现场情况，事故的简要经过、伤亡人数、直接经济损失的初步估计，采取的措施及事故控制情况，事故发生原因的初步判断，对事故的看法和态度等。

情况概述一般要概括说明情况发生的时间、地点、人物、事件原因、结果等要素。

情况分析可以指出情况产生的性质、造成的影响等，也可以分析造成事故的主客观原因及责任。

提出处理意见应表明对当事人及有关责任人员的处理意见，以及下一步的打算和拟采取的措施。

③答复报告的主体部分写作与工作报告和情况报告的写作一致。如果上级机关问到某一项工作就按工作报告的主体部分进行写作，如果上级机关问到某一情况的处理问题就按情况报告的主体部分进行写作。

（3）结语

报告的结语有“特（专）此报告”“以上报告，请审查（阅）”“以上报告如有不妥，请指正”等。可以根据报告的种类及内容选用合适的结语。

4.落款

落款应标明发文机关名称、成文日期和印章。

三、例文

【例文1】

坚持和完善党和国家监督体系　为全面建成小康社会提供坚强保障
——在中国共产党第十九届中央纪律检查委员会第四次全体会议上的工作报告

（2020年1月13日）

赵乐际

我代表十九届中央纪律检查委员会常务委员会向第四次全体会议作工作报告，请予审议。

这次全会的主要任务是：以习近平新时代中国特色社会主义思想为指导，全面贯彻党的十九大和十九届二中、三中、四中全会精神，回顾2019年纪检监察工作，部署2020年任务。今天上午，习近平总书记发表重要讲话，对以全面从严治党新成效推进国家治理体系和治理能力现代化作出战略部署，为推进新时代纪检监察工作高质量发展进一步指明前进方向、提供重要遵循。我们要认真学习领会，坚决贯彻落实。

一、2019年工作回顾

2019年是中华人民共和国成立70周年，是全面建成小康社会、实现第一个百年奋斗目标的关键之年。以习近平同志为核心的党中央立足世界百年未有之大变局，统揽中华民族伟大复兴战略全局，加强战略谋划，保持战略定力，坚持稳中求进工作总基调，统筹推进“五位一体”总体布局，协调推进“四个全面”战略布局，成功应对国内外风险挑战明显上升的复杂局面，推动党和国家各项事业取得新的重大成就。在党中央坚强领导下，中央纪委国家监委和地方各级纪委监委增强“四个意识”、坚定“四个自信”、做到“两个维护”，忠实履行党章和宪法赋予的职责，坚持稳中求进、实事求是、依规依纪依法，持之以恒正风肃纪，一体推进不敢腐、不能腐、不想腐，纪检监察工作坚定稳妥、扎实有效，在高质量发展上取得新的成绩。

（一）坚持用习近平新时代中国特色社会主义思想武装头脑，以“两个维护”实际行动推动党中央重大决策部署落地见效

坚持学懂弄通做实习近平新时代中国特色社会主义思想。（略）

推进政治监督具体化常态化。（略）

营造正风肃纪反腐良好氛围。（略）

（二）坚守以人民为中心的根本政治立场，深化拓展群众身边腐败和作风问题整治

自上而下全面整治群众反映突出问题。（略）

深化扶贫领域专项治理。（略）

深挖彻查涉黑涉恶腐败和“保护伞”。（略）

坚决查处民生领域侵害群众利益问题。（略）

（三）深入落实中央八项规定精神，驰而不息纠治“四风”

认真贯彻习近平总书记“锲而不舍、持续发力、再创新绩”重要批示精神。（略）

深化整治形式主义、官僚主义。（略）

构建纠治“四风”长效机制。（略）

（四）深化政治巡视和巡视整改，进一步发挥巡视利剑作用

坚守政治巡视职能定位。（略）

健全巡视整改机制。（略）

坚持巡视巡察一体推进。（略）

加强巡视工作规范化建设。（略）

（五）强化监督基本职责，严格精准执纪问责

做深做实监督职责。（略）

深化运用“四种形态”。（略）

实施精准有力问责。（略）

（六）统筹推进纪检监察体制改革，不断提高规范化法治化水平

一体推进“三项改革”。（略）

分类推进派驻机构改革。（略）

健全完善制度机制。（略）

（七）一体推进不敢腐、不能腐、不想腐，反腐败斗争压倒性胜利巩固发展

“三不”一体推进综合效应充分显现。（略）

严肃查处政治问题和经济问题交织的腐败案件。（略）

深入推进反腐败国际合作。（略）

（八）加强思想淬炼、政治历练、实践锻炼、专业训练，在增进纪检监察干部自觉自律上下功夫

发挥党的政治建设统领作用。（略）

从严从实加强纪检监察干部队伍建设。（略）

一年来，我们坚持围绕中心、服务大局，立足职责、担当作为，在工作中形成了一些认识和体会。

坚持真学真懂真信真用习近平新时代中国特色社会主义思想，始终保持正确政治方向。习近平新时代中国特色社会主义思想，是新时代中国共产党人的思想旗帜，是做好新时代纪检监察工作的行动指南和根本遵循，必须不断学思践悟、融会贯通，结合实际创造性贯彻落实，自觉地具体地同以习近平同志为核心的党中央保持高度一致。要掌握运用贯穿其中的立场观点方法，坚决贯彻落实党中央全面从严治党的重大方针、重点任务、重要举措，自觉运用“六个统一”、“五个必须”宝贵经验，深信笃行、知行合一，确保纪检监察工作行稳致远。

坚持党中央重大决策部署到哪里、政治监督就跟进到哪里，带头践行“两个维护”。纪检监察机关是管党治党的重要力量，根本职责使命是维护党中央权威和党的团

结统一。要紧盯贯彻执行党章党规党纪和宪法法律法规、党的路线方针政策和党中央决策部署情况，紧盯贯彻落实习近平总书记重要指示批示精神情况，靠前监督、主动监督，督促全党不断提高增强“四个意识”、坚定“四个自信”、做到“两个维护”的政治自觉，毫不动摇坚持和巩固、与时俱进完善和发展中国特色社会主义制度。

坚持党章和宪法赋予的职责定位，推动纪检监察工作高质量发展。高质量发展是具体的、实践的，必须聚焦主责主业，持续深化“三转”，依规依纪依法做好每一项工作、办好每一起案件。要把实事求是作为新时代纪检监察工作高质量发展的生命线，一是一、二是二，客观公正处理问题，精准高效履职尽责，督促规范治权用权，推动协助职责和监督责任贯通协同、主体责任和监督责任一贯到底，使各项工作更加科学、更加严密、更加有效。

坚持稳中求进工作总基调，以永远在路上的执着和定力正风肃纪反腐。全面从严治党是伟大的自我革命，是攻坚战持久战，党风廉政建设和反腐败工作决不能松劲停步，必须与时俱进、稳中求进。要坚定信心决心，保持定力耐力，稳高压态势、稳惩治力度、稳干部群众对持续正风反腐的预期，以一体推进“三不”深化标本兼治，以综合运用政策策略和纪律法律增强惩治效果，以深化改革创新提升执纪执法水平，以久久为功的韧劲持续净化政治生态，坚定不移推动党风廉政建设和反腐败斗争向纵深发展。

坚持发扬斗争精神、增强斗争本领，锤炼忠诚干净担当的政治品格。敢于斗争、善于斗争是高素质专业化纪检监察干部队伍的鲜明品质，是忠诚担当、守责尽责的内在要求。要始终做到初心如磐、使命在肩，秉持以身许党许国、报党报国的境界情怀，树牢以人民为中心、执纪执法为民的政治立场，在大是大非面前敢于亮剑，在歪风邪气面前敢于斗争；既要政治过硬，也要本领高强，着力提高斗争能力，严格执纪执法、安全文明办案，注重做好思想政治工作，重理重情、传道传情，真正做到教育人、挽救人、感化人。

这些认识和体会，归结起来，就是一以贯之学习贯彻习近平新时代中国特色社会主义思想，不断在学懂弄通做实上取得新进步，这是我们忠诚履职之本；一以贯之督促党员、干部自觉做到“两个维护”，确保全党步调一致前进，这是我们坚守初心之要；一以贯之贯彻落实全面从严治党方针和要求，把党中央确定的党风廉政建设和反腐败斗争各项任务抓到位抓到底，这是我们勇担使命之责。

在以习近平同志为核心的党中央坚强领导下，全面从严治党取得新的战略性成果，反腐败斗争压倒性胜利不断巩固拓展。同时要看到，反腐败斗争形势依然严峻复杂，全面从严治党永远在路上，必须把握大局大势、保持冷静清醒，零容忍的决心丝毫不能动摇，惩治腐败的力度丝毫不能削弱，把“严”的主基调长期坚持下去。也要看到，与党中央和习近平总书记要求相比，与人民群众期待相比，纪检监察工作和干部队伍建设还存在一些差距。有的对纪检监察工作的职责使命认识不深不准，对高质量发展内涵规律把握不到位，一体推进“三不”、“三项改革”、“三转”不平衡不协调；有的履行协助职责和监督责任意识不强、办法不多，对政治监督内涵范围、方法途径把握不准，从政治上看待分析问题不够自觉；有的政治业务素质和履职尽责能力不足，对纪法规定学习不透、尺度把握不当，不作为、乱作为，个别人执纪违纪、执法违法，也有人甘于被“围猎”而沦为腐败分子，等等。对这些问题，必须高度重视，采取有效措施加以解决。

二、2020年主要工作

2020年是全面建成小康社会和“十三五”规划收官之年，做好纪检监察工作意义重大。总体要求是：以习近平新时代中国特色社会主义思想为指导，全面贯彻党的十九大和十九届二中、三中、四中全会精神，增强“四个意识”、坚定“四个自信”、做到“两个维护”，坚持稳中求进工作总基调，协助党委深化全面从严治党，坚持和完善党和国家监督体系，强化对权力运行的制约和监督，一体推进不敢腐、不能腐、不想腐，在坚持和完善中国特色社会主义制度、推进国家治理体系和治理能力现代化中充分发挥监督保障执行、促进完善发展作用，建设高素质专业化纪检监察干部队伍，推动新时代纪检监察工作高质量发展，为决胜全面建成小康社会、决战脱贫攻坚提供坚强保障。

党的十九届四中全会对坚持和完善中国特色社会主义制度、推进国家治理体系和治理能力现代化作出重大战略部署，对坚持和完善党和国家监督体系、强化对权力运行的制约和监督作出重大制度安排，为推进新时代纪检监察工作高质量发展提供了基本遵循。监督是权力正确运行的保证，是国家制度和治理体系有效运转的重要支撑，在管党治党、治国理政中居于基础性、保障性地位。党和国家监督体系是党在长期执政条件下实现自我净化、自我完善、自我革新、自我提高的重要制度保障，是中国特色社会主义制度和国家治理体系的重要组成部分。纪检监察机关作为党内监督和国家监察专责机关，要深入贯彻落实党的十九届四中全会精神，进一步增强“四个意识”、坚定“四个自信”、做到“两个维护”，自觉把各项工作放到坚持完善中国特色社会主义制度和国家治理体系的大局中来思考、谋划、推进。

纪检监察机关要牢牢抓住监督这个基本职责、第一职责，精准监督、创新监督，在坚持和完善中国特色社会主义制度、推进国家治理体系和治理能力现代化中，充分发挥监督保障执行、促进完善发展作用。监督保障执行，就是聚焦坚持和完善支撑中国特色社会主义制度的根本制度、基本制度、重要制度，突出政治监督，加强日常监督，推动完善全覆盖的制度执行监督机制，强化制度执行力，通过监督保障党和国家治理各项决策部署、政策措施贯彻落实，保障中国特色社会主义制度切实得以坚持巩固。促进完善发展，就是聚焦解决体制性障碍、机制性梗阻、政策性创新方面问题，通过监督发现问题症结、提出整改意见、倒逼深化改革、完善制度机制，把公权力置于严密监督之下，推动构建系统完备、科学规范、运行有效的制度体系。要适应健全党和国家监督体系要求，深化纪检监察体制机制改革创新，以高质量党内监督、国家监察促进国家制度和治理体系提质增效，充分彰显中国共产党领导和中国特色社会主义制度的优越性。

（一）坚持以初心使命作为政治本色和前进动力，不断增强“两个维护”的自觉性坚定性。（略）

（二）全力保障脱贫攻坚决战决胜，集中整治群众反映强烈的突出问题。（略）

（三）持续深化纪检监察体制改革，推动健全党和国家监督体系。（略）

（四）发挥纪委监委专责监督作用，加强对权力运行的监督。（略）

（五）巩固拓展作风建设成效，推动化风成俗、成为习惯。（略）

（六）完善巡视巡察上下联动工作格局，促进巡视巡察与其他各类监督贯通融合。（略）

（七）构建一体推进不敢腐、不能腐、不想腐体制机制，进一步巩固和发展反腐败斗争压倒性胜利。（略）

（八）建设高素质专业化干部队伍，做忠诚干净担当、敢于善于斗争的战士。（略）

同志们，新时代纪检监察工作使命光荣、责任重大。让我们更加紧密地团结在以习近平同志为核心的党中央周围，不忘初心、牢记使命，团结一心、开拓进取，奋力书写全面从严治党、党风廉政建设和反腐败斗争新篇章，为坚持和完善中国特色社会主义制度、推进国家治理体系和治理能力现代化，实现“两个一百年”奋斗目标、实现中华民族伟大复兴的中国梦作出新的更大贡献！

【例文2】

××分公司关于库房发生重大火灾事故情况的报告

总公司：

2019年12月28日上午10时30分左右，我分公司库房发生重大火灾，经过近一个小时才全部将火扑灭。该库房的物资全部烧毁，直接经济损失达80多万元，但无人员伤亡。

经查明，此次火灾发生时值班人员李××离开库房去打麻将，在库房电线短路时不在现场未能及时灭火，火势燃大才闻讯赶来联系消防队。另外，该库房领导对分公司和公安消防部门的安全防火指示执行不力，安全制度不落实，许多安全隐患长期未得到解决。这也是造成火灾的原因之一。

火灾发生后，分公司十分重视，两次派人员到事故现场进行调查，并对事故进行认真处理，责令该库房领导刘××停职检查，并听候进一步处理。公安机关对事故责任者李××已拘留审查。

这次火灾事故损失惨重，教训深刻。今后，我们要吸取教训，切实加强对安全工作的领导，及时消除各种不安全的因素和隐患，为企业创造良好的经营环境。

特此报告

××分公司

2020年1月6日

【例文3】

××大学关于对无症状感染者××核查处置情况的报告

××教委：

至4月29日24时，××大学共有638名学生从外地返校，入住校内A宾馆、B宾馆、培训中心，开展集中健康管理。

4月29日19时，××市××区疾控中心在检测××大学医院采集送检的外地返校学生鼻咽拭子过程中，发现一件样品新冠病毒核酸检测结果为阳性。立即通知定点医院××市第×人民医院用负压救护车将该生接至隔离病房处置。4月30日凌晨，经市疾控中心复核新冠病毒核酸阳性，××区级专家组会诊，诊断为新型冠状病毒无症状感染者。现将相关情况报告如下：

一、基本情况

××，女，24岁，汉族，户籍地址：××省××市××区××街道××路×队，××大学××学院2018级学生。返校前14天均在××，返校时持有健康证明，2月起及时完善健康码信息，在当地未做核酸检测。××家人共3人，截至4月28日，一家人均未出现任何不适症状。

二、区级专家会诊意见

经××市第×人民医院检查，××体温正常，无呼吸道症状，血常规正常，胸部CT检查无异常。根据《新型冠状病毒肺炎防控方案（第六版）》《新型冠状病毒肺炎诊疗方案（第七版）》，经区级医疗救治专家组现场会诊，诊断为新冠肺炎无症状感染者。目前初步判定重庆同车、同行人员等18人（其中××大学学生11人）为密切接触者。××大学11名密切接触者将于4月30日凌晨统一转运至××区集中隔离点医学观察。

相关部门将继续深入开展流行病学调查，后续情况第一时间上报。

××大学

2020年4月30日

任务十一　请　　示

一、认识请示

（一）请示的适用范围

《条例》规定：“请示。适用于向上级机关请求指示、批准。”请示属于上行文。

在工作中不是事事都要向上级请示。通常是工作中对有关政策理解不清，或遇到新问题无章可循，或因人力、财力、物力不足需要上级机关予以解决的事项，或有规定必须要上级批准才能做的事项，才可以向上级机关行文请示。可以概括为凡是遇到必须办理而又无权决定或无力解决的事项，才可以向上级机关行文请示。

请示主要有期请性、单一性的特点。请示是工作中遇到了无法或无力解决的难题，请求上级给予指示、批准或帮助达到解决问题的目的，因而具有极强的期请性。请示内容必须单一，一文一事，切忌一文数事，多头请示。

（二）请示的分类

请示可以分为请求指示的请示和请求批准的请示两类。

1.请求指示的请示

在工作中遇到新情况、新问题，自己无章可循，难以解决或不能擅自处置，请求上级机关给予明确指示，即是向上级要政策、要办法的请示。如《国家计委关于清理基本建设项目资金拖欠问题的请示》。

2.请求批准的请示

在工作中遇到人力、财力、物力不足超越本级组织权限解决的事项，需要上级机关予以解决的事项，即是向上级要求增加机构、人员定编、人员安排、资产购置、财款动用等问题的请示。如《××人民政府关于增拨救灾经费的请示》。

二、请示的结构和写法

（一）请示的结构

请示由标题、主送机关、正文、落款及附注构成。

（二）请示的写法

1.标题

请示的标题应用完全式标题。请示标题的事由中不能有“请求”“要求”等表示祈请的词语，不然就与文种中的“请”意思重复了。例如，《辽宁省交通运输厅关于报送〈辽宁省交通强国建设试点实施方案〉的请示》。

2.主送机关

《条例》指出，向上级机关行文，原则上主送一个上级机关。

3.正文

正文由请示缘由、请示事项和结语构成。

（1）请示缘由。请示缘由是请示正文写作的重点，应表达出向上级机关提出某项请示所依据客观事实的重要性、必要性和可行性。这也是请示事项是否成立的前提条件。理由写得充分合理，就会得到上级的理解和支持，所请示的问题也容易得到解决，否则难以达到请示的行文目的。

（2）请示事项。请示事项又称为拟议事项。这是要求上级机关予以批准或解决的具体事项。请示事项表达一定要具体确切，不能只摆出问题，没有解决请示事项的设想，上级不清楚请示的具体事项，是难以实现请示行文目的的。若请示事项较为复杂，应按逻辑关系分条列项表达。若请示事项单一，可以紧承请示缘由具体确切写明，正文为独段式结构；也可以将请示事项独立成段，表达为“为了……特请求……”。

（3）结语。常用的请示结语为“以上请示妥否，请指示”“以上请示当否，请批复”“以上请示如无不妥，望批准”等。

4.落款

落款应标明发文机关名称、印章、成文日期。

5.附注

在成文日期下一行，左空二字用圆括号注明联系人的姓名和电话。便于上级机关若有不清楚的问题，能及时联系有关人员，处理好请示事项。

三、请示与报告的异同

（一）请示与报告的相同之处

请示与报告都属于《条例》规定的法定公文的上行文，在公文办理中都要遵循《条例》的行文规则中对上行文的规定要求。

（二）请示与报告的区别

1.适用范围不同

请示适用于向上级机关请求指示、批准。报告适用于向上级机关汇报工作、反映情况，回复上级机关的询问。

2.行文的目的不同

报告用于汇报工作、反映情况，目的是让上级了解下情，掌握工作动态，为决策和指导下级工作提供依据。请示用于请求上级机关指示、批准，目的是请领导解释政策，批准事项，帮助解决困难。两者的行文目的有明显的不同。

3.行文时间不同

报告的行文时间多在事后，或在事情进行中。报告中反映的事情是已经做过或正在进行中，请示只能在事前行文，必须等上级机关明确同意后才能进行处理，若上级机关还未指示、批准就处理了事项，则为“先斩后奏”，是违反管理规定和组织纪律的。

4.上级机关处理的方式不同

上级机关对于下级机关报来的请示，要进行研究，用批复作指示、批准。报告则以“阅存”方式处理，无须研究回复。

5.写作格式略有区别

请示和报告的结语不同。请示要求上级机关表明态度，结语中使用“请指示”“请批复”等要求。报告的结语一般用“专此报告”“请审阅”等没有对上级提出要求的表达。有些报告也用了“请指示”“请批示”等，只是出于对上级机关的尊重，带有礼貌性质，并不是真的要求上级机关给以指示或批示。为了避免与请示混淆，建议还是不要用此类结语为好。

四、例文

××中学关于增拨房屋维修经费的请示

县教委：

我校2号教学楼和图书馆均建于20世纪90年代初，历经近30年风雨侵蚀，已十分陈旧。部分楼房外墙瓷砖脱落，门窗老化变形，避雷设施锈蚀损坏，已形成安全隐患。今年4月初，县城乡建委和县防雷检测中心先后派员检测，下达了限期整改通知书。经有关专业机构勘察估算，共需修缮资金50万元。可是，今年县里安排给我校的修缮经费仅20万元，且已开支6万余元用于危房改造，学校其他经费也十分紧张，确实无力投入更多资金进行维修和更新设备。为此，特恳请县教委增拨房屋维修经费36万元，以应维修工程之需，为师生营造安全、整洁的教学和学习环境。

以上请示如无不妥，望批准。

附件：维修项目和经费预算明细表

××中学

2020年4月16日

（联系人：李×，联系电话：×××××××××）

任务十二　批　复

一、认识批复

（一）批复的适用范围

《条例》规定：“批复。适用于答复下级机关请示事项。”批复属于下行文。

批复主要有行文的被动性、内容的针对性和功能的指挥性特点。批复是上级机关针对下级机关的请示事项制发的下行公文。下级机关有请示，上级机关才做批复。批复内容只针对下级机关请示问题做明确具体的答复，其他事项一律不涉及。批复一经作出就具有法定的约束力，下级机关必须服从和执行。

（二）批复的分类

批复可以分为指示性批复和批准性批复两种。

1.指示性批复

指示性批复用于答复请求指示的请示。这种批复对请示问题涉及的相关政策、法规规章等作出明确答复。可以阐明问题的重要性及意义，提出明确具体的指示性意见，指导下级机关开展该项工作。例如，《国务院关于同意设立广西百色重点开发开放试验区的批复》。

2.批准性批复

批准性批复用于答复请求批准的请示，如《××集团关于同意拨款修建地下消火栓的批复》。

二、批复的结构和写法

（一）批复的结构

批复由标题、主送机关、正文和落款构成。

（二）批复的写法

1.标题

批复有三要素标题和四要素标题两种。

（1）三要素标题，即由发文机关名称、事由、文种构成。例如，《国务院关于珠海市城市总体规划的批复》。

（2）四要素标题又称为双介词标题，由发文机关名称、事由、收文机关、文种构成。通常在事由前加介词“关于”，在收文机关前加介词“给”，故为双介词标题。例如，《国务院关于同意上海市扩大市区给上海市人民政府的批复》。

2.主送机关

批复的主送机关即是请示的发文机关。

3.正文

正文由批复引据、批复意见、结语三部分构成。

（1）批复引据。引述来文请示的标题和发文字号，将标题中的发文机关去掉。其基本模式为“你×《关于×××的请示》（发文字号）收悉。现批复如下：”例如：“你公司《关于拨款增设防火设施的请示》（××〔2020〕28号）收悉。现批复如下：”

（2）批复意见。批复意见有同意请示事项、不同意请示事项和部分同意、部分不同意请示事项3种情况。应针对请示中提出的问题给予明确的答复。

①同意请示事项的意见，先用“同意”表明态度，再引述请示事项予以肯定，或提出希望和要求。例如，《××集团关于同意拨款修建地下消火栓的批复》。

②不同意请示事项的意见，先用“不同意”表明否定态度，然后说明具体理由，纠正拟议问题或偏差。

③部分同意、部分不同意请示事项的意见，先表明同意意见，后表明不同意意见。

批复意见的写作，应明确具体，利于下级机关正确处理请示事项。内容复杂的批复意见宜采用条列式结构表达，内容简单的批复意见可与批复引据合为一段，不用过渡句表达。

（3）结语。结语用“特此批复”表述。

4.落款

落款应标明发文机关名称、印章和成文日期。

三、例文

【例文1】

国务院关于长三角生态绿色一体化发展示范区总体方案的批复

上海市、江苏省、浙江省人民政府，国家发展改革委：

国家发展改革委《关于报送〈长三角生态绿色一体化发展示范区总体方案〉（送审稿）的请示》（发改地区〔2019〕1634号）收悉。现批复如下：

一、原则同意《长三角生态绿色一体化发展示范区总体方案》（以下简称《方案》），请认真组织实施。

二、《方案》实施要以习近平新时代中国特色社会主义思想为指导，全面贯彻党的十九大和十九届二中、三中全会精神，坚持稳中求进工作总基调，坚持新发展理念，坚持推动高质量发展，坚持以供给侧结构性改革为主线，坚持深化市场化改革、扩大高水平开放，发挥中央和地方两个积极性，加大改革创新力度，集中落实、系统集成重大改革举措，进一步提升服务水平和核心竞争力，实现绿色经济、高品质生活、可持续发展有机统一，走出一条跨行政区域共建共享、生态文明与经济社会发展相得益彰的新路径。

三、上海市、江苏省、浙江省人民政府要切实加强组织领导，完善工作机制，制定配套政策，落实工作责任，确保《方案》确定的目标任务如期实现。涉及的重要政策和重大建设项目要按程序报批。

四、国务院有关部门要按照职能分工，加强对《方案》实施的协调和指导，在政策实施、体制创新、项目建设等方面给予积极指导和支持，协调解决长三角生态绿色一体化发展示范区建设中遇到的困难和问题。

五、国家发展改革委、推动长三角一体化发展领导小组办公室要会同有关部门加强对《方案》实施情况的跟踪分析和督促检查，适时组织开展实施进展情况评估，注意研究新情况、解决新问题、总结新经验，重大问题及时向国务院报告。

国务院

2019年10月25日

【例文2】

国务院关于同意设立“中国农民丰收节”的批复

农业农村部：

关于申请设立“中国农民丰收节”的请示收悉。同意自2018年起，将每年农历秋分设立为“中国农民丰收节”。具体工作由你部商有关部门组织实施。

国务院

2018年6月7日

【例文3】

××集团关于同意拨款修建地下消火栓的批复

××公司：

你公司《关于拨款增设防火设施的请示》（××〔2020〕28号）收悉。现批复如下：

同意你公司在仓库库区范围内修建四处地下消火栓，有关手续请尽快同消防部门联系办理。

拨款3万元作为你公司修建消火栓专项包干用款，要求专款专用，不得挪作他用。不足部分请自筹解决。

特此批复

××集团

2020年10月25日

任务十三　议　　案

一、认识议案

（一）议案的适用范围

《条例》规定：“议案。适用于各级人民政府按照法律程序向同级人民代表大会或者人民代表大会常务委员会提请审议事项。”议案是平行文，但在行文性质及程序方面又有上行特征。

（二）议案的主要特点

1.作者的法定性

《条例》所规定的议案是党政机关公文的一个种类，其制发机关是各级人民政府。党的机关没有此文种。各级人大组织和有关机构也可依法制作和提交议案，这类议案，属于该组织系统专用的公文。《中华人民共和国全国人民代表大会组织法》第九条规定：“……国务院，中央军事委员会，最高人民法院，最高人民检察院，可以向全国人民代表大会提出属于全国人民代表大会职权范围内的议案”。《中华人民共和国地方各级人民代表大会和地方各级人民政府组织法》第十八条规定：“地方各级人民代表大会举行会议的时候，主席团、常务委员会、各专门委员会、本级人民政府，可以向本级人民代表大会提出属于本级人民代表大会职权范围内的议案，由主席团决定提交人民代表大会会议审议，或者并交有关的专门委员会审议、提出报告，再由主席团审议决定提交大会表决。”由此可见，政府议案的作者必须是各级人民政府。

2.受文对象的特定性

无论何种议案，均须向本级人民代表大会提交，并由该代表大会审议和表决，具有明确的指向和唯一性。其他任何机构均无权接受和处理议案。这与其他公文的行文关系有显著不同。

3.内容的规定性

《中华人民共和国宪法》和《中华人民共和国全国人民代表大会组织法》规定，议案的内容必须是属于本级人民代表大会及其常务委员会职权范围内的事项，不属这一范围的问题不能用议案行文。

（三）议案的分类

议案根据内容可大体分为四类：

1.提请审议立法的议案

各级人民政府制定本辖区的重要法规，须用议案向同级人大或其常务委员会提请审议案。例如，《国务院关于提请审议〈中华人民共和国劳动法（草案）〉的议案》。

2.提请审议设立机构的议案

各级人民政府增设、撤销或合并重要机构，须用议案向同级人大或其常务委员会提请审议案。例如，《国务院关于提请设立中华人民共和国监察部的议案》《国务院关于提请审议国务院机构改革方案的议案》。

3.提请审议重大事项的议案

提请审议重大事项包括两类情况。一类是关于行政区划分、确立节日等重大事项，需用议案向同级人大或其常务委员会提请审议案。例如，《国务院关于提请审议建立“教师节”的议案》《国务院关于提请审议设立重庆直辖市的议案》。另一类是涉及面广，有关全局的重大事项，需用议案向同级人大或其常务委员会提请审议案。例如，《国务院关于提请审议兴建长江三峡工程的议案》。

4.提请审议批准对外条约的议案

国务院提请全国人民代表大会常务委员会批准草签的国际条约，或提请批准加入某公约（条约）的议案。例如，《国务院关于提请审议批准〈中华人民共和国和伊拉克共和国领事条约〉的议案》《国务院提请审议批准〈中华人民共和国和哈萨克斯坦共和国关于民事和刑事司法协助的条约〉的议案》。

（四）议案与提案的区别

1.制作主体不同

本书中讨论的议案仅为《条例》规定的“适用于各级人民政府按照法律程序向同级人民代表大会或者人民代表大会常务委员会提请审议事项”的议案，即政府议案，不包含人大代表等提出的议案。议案的制作主体是具有法定权限的各级人民政府。

提案是由政协委员、企事业单位的职工或股份制企业的股东个人提出的，即使有多人附议也不能更名为议案。

2.内容不同

议案的内容必须是属于人大机关职权范围内的事项，即具有所辖范围内行政职权的特定事项或重大事项，是须依法经人大机关审议的事项。提案所提案事项通常为政协委员和企事业单位职工、股份制企业的股东所提，事项内容是自己对社会、单位存在问题的意见和建议。

3.程序不同

议案是向同级权力机关人民代表大会或人民代表大会常务委员会提请审议。提案则是有关权力机关、单位、企业行文。

4.效力不同

议案必须列入大会的议程予以审议通过，一经通过就具有法律效力，必须执行。提案的作用是供有关部门决策时参考，有可能被采纳，也有可能不被采纳。

二、议案的结构和写法

（一）议案的结构

议案主要由标题、发文字号、主送机关、正文和落款构成。

（二）议案的写法

1.标题

议案的标题由发文机关、事由、文种构成。

发文机关应用全称或规范化简称。

事由在介词“关于”后用“提请审议”引出具体事项，若是关于立法的议案，在所立法规名称后用圆括号括上“草案”。所提请审议的法规须经国家或地方权力机构审议通过、批准，才能作为正式法律生效。

2.发文字号

议案的发文字号的代字中加上“函”字。这是因为发文机关“各级人民政府”和收文机关“各级人民代表大会或人民代表大会常务委员会”为不相隶属关系，故用“函”表示。

3.主送机关

议案的主送机关是同级人民代表大会或人民代表大会常务委员会，只能写出其中一个。

4.正文

正文由提请审议的案由、提请审议的事项和结语构成。

提请审议的案由又称为“案据”。提请审议的事项又称为“方案”。不同类型的议案，正文的写作有所不同。

（1）提请审议立法的议案，其正文比较简短，通常采用篇段合一的结构。首先提出议案的理由、目的及依据，说明修订过程；事项部分写明立法讨论通过；最后提请审议要求，即用“现提请审议”表述。

（2）提请审议设立机构的议案，正文的事由应充分阐述提出议案的原因、目的及意义，然后提出具体事项。结语为“请审议决定”。

（3）提请审议重大事项的议案正文内容单一的事项，正文部分比较简单，通常采用篇段合一的结构。首先提出议案的理由、依据；再提出议案具体事项；最后用“请审议”作结。

提请审议重大事项的议案正文内容复杂的事项，议案案由部分要有充分的理由，全面具体阐述请求审议的重大事项的基本情况，如目前存在的主要问题及解决问题的迫切性、可能性及重要意义，为解决问题制定了何方针、政策，具备了哪些必要条件等。议案事项部分，则写出对议案所提出问题的态度，提出具体建议。结语为“请审议”。

（4）提请审议批准对外条约的议案，其正文应写明我国代表与该国代表于何时何地签订了何条约，对条约内容的审核，签订条约的意义等。最后以“先提请审议并请作出批准的决定”作结。

5.落款

落款由署名、成文日期构成。署名应署上发文者，即各级人民政府的全称或规范化简称，或行政机关领导人的职务、姓名。成文日期应用阿拉伯数字标全年月日。

三、例文

国务院关于提请审议国务院机构改革方案的议案

全国人民代表大会：

中国共产党第十九次全国代表大会明确要求深化机构和行政体制改革。党的十九届三中全会审议通过了《深化党和国家机构改革方案》，同意将其中涉及国务院机构改革的内容提交第十三届全国人民代表大会第一次会议审议。现将根据《深化党和国家机构改革方案》形成的《国务院机构改革方案》提请第十三届全国人民代表大会第一次会议审议。

国务院总理 李克强

2018年3月9日

任务十四 函

一、认识函

（一）函的适用范围

《条例》规定：“函。适用于不相隶属机关之间商洽工作、询问和答复问题、请求批准和答复审批事项。”函主要用于不相隶属机关或同级机关之间，为平行文。

（二）函的分类

1.按收发方划分

函按收发方划分可以分为发函（去函）和收函（来函）两类。

2.按内容划分

函按内容划分可以分为商洽函、询问函、请批函、答复函。

（1）商洽函，用于商洽联系相关事宜的函。

（2）询问函，用于询问相关事宜的函。

（3）请批函，用于向无隶属关系的职能部门请求批准发出的函。

（4）答复函，用于答复商洽联系相关事宜、答复询问相关事宜或职能部门答复审批事项的函。

二、函的写法

1.标题

函的标题通常有三要素标题和四要素标题两种。

（1）三要素标题由发文机关、事由、文种构成。事由前通常可加上“商洽（商请、商聘）”“询问”“请求”“申请”等词语，这些词语也可以加在文种前。例如，《宏远公司关于租借多媒体教室的商洽函》。

（2）四要素标题又称为双介词标题，由发文机关、事由、收文机关和文种构成。这种标题主要用于复函。事由前可以加上“同意”，表明肯定态度；文种前可以加上“复”字。例如，《南山学院关于同意商借多媒体教室给宏远公司的复函》。

2.主送机关

函必须要有主送机关。

3.正文

函的正文由发函缘由、函告事项和结语构成。函的写作要做到态度诚恳，语言得体，语气谦和，在表述时多用尊称。

（1）发函缘由。去函应简要说明发函原因、目的，或说明工作中的困难和需要，让收文机关明确事情的原委，得到支持或帮助。复函采用引据式开头，引述对方来函的标题和发文字号。其模式为：“你（贵）×（公司、厂等）《关于××××的函》（×函〔2020〕×号）收悉。经研究，现函复如下：”

（2）函告事项。去函应将商洽、询问或者请求批准的事项予以具体确切的表达。复函需针对来函予以具体确切答复。

（3）结语。去函常用的结语为“特此致函，敬请函复”“专此函达，恳请函复”。复函常用的结语为“特此函复”“专此函告”。

4.落款

落款应标明发文机关名称、印章和成文日期。

三、请示与请批函的区别

1.适用范围不同

请示适用于向上级机关请求指示、批准。函适用于不相隶属机关之间商洽工作、询问和答复问题、请求批准和答复审批事项。

2.收发文机关之间关系不同

请示用于有隶属关系的机关之间，是下级向上级请求指示、批准。请批函则用于不相隶属的机关之间，是向无隶属关系的机关，常常是向有关职能主管部门行文请求批准事项。

3.收文机关的权限不同

请示的收文机关是自己的上级机关，上级机关除了有批准权，还有指示权。请批函的收文机关是职能主管部门，职能主管部门只有批准权，没有指示权。

四、例文

【例文1】

××电机厂关于商请黎××离岗护理其夫的函

××化工公司：

贵公司工程师黎××系我厂第一车间主任张××的妻子。今年4月17日，张××同志在出差途中因车祸受了重伤。经住院治疗现已脱离危险，但他的生活尚不能自理。另外，他们年仅5岁的孩子也需人照管。自张××同志住院以来，我厂请专人予以照顾，但许多问题仍难以解决。经与张××同志商量，拟让其妻黎××离岗护理其夫、照顾孩子最为理想。为此，特致函贵公司商洽此事。如贵公司同意，则由我厂承担黎××离岗期间的工资和奖金。护理期暂定为半年，如需延长，届时再致函商洽。

专此致函，敬请函复。

××电机厂

2020年5月18日

【例文2】

××县人民政府办公室
关于询问第一中学违规收费情况的函

县教委：

据《××晚报》2020年5月3日报道，我县第一中学连续两年违规收取“建校费”达120万元。此事经媒体披露后，在群众中引起强烈反响。但据了解，自报道刊发至今，已逾半月左右，该校始终未向公众做出任何解释，你局也未派人进行深入调查及公布相关情况，导致众多家长联名写信向主管县长反映。

根据县政府领导同志指示，特函告你局迅速处理此事，并将有关情况及时上报。

××县人民政府办公室

2020年5月20日

【例文3】

××县人民政府
关于请求解决枯水期用电指标的函

市供电局：

自去年以来，我县利用本地水力资源发展小水电，每年丰水期输入国家大电网的电力达3000至6000万度，每度电价1.25元。而枯水期我县则严重缺电，以每度电价1.50元购进1500万度电，仍然不能保证城镇居民生活用电。目前有几间水泥厂、糖厂已因缺电停产。为此，请求从今年起在每年11月1日至次年3月30日枯水期内，每天能支持配送我县基数电100万度。

专此函告，恳请函复。

××县人民政府

2020年8月4日

【例文4】

浙江省人民政府办公厅
关于取消台州大环线收费的复函

台州市人民政府，省交通运输厅、省发展改革委：

台州市政府《关于要求取消台州市大环线收费公路项目的请示》（台府〔2019〕36号）和省交通运输厅、省发展改革委《关于台州大环线收费项目取消收费的意见》（浙交〔2019〕192号）收悉。经省政府同意，现函复如下：

一、同意取消台州大环线在甬台温高速公路台州收费站、104国道青岭收费站的合并收费及收费项目。具体事宜由省交通运输厅、省发展改革委另行通知。

二、省交通运输厅要根据《浙江省收费公路管理办法》认真落实公路鉴定、验收、移交和对外公布等具体事宜；台州市政府要切实做好取消收费后的相关工作，确保平稳有序。

浙江省人民政府办公厅

2019年11月17日

任务十五　纪　　要

一、认识纪要

（一）纪要的适用范围

《条例》规定："纪要。适用于记载会议主要情况和议定事项。"纪要主要属于下行文，也具有上行、平行的多向性特点。

（二）纪要的主要特点

纪要的特点主要包括纪实性、概括性、指导性、行文多向性。

1.纪实性

纪要必须是会议宗旨、基本精神和所议定事项的概要纪实，不能随意增减和更改内容，任何不真实的材料都不得写入纪要。

2.概括性

概括性是纪要与会议记录的最重要区别。纪要必须精其髓、概其要，以简洁精练的文字高度概括会议主要情况和议定事项，既要反映与会者的一致意见，又可兼顾个别有价值的看法。

3.指导性

纪要中所记载和传达的会议议定事项，是经过讨论达成的共识，或是为解决某些问题提出的办法，或是针对某些重大事项形成的政策性规定、提出的指导性意见等，代表主持单位和与会单位的共同意志与法定的权威，有关与会单位或下属单位要遵照执行。

4.行文多向性

纪要行文的基本方向是下行，向下级机关传达会议精神，让下级机关知晓或执行会议议定事项；也可以上报给有关上级机关，向上级汇报会议精神和情况，为其决策提供参考；还可以作为平行文发送给平行或不相隶属的机关，让其了解会议精神和情况。

（三）纪要的分类

根据不同的划分标准，纪要可以有多种不同的分类。

1.按会议类型划分

按照会议类型，可以划分为日常例会纪要、专项性会议纪要两类。

（1）日常例会纪要，即日常党政工作会议的纪要，如省政府常务会会议纪要、省长办公会会议纪要、局长办公会会议纪要等。

（2）专项性会议纪要，即专门为研究某项工作或解决某个问题而召开的会议的纪要。常见的工作会议、座谈会、研讨会纪要多属于这类，如《十堰经济技术开发区关于研究部署当前重点工作的会议纪要》。

2.按会议任务划分

按照会议的任务，可以划分为指示性会议纪要、决策性会议纪要、研讨性会议纪要、协调性会议纪要四大类。

（1）指示性会议纪要，又称传达性会议纪要，主要是传达会议精神、通报有关情况，指示有关单位或人员贯彻执行有关事项。

（2）决策性会议纪要，主要是记载会议形成的决策以及所议定的有关事项，要求有关单位或人员贯彻执行。日常例会纪要属于此类。

（3）研讨性会议纪要，主要是通报会议研究、交流、讨论工作的会议纪要。学术会议纪要属于此类。

（4）协调性会议纪要，是某项工作的牵头单位召集有关方面讨论、协商，达成共识形成的纪要。各方代表均要在纪要上签名，以作凭据。

二、纪要的结构和写法

（一）纪要的格式与结构

纪要有特定的结构格式。日常例会、专题性会议、决策性会议、研讨性会议等一般都采用公文特定的纪要格式。

1.特定的标志

根据《条例》《格式》要求，纪要的发文机关标志由“×××××纪要”组成，并使用专用版头。

2.特定的文号

使用专用版头的纪要，一般按年度召开会议的顺序编发顺序号。如“第×期”或“第×号”，写在纪要标志的正下方，并用圆括号括入。

3.特定的尾部

纪要正文结束后，依次写明出席、列席、请假、记录人员名单。

4.特殊的主送机关

在版记部分的“分送”处，列出受文机关名称。

5.特殊的落款

纪要以会议名义而不是以机关名义制发，一般无落款、无印章。其单位名称和成文日期分别位于版头部分中红色分隔线的左边和右边，左右各空一个字符。

（二）纪要的写法

纪要的主体部分由标题和正文两部分组成。

1.标题

纪要的标题有完全式标题、省略式标题和正副式标题3种形式。

（1）完全式标题。由发文机关、会议名称、文种构成，如《十堰经济技术开发区关于研究部署当前重点工作的会议纪要》。

（2）省略式标题。由会议名称、文种构成，如《中国海上搜救中心防控台风专题》。

（3）正副式标题。这种标题又称为复式标题、新闻式标题。通常正标题表达会议主旨，副标题交代会议名称和文种，如《齐抓共管　综合治理——××市青少年教育研究会纪要》。

2.正文

纪要的正文主要由会议概况、会议议定事项和结尾组成。

（1）会议概况。采用概括式或分项式写出会议的时间、地点、人员、主持人、列席人员、请假人员、记录人员等基本情况。也可将出席、列席、请假人员罗列于正文会议议定事项之后，必要时请假缺席人员名字后面简要注明请假理由，以明确责任。

（2）会议议定事项。这是纪要的主要部分，概括性地记载会议议定事项，表明研究工作的内容、做出的决定、布置的任务、将采取的措施等。若会议涉及的内容较多，可以采用分条列项写法，层次清晰地写明会议决议事项。通常在每段段首用“会议研究……”“会议决定……”等方式领头。

（3）结尾。纪要的结尾一般可以提出贯彻会议精神、做好相关工作的说明、要求、希望或号召，也可以省略结尾，正文内容完则全文结束。

三、例文

××大学2020年第五次校长办公会议纪要

2020年4月16日，学校在第一教学楼408会议室召开了2020年第五次校长办公会议。会议传达学习了上级会议文件精神，研究了疫情防控、本科教学、研究生复试、毕业生就业、“十四五”发展规划编制、财务年度预算、校属企业改革等相关工作。

会议传达学习了重庆市2020年春季学期开学工作视频会议和新冠肺炎疫情防控相关文件精神。会议指出，新学期开学在即，师生将陆续返校工作、学习，校园疫情防控任务艰巨、挑战巨大。会议强调，要深入学习贯彻习近平总书记关于统筹推进疫情防控和经济社会发展工作的系列重要讲话精神，坚持把维护师生生命安全和身体健康放在第一位，从严从实从细做好开学复课工作。会议要求，各单位要提高政治站位、强化责任担当，结合新冠肺炎疫情发展形势，动态调整优化应急预案和防控措施，细化开学实施方案，强化应急管理等教育培训，加强应急演练，落实师生健康信息监测，备足备齐防控物资，确保开学复课安全顺利、万无一失。

会议传达学习了全国研究生复试工作视频会议精神，研究了学校硕士研究生复试工作。会议强调，研究生复试是研究生招生重要环节，是科学选才，保障质量的关键。会议要求，深入贯彻落实习近平总书记关于统筹推进新冠肺炎疫情防控和经济社会发展工作的重要讲话和重要指示批示精神，严格落实疫情防控要求，精准严密组织管理，严格复试考核标准，确保2020年学校硕士研究生复试安全顺利、公平科学。

会议传达学习了市教委《2020年高校科技工作要点》精神。会议强调，要深入学习贯彻习近平总书记关于教育和科技的重要论述，紧紧围绕习近平总书记对重庆提出的“两点”定位、“两地”“两高”目标、发挥“三个作用”和营造良好政治生态的重要指示要求，面向国家重大战略需求和地方经济社会发展需要，深化科技体制机制改革，聚集优势科技创新资源，加强基础研究，加快科技成果转化，为构建西部科技创新高地，打造有影响力的科技创新中心，推进成渝地区双城经济圈建设贡献交大智慧和力量。

会议研究了本科教学工作。会议听取了教师课堂教学评价有关情况，充分肯定了疫情防控期间线上教学工作成效。会议强调，要深入贯彻落实新时代全国高等学校本科教育工作会议精神，淘汰“水课”、打造“金课”，合理提升学业挑战度、增加课程难度、拓展课程深度，切实提高课程教学质量。会议要求，结合疫情防控要求和线上教学特点，做好教学服务与培训、评价与督导等工作；针对线上教学问题，及时提出改进措施，保证疫情防控期间教学进度和教学质量。

会议研究了2020届毕业生就业工作。目前学校毕业生签约率位居重庆市高校前列，会议充分肯定了就业工作取得的成效。会议强调，就业是最大的民生，受新冠肺炎疫情等诸多因素影响，高校毕业生就业形势严峻，必须把就业摆在更加突出位置。会议要求，充分整合校内资源，建立部门协同联动工作机制，充分发挥校友资源与产学研合作单位作用，千方百计调动校内外各类力量，全面推动2020届毕业生充分就业、高质量就业。

会议研究了学校“十四五”事业发展规划编制工作。会议强调，“十四五”是学校全面加强内涵建设、扎实推动高质量发展的关键时期，事关建成有特色、高水平大学。会议要求，坚持战略引领与实际需求相衔接，坚持全面规划和突出重点相衔接，坚持目标导向与问题导向相统一，坚持学校主导与广泛参与相结合，充分研判内外形势走向，全面把握上下发展动态，科学编制“十四五”事业发展规划，推动学校事业高质量发展。

会议研究通过了《××大学校属企业改革工作总体方案》，审议并原则通过了《××大学校属单位2020年度综合目标考核实施办法》和学校第二批“青年拔尖人才支持计划”人选建议名单。

思考与练习

一、单项选择题（请选出正确的答案，并将其序号填入括号中。）

1.决议必须通过会议讨论通过而产生，体现的特点是（　　）。

A.程序性　　B.规范性　　C.稳定性　　D.权威性

2.省略式决定标题中不能省略的项目是（　　）。

A.事由　B.关于　C.文种　D.发文机关名称

3.命令的语言应做到（　　）。

A.生动　B.活跃　C.诙谐　D.庄重

4.用于报道重要会议或会谈决定和情况的公文是（　　）。

A.公报　B.通告　C.意见　D.通知

5.公告制发者主要是高层领导机关或经授权的（　　）。

A.下级部门　B.平级部门　C.业务部门　D.职能部门

6.写作通告可以不标注的格式项目是（　　）。

A.标题　B.正文　C.落款　D.主送机关

7.意见区别于其他文种的显著特点是（　　）。

A.行文的多向性　B用途的多样性

C.教育的广泛性　D.内容的复杂性

8.《条例》规定议案的主送机关是（　　）。

A.各级党委　B.各级政府　C.各级人大　D.各级政协

9.公布一般性的、试行或暂行的规章，颁布词应选（　　）。

A.颁发　B.颁布　C.发布　D.印发

10.通知正文中的事项表达，要求是（　　）。

A.笼统概括　B.含蓄委婉　C.直抒胸臆　D.明确具体

11.通报在情况陈述和分析评价中常用（　　）。

A.旁敲博引　B.详细道来　C.重点论述　D.夹叙夹议

12.青山中学回答市教委的询问，行文应选（　　）。

A.通知　B.决定　C.报告　D.批复

13.请示区别于其他文种的特点是（　　）。

A.期请性　B.报告性　C.回复性　D.教育性

14.请示的行文时间必须在（　　）。

A.事前　B.事中　C.事后　D.随时

15.批复所答复的公文是（　　）。

A.报告　B.请示　C.通知　D.决定

16.宏远公司向市税务局了解企业免税的相关政策，可选（　　）。

A.请示　B.报告　C.通报　D.函

17.青山公司向双福中学联系租借阶梯教室事宜，行文应选（　　）。

A.商洽函　B.申请书　C.请批函　D.询问函

18.写作纪要的前提是必须先有（　　）。

A.领导　B.文件　C.命令　D.会议

19.写作公文首先要确定（　　）。

A.语言　B.结构　C.主旨　D.材料

20.公文正文的事项表达要做到（　　）。

A.听领导的话　　B.结构新奇

C.语言有个性　　D.具体确切

二、多项选择题（请选出正确的答案，并将其序号填入括号中，每小题有2~5个正确答案，错选、少选、多选均为错误。）

1.通告的发布方式主要有（　　）。

A.报刊　B.电台　C.网络　D.电视　E.张贴

2.通报的种类主要有（　　）。

A.表彰性通报　B.批评性通报　C.情况通报　D.会议通报　E.工作通报

3.报告的基本结构组成部分是（　　）。

A.标题　B.正文　C.落款　D.结语　E.主送机关

4.请示标题的事由中不应用的词语为（　　）。

A.请求　B.申请　C.要求　D.请批　E.拨给

5.批复正文的组成内容是（　　）。

A.批复标题　B.发文字号　C.批复引据　D.批复意见　E.批复结语

三、改正下列标题中的错误

1.青山区通知认真做好春季植树造林工作

2.天地公司通告要开销售工作会议

3.青山区关于批转《××市政府关于加强安全生产的通知》的意见

4.天意公司对办公大楼发生火灾情况的汇报

5.关于××乡向上级汇报秋收生产情况的请示报告

6.南山职院对举办校园文化建设工作的汇报

7.关于××大学请求增拨我校招生指标的请示报告

8.华阳公司关于向上级请求购买汽车的报告

9.××乡请求上级拨给救灾资金的函

10.××县电力公司答应多给点电给东风厂的批复

四、改正下列文稿中的错误

1.

公　　告

各自来水用户、市民们：

我们公司从1986年成立起一直到今天，始终坚持了“为人民服务”这个宗旨，实打实地做好了辖区内的供水工作，得到了上级的表扬、群众的称赞。

但是，由于时间长了，一些供水管道和设备经常出点儿大大小小的毛病，须得赶忙检修。因此做了个决定，从明天早晨8点30分开始，到下午4点为止，春南小区至春晖小区五个地方停水一个大白天。大家要提前做好蓄水准备，否则后果自负！

特此通告，多谢合作！

供水公司

九月二十二日

2.

宏远总公司
关于批复江北分公司购买汽车的通知

你公司成立后急需购买一辆双排座载货卡车的报告收到了。经过我们做了认真的调查研究，基本上同意你们用自己的设备费购买一辆车。特别写这封信告诉你们，请抓紧办理。

宏远总公司

10.12

五、写作题（要求：内容表达真实全面；格式正确完整，层次清晰，语言简明。）

1.大地公司职员江××，未履行请假手续，私自外出旷工达45天，违反了公司《员工考勤管理制度》第五章第三条第一款“员工外出应履行请假手续，获得批准后方能离开公司。未请假或请假未获批准，擅自离开公司的，视为旷工。”的规定，也违反了公司《人力资源管理制度》第六章第五条“员工旷工30天以上，应给予开除处分，解除双方的劳动合同。”的规定。为了维护公司制度的严肃性和权威性，经公司总经理办公会研究决定，给予江××开除处分，并解除双方的劳动合同。请代大地公司拟写一份处理江××的公文。

2.近段时间以来，××大学学生宿舍很混乱。有的学生在外面玩耍至深夜，不按学校规定的时间（晚11点）回宿舍，翻院墙进来，高声喧哗、唱歌，还有人因此摔伤。李×等6人私接电源煮东西吃。有5个寝室长期不搞清洁扫除，床上地上一团糟。有的同学不经宿舍管理员同意，就留亲属或朋友在宿舍住宿。总之，太糟糕了。必须加强扎实管理才行。请自选文种，代××大学拟写一份加强学生宿舍管理的公文。

3.××大学批准了修订后的《××大学学生守则》，拟发给各学院实施。请代为拟写这份公文。

4.宏远A市分公司收到一份《宏远总公司关于加强安全生产工作的通知》（宏司〔2020〕15号）文件，下发给公司各部门遵照执行。请代为草拟这份公文。

5.宏远公司拟于2020年11月20日在公司会议室召开由各部门领导参加的会议，下午3时开会，主要议题是部署开展安全生产检查工作相关事宜。请代宏远公司草拟这份公文。

6.宏远公司销售部的员工高翔因及时救助重病群众在公司传为佳话。前几天，高翔到下面检查销售工作，下午在销售点旁边看见一位老人躺在路边不省人事，身体急剧抽搐，口吐白沫，样子很吓人。他马上跑到老人身边观察，并和其他人一起将老人送到附近医院抢救，还一直守护在老人身边，忙前忙后。老人的妻子王秀芳知道消息赶到医院后说，老人叫张建国，患有高血压等病，今天出去闲逛，没想到就发病了。医生说幸好及时送来，不然很危险。看到已脱离危险的丈夫，王秀芳流着眼泪，紧紧拉着高翔的手连声道谢。高翔说：“没啥，这是应该的，哪个见到此事都不会不管的。”很多病人及家属都和王秀芳说要好好感谢这个小伙子，并向高翔询问他的单位，要宣传好人好事。高翔马上说：“不用，不用。小事一桩。”说完趁大家没注意就离开医院回到销售点去了。根据以上材料，请代公司拟写一份表扬高翔的公文，要全体员工向他学习，为公司增光添彩。

7.宏远总公司下面的成华分公司于2017年成立，一直没有配备专用送货车，都是租车给客户送货。近年来，公司生意很好，原有的送货方式已不能满足市场需求。为了提高送货效率和服务质量，成华分公司急需一辆长安双排座小型货车，请求宏远总公司同意购置一辆2吨长安双排座小型货车作为专用送货车，购车经费由成华分公司自己出。请代成华分公司拟写这份公文。

8.请代宏远总公司给成华分公司拟写一份同意购置一辆2吨长安双排座小型货车作为专用送货车的公文，但是钱先在他们公司设备费中记着。

9.你校打算为敬老院举办一次文艺演出活动，但没有女式藏族长裙演出服。校学生会决定与市歌舞团商量，向该团租借10套服装，只用3天，用后立即归还。租金要多少，请对方说个价钱，学校按价支付。请以学校的名义拟写一封信给市歌舞团，联系商量一下这件事情。

10.请代市歌舞团拟写一份同意租借10套女士藏族长裙演出服的答复文书。要求要收600元的租金，并要他们一定要好好爱护演出服，损坏了要按团里的规定赔偿。具体事宜找团里的张×，他的电话是×××××××××××。

项目四　常用事务文书写作

事务文书主要指机关单位、人民群众在工作、生活、学习中处理公私事务而制作的具有传递信息、规范约束等作用的文书。事务文书有很多种，由于本书篇幅的原因，在此仅介绍常用的计划、总结、简报、调查报告、述职报告、讲话稿、声明、公示、启事等文种的写作知识。

任务一　计　　划

一、认识计划

（一）计划的含义

计划是机关单位、社会团体、人民群众对未来一定时期工作、活动、学习等事宜预先作出安排而制作的文书。

计划是个大家族，名称很多，除了计划外，规划、纲要、方案、要点、安排、设想等均属计划。它们名称不同，也存在一些区别。

规划是带长期性、全局性、原则性的计划，如《重庆市城市总体规划（1996—2020年）》。

纲要是各级领导机关根据战略方针，为实现总体目标对本地区或某一事项作出的长远部署。纲要比规划涉及时间更长、更原则、更概括。如《重庆市国民经济和社会发展第十三个五年规划纲要》。

设想是一种初步的、概括性的非正式计划，如《××市拓展就业安置门路的设想》。

要点是粗线条的、提纲式的计划。它适用于时间相对较短的计划，如《宏远公司20××年工作要点》。

安排是短期的、范围不大、内容单一、具体的计划，如《中文系第八周工作安排》。

方案是专业性强，较周密、具体的计划，是从目的、要求、方式、方法、进度等都部署具体周密有很强可操作性的计划。如《××市住房分配制度改革实施方案》。

（二）计划的特点

计划的主要特点为目标的预设性、措施的可行性、执行的约束性。

1.目标的预设性

计划不是对已经形成的事实和状况的描述，而是在行动之前对行动的任务、目标、方法、措施所作出的预见性确认。但这种预想不是盲目的、空想的，而是以上级部门的规定和指示为指导，以本单位的实际条件为基础，以过去的成绩和问题为依据，对今后的发展趋势作出科学预测之后形成的。可以说，预设是否准确，决定了计划写作的成败。

2.措施的可行性

可行性是和预设性、针对性紧密联系在一起的，预设准确、针对性强的计划，在现实中才真正可行。如果目标定得过高、措施无力实施，这个计划就是空中楼阁；反过来说，目标定得过低，措施方法都没有创设性，实现虽然很容易，但并不能因此而取得有价值的成就，那也算不上有可行性。

3.执行的约束性

计划一经通过、批准或认定，在其所指向的范围内就具有了约束作用，在这一范围内无论是集体还是个人都必须按计划的内容开展工作和活动，不得违背和拖延。

（三）计划的分类

计划的种类很多，按照不同的标准，可以分为不同的类型。

1.按计划的性质划分

按计划的性质，可以分为综合性计划和专题性计划两类。

（1）综合性计划，又称总体计划，是对某一单位或部门在一定时期内的所有工作作出的全面安排和计划。

（2）专题性计划，又称单项计划，是对某一方面的工作作出的安排和计划。

2.按计划范围划分

按计划范围，可以分为国家计划、地区计划、系统计划、单位计划、个人计划等。

3.按计划涉及的时间划分

按计划涉及的时间，可以分为长期计划（通常指10~15年以上的计划）、中期计划（通常指5年左右的计划）、短期计划（通常指1年及1年以下的计划）。

4.按计划的形式划分

按计划的形式，可以分为条文式计划、表格式计划、条文加表格式计划等。

（1）条文式计划，即把计划分为若干条款，通过文字加以阐述，涉及的数字指标也都穿插在有关部分的文字叙述之中。这种写作形式条理分明，层次清楚，说理性强，容易把计划的内容准确地表达出来。这是目前比较常见的一种写作形式。

（2）表格式计划，即用表格来表达计划内容。表内栏目通常包括任务项目、执行部门、完成时间、执行措施等。这种样式的计划比较醒目、简洁，容易使人理解把握，也便于对照和检查。定期的、以数据为指标的计划，适宜用这种方式。如企业的产销计划、国家经济管理部门下达经济任务的计划，常常是定期制订、以数据为指标的，用表格式较为合适。

（3）条文加表格式计划，即指计划的内容既有条文的表述，又有表格的形式。条文和表格相配合，能把比较复杂的内容用简洁的方式表达出来。

二、计划的写法

（一）标题

计划的标题主要有公文式标题和主副式标题两种。

1.公文式标题

公文式标题由单位名称、时限、内容、文种构成，如《宏远公司2020年销售工作计划》。

2.主副式标题

主副式标题由正题、副题构成。正题概述计划的内容，副题揭示计划的作者、时限、文种等，如《开拓创新　再创辉煌——宏远公司2020年工作计划》。

（二）正文

计划的正文主要由前言、主体、结语构成。

1.前言

前言包括制订计划的依据、意图、总体要求等。前言文字力求简明，以讲清制订本计划的必要性、执行计划的可行性为要，应力戒套话、空话。

2.主体

主体由任务、措施、步骤三要素构成。

（1）任务。首先要明确提出总目标和基本任务，随后应根据实际内容进一步详细、具体地写出任务的数量、质量指标。必要时再将各项指标定质、定量分解，以求让总目标、总任务具体化、明确化。

（2）措施。以什么方法，用何措施确保完成任务，实现目标。这是有关计划可操作性的关键一环。所谓有办法、有措施就是对完成计划须动员哪些力量、创造哪些条件、排除哪些困难、采取哪些手段、通过哪些途径等应做到心中有数。这既需要熟悉实际工作，又需要有预见性，而关键在于有实事求是的精神。唯有如此，制订的措施、办法才是具体的、切实可行的。

（3）步骤。工作有先后、主次、缓急之分，进程又有一定的阶段性，为此在计划中针对具体情况应事先规划好操作的步骤、各项工作的完成时限及责任人。这样才能职责明确、操作有序、执行无误。

3.结语

结语可以发出号召、提出希望。

（三）落款

落款包括制订计划者名称、成文时间和印章。

三、拟制计划的注意事项

1.调查研究，实事求是

制订计划前，必须深入实际，认真调查研究，既要“吃透”上级的精神，又要虚心听取群众的意见，摸清本单位的实际情况，分析主客观条件，尽可能预测到计划执行过程中的困难和问题，以便在计划中写明预防和解决问题的方法。制订计划时还要从本单位、本部门的实际出发，任务和指标应是经过各方面的努力可以达到的理想指标，既不要过高，也不能过低。计划切忌说假、大、空话，写得不实用。

2.内容具体明确，语言简明扼要

计划是将所要开展的工作作出安排和打算，为收到良好的效果，计划的内容设想要具体明确，并将实现目标的途径和办法分条列项表达出来。叙述要平直，说明要简洁，还可以将每个问题设置小标题，以示醒目。计划写作切忌语言含糊，表达不明，使之无法落实和检查。

3.针对性和灵活性

计划的内容既要全面，又要有针对性，重点要突出。一个单位、一个部门，在一定的时期内，有许多工作需要做，如果全部并列起来，平均使用力量，就会影响重要工作的完成。因此，我们在制订计划时，要针对本单位、本部门的工作重点，保证计划中能够反映出当前要解决的主要问题。计划是根据客观情况制订的，客观情况在不断变化，因此计划还要有灵活性，应留有一定的余地，当某种未预见的因素发生时，计划能及时调整、完善和补充。

四、例文

××市卫生监督局卫生无吸烟单位行动计划

为认真贯彻实施《××省爱国卫生条例》，创造洁净优美的机关卫生环境，深入开展爱国卫生运动，进一步改善机关办公环境，同时也为提升我局全体干部职工自觉抵制烟草侵袭的文明健康意识，共同营造一个无烟、文明、卫生的环境，建设和谐、文明、卫生单位，为迎接国家卫生城市复查做出新的贡献。根据市、区有关要求，我局决定继续开展卫生先进单位和无吸烟单位创建工作，特制订本计划。

一、指导思想

以党的十九大精神为指导，坚持习近平新时代中国特色社会主义思想，坚持科学发展观，以改善环境，营造和谐社会、和谐机关，创建卫生先进单位、无吸烟单位为目标，本着“以人为本、完善功能、优化环境、提升品位”的原则，对照卫生创建标准，全员动员，狠抓落实，全面促进卫生计生监督各项工作，努力构建和谐社会。

二、目标任务

对照《×× 市卫生先进单位标准》和文明单位创建标准，完成创建卫生先进单位、无吸烟单位各项指标。建立完善的各项卫生制度和控烟组织，加强环境卫生整治和控烟措施，做到责任明确、活动经常、环境整洁、人员健康、资料齐全。

三、工作重点

以国家卫生城市复查为契机，认真开展卫生先进单位、无吸烟单位创建活动。

1. 加强宣传教育，提高干部职工的卫生和健康意识。通过采取多种形式，广泛宣传创建卫生先进单位和无吸烟单位对推进精神文明建设的作用和意义，不断增强干部职工的卫生健康和精神文明意识。

2. 加大环境整治，进一步美化、净化我局工作环境。落实单位“门前三包责任制”和“周末卫生日”制度，做到走廊、通道畅通，地板无痰迹，门窗无灰尘，周围无垃圾，公共场所干净整洁。办公场所做到地面无杂物；墙壁无蜘蛛网、无乱挂物；办公桌椅设施摆列规范整齐，玻璃、门窗明净。办公桌面做到书籍、用品、文具整洁。达到人人爱护环境，人人有卫生责任的要求。对单位和职工住宅产生的垃圾，实行袋装化管理，严禁将垃圾扫地出门和在大街小巷乱倒生活污水。在全局干部职工中倡导健康向上的生活方式，养成爱干净、爱清洁的卫生习惯，引导教育干部职工牢固树立健康向上的卫生习惯和良好的公共卫生意识。

3. 规范公共场所吸烟行为的管理，使干部职工逐渐形成吸烟有损健康意识，做到不敬烟、不受烟，自觉戒烟，有效保护机关干部职工和外来人员免受烟草烟雾危害，提高健康水平。办公室、会议室等公共场所有明显的禁烟标志，不摆放烟具，室内场所禁止吸烟，无烟蒂。单位领导、科室负责人带头戒烟或不在公共场所（禁烟场所和执法现场）吸烟。

4. 落实监管人员对禁烟及安全卫生工作的监督管理和检查督导，进一步提高整体创建水平。

5. 消灭“四害”，减少和控制疾病的发生。要在不同季节按照市爱卫办的统一部署，认真配合街道、社区做好灭鼠、灭蟑、灭蚊等除“四害”工作，有效控制病媒生物。

四、工作要求

1. 加强领导、广泛宣传。调整局卫生先进单位、无吸烟单位创建领导小组，局长、书记任组长，其他局领导任副组长，各科室负责人为成员，创建办公室设在局办公室，负责日常工作的协调。

2. 明确责任、分工协作。为确保卫生先进单位、无吸烟单位创建工作落到实处，结合我局实际，明确责任。局创建办负责创建的组织协调工作，各科室积极配合工作，狠抓工作落实，确保各自职责范围内的卫生达标创建工作和各项控烟措施的检查落实。单位领导、科室负责人带头戒烟或不在单位（禁烟场所和执法现场）吸烟。

3. 加强检查、及时整改。每月开展一次检查评比活动，发现问题，及时整改，把卫生先进单位、无吸烟单位创建工作作为综合目标管理的一部分与基础工作一并考核。

4. 加强投入，保障经费落实。加大对卫生先进单位、无吸烟单位创建工作的经费投入，保证卫生先进单位、无吸烟单位创建各项工作落实。加强控烟教育，编写、制作有关吸烟危害健康的各种宣传资料，设立戒烟基金，奖励戒烟成功者，不断对戒烟者进行鼓励。

××市卫生监督局
2019 年 1 月 6 日

任务二　总　　结

一、认识总结

（一）总结的含义

总结是单位或个人对前一阶段工作完成情况进行回顾、分析研究，概括出经验成绩，找出存在的问题或教训，形成规律性的认识，以指导今后工作的文书。总结是运用最广泛、使用频率高、写作难度较大的事务文书。总结也有不同的名称，如小结、体会、感想、回顾等都属于总结范畴的文种，只是存在涉及内容的繁简、时间跨度的长短等区别。

（二）总结的特点

1.回顾性

总结是对本单位或自己前段工作进行回顾研究，采用的是第一人称写法，选择有代表性的事实、数据说明成绩或问题，选择典型做法表达经验或教训，都需要通过回顾、再现以往工作内容，否则难以达到寻找规律、指导今后工作的写作目的。

2.理论性

总结是对过往工作的回顾，不是按时间顺序表达做了什么、如何做的、做得怎么样记流水账式的简单罗列，而是要通过回顾从大量的事实中找出规律，上升到理论层面，指导今后的工作。

3.评价性

总结是对前段工作实践的回顾，从大量的事实中进行分析，予以评价正确或错误，找出具有代表性的事实、数据支撑观点，才能很好地说明问题，达到指导今后工作的目的。若列举的事例和数据不真实，夸大、缩小、杜撰、歪曲事实的做法都会使总结失去意义。

（三）总结的分类

根据不同的分类标准，可将总结分为许多不同的类型。按范围分，有单位总结、部门总结、个人总结。按时间分，有月份总结、季度总结、年度总结等。按内容分，有工作总结、学习总结、思想总结等。按工作分，有综合性总结、专题总结。其实，在使用中，总结的类型并不是单一的，而是可以相容、交叉的。如《宏远公司关于2019年度工作总结》，按内容划分是工作总结，按范围划分是单位总结，按时间划分是年度总结，按工作划分是综合性总结。因此，学习时应灵活掌握，不能拘于形式。

二、总结的结构和写法

（一）总结的结构

总结主要包括标题、正文和落款三部分。

（二）总结的写法

1.标题

总结的标题主要有单标题和正副式标题两种。

（1）单标题通常有以下几种形式：

①四要素标题，由单位名称、时间、主要内容和文种构成，如《宏远公司关于2019年销售工作总结》。

②三要素标题，由单位名称、时间和文种构成，如《宏远公司2019年工作总结》。

③二要素标题，由内容和文种构成，如《春季严打工作总结》。

（2）正副式标题则通常正题表明总结的主旨，副题说明总结的内容和文种，如《维护治安　服务群众——2019年巡警工作总结》。

2.正文

总结的正文是写作的重点部分，表达的内容包括基本情况、主要成绩或经验、问题或教训、努力方向四个方面。在形式上主要由开头、主体和结尾构成。

（1）开头主要概述总结的基本情况，包括工作背景、主要任务、重要措施、实施步骤、获得的成效或教训、存在的问题及有关缘由等，为主体表达定下基调。通常用一小段简明扼要表达即可。

（2）主体是总结的主要部分，包括成绩和做法、经验和教训、今后打算等方面的内容。这部分内容安排要承接开头部分定下的基调，若收获的成绩或经验多，则重点表达成绩或经验；若发现的问题或教训大，则重点表达问题或教训。表达时要注意条理清晰，层次分明。主体部分常见的结构安排形式有纵式结构、横式结构和纵横式结构3种方式。

①纵式结构，按照事件的发展过程安排内容。写作时，可以把事件的时间划分为几个阶段，按时间顺序分别表达各阶段的做法、成绩或经验、存在问题、体会。这种写法的优点是将事件的全过程表述得清楚明白。

②横式结构，按事物构成的本质和规律分为多个方面，分别按逻辑关系依次表达，使各层之间呈现相互并列的态势。这种写法的优点是各层次的内容集中，有利于很好地

将复杂事物的构成与发展规律清晰地反映出来。

③纵横式结构，即是纵式结构和横式结构联合安排。既要考虑时间的先后顺序，体现事件的发展过程，又要关注内容的逻辑关系，从多个方面归纳出经验或教训。通常是先采用纵式结构写出事件发展各阶段的情况或问题，然后用横式结构总结经验或教训。这种写法在实践中得到普遍运用。

（3）结尾，即是在正文表达的成绩或经验、问题或教训基础上，提出今后的打算，可以简略表明设想今后的任务和措施，表明决心，展望前景。这段内容要与主体内容相照应，若主体主要表达收获的成绩或经验，结尾则应针对存在的问题作简要表达。通常这部分表达应简明扼要。

3.落款

落款时应署上作者单位或个人姓名，并写明成文日期。

三、例文

×× 县民政局关于 2019 年政务公开工作总结

2019 年以来，×× 县民政局在县委、县政府的正确领导下，按照政务公开的有关要求，不断拓展民政业务公开内容，创新公开形式，完善公开制度，强化公开监督，从严按照政务公开工作的有关规定，认真践行“民政为民，民政爱民”的工作理念，取得了一定的成效但还存在许多不足之处，现将有关工作总结和计划汇报如下：

一、政务公开开展情况

（一）加强组织领导，进一步保障政务公开工作制度化。民政局领导高度重视，由于今年人事变动，民政局及时调整了政务公开工作领导小组，由党组书记、局长黄 ×× 任组长，党组成员、副局长李 ×× 任副组长，各科室主任为成员，统一负责我局政务公开工作的组织实施。具体日常工作由局综合办牵头，各相关股室配合落实政务和公开工作的各项要求。做到了领导、机构、人员全部到位，同时我局把政务公开工作责任到人，建立健全了政务公开工作制度，促进政务公开工作规范化。

（二）加强公开规范，进一步提高政务公开工作效能。我局积极推进一般事项公开向重点事项公开，结果公开向全过程公开等转变，进一步提高了政务公开的质量。一是公开的内容要更加充实，制定了《×× 县民政局深入推行政务公开制度的实施方案》，对政务公开的范围、政务公开的内容、政务公开的形式、政务公开的制度做了进一步的明确；二是公开的时间要更加及时，针对要公开的内容，准确无误，第一时间进行信息上报；三是公开的重要要素更加突出，坚持把群众最关心、最需要了解的低保、社会救助、临时救助、老年福利、殡葬管理、婚姻登记等事项作为政务公开的重点。从信息公开、电子政务和便民服务等入手，加大推行政务公开的力度。

（三）加强运用途径，进一步丰富政务公开工作形式。我局在进一步坚持和完善政务公开这一公开形式的基础上，按照便利、实用、有效的原则，认真创新政务公开的新载体、新形势，使政务公开的形式更加灵活多样。一是依托 ×× 县政府网站，推进电子政务建设和网上政务公开，把网站列为信息公开的重要途径，把公开信息编制公开目录，逐一上网发布。二是利用每次宣传，通过印发宣传单，为群众提供便利的服务，让各股室的工作流程被群众所了解。

（四）规范目录编制，方便群众获取信息。按照 ×× 县政府公开办政府信息公开基本目录和技术标准，完善网上信息发布、搜索、查询和统计等功能，提升政府信息公开网规范化水平。实现政府门户网站和政府信息公开网数据交换，民政局信息网的绝大部分信息可在政府门户网站直接查阅。及时发布局机关各科室在公开行政审批、行政处罚等事项的基础上，围绕权力运行流程、办理结果、部门预决算、项资金分配等重点工作，规范信息公开目录和指南编制。

（五）加强强化监督，进一步保障政务公开工作成效。在狠抓内部制约机制的同时，也抓好社会监督制约机制的完善，建立健全长效管理机制，形成用制度规范行为，按制度办事，靠制度管人的机制，把政务公开工作与党风廉政建设相结合进行检查、考评。采取多种形式，强化监督检查工作，实行定期检查与不定期检查相结合，同时鼓励广大领导干部、群众积极参与监督，积极反映政务公开过程中存在的突出问题，使政务公开工作更加扎实。

二、主动公开政府信息情况

今年来，我局认真落实党中央、国务院关于全面推进政务公开的决策部署和 ×× 县政务公开要求，围绕权力运行全流程、政务服务全过程，积极推进基层政务公开标准化规范化，全面提升基层政务公开和政务服务水平，推进局机关政府信息公开工作。按照政务公开有关要求，我局进一步完善网站管理，经过层层审核。截至目前，局网站共发布各类信息共计 780 条。其中“社会救助”295 条，“部门动态”173 条，公示公告 13 条，公共服务 17 条，转发政府公文 16 份，部门文件 112 份，其他各类信息 154 条，同比 2018 年数量有所提升。

三、下一步政务公开工作改进措施

在政务公开的全面性、有效性和特色性方面，我局仍存在许多不足，一是要将继续切实强化政务公开工作制度建设，采取有效措施，不断规范工作程序，创新工作方式，使政务公开工作在制度化、规范化方面有新的突破。二是建立培训工作机制，组织信息公开，工作人员积极参加政府组织的专业培训，提高信息员的政策把握、解疑释惑和回应引导能力，努力提升信息员的综合信息的处置能力。

2020 年，民政局将持续深入开展政务公开工作，进一步提高工作人员思想意识，加强学习、管理，强化监督、考核，确保政务公开工作有效开展，提高服务水平，树立良好形象；进一步完善政务公开工作制度，建立健全政务公开工作长效机制，通过规范和完善，把政务公开工作落实在行动上，增强政务透明度，确保处事公正，办事公开；进一步充实政务公开的内容，把涉及群众切身利益的各类业务作为公开的重点，加大网上公开力度，全面、规范的向群众公开他们最关心、最需要了解的相关业务。

××县民政局
2019年12月18日

任务三　简　　报

一、认识简报

（一）简报的含义

简报，即情况的简明报道。简报有广义和狭义之分。广义简报是指党政机关、企事业单位、社会团体为及时反映情况、汇报工作、交流经验、揭示问题而编发的一种内部刊物，如《教务工作简报》。简报名称不是固定不变的，也可以叫“动态”“简讯”“信息”“情况反映”“内部参考”等名称，如《科研动态》。狭义简报又叫单篇简报，是指该内部刊物中发布的单篇报道文章，如单篇报道文章《查摆突出问题　研究“三讲”教育方案》。

（二）简报的作用

简报的作用主要体现在以下三个方面。

1.汇报工作，反映情况

简报可以上行，迅速及时地向上级反映本单位本系统的日常工作、业务活动、思想状况等，便于上级及时了解情况，分析问题，作出决策，有效地指导工作。

2.交流经验，沟通情况

简报也可以平行，用于平级单位、部门之间交流经验、沟通情况，以便于相互学习借鉴，促进工作。

3.通报情况，传达上级意图

简报还可以下行，用来向下级通报有关情况，推广先进经验，传达上级机关意图。

（三）简报的特点

简报主要有真、新、快、简四个特点。

1.真

真是指内容真实。简报所反映的内容、涉及的情况，必须严格遵循真实性原则，时间、地点、人物、事件、原因、结果，所有要素都要真实，所有的数据都要确凿，不能虚构。

2.新

新是指内容是新近发生的，具有新闻性。简报要反映新事物、新动向、新思想、新趋势，要传递最新的工作动向。

3.快

快是指报道要迅速及时。新闻界有个说法叫“抓活鱼”，时间拖久了，鱼不活了，味道也不鲜美了。简报也一样，要做到写作要快、制作要快、发送迅速，使最新的工作情况尽快发布出去。

4.简

简报又叫千字文。简报篇幅短小，内容简明，提纲挈领，不枝不蔓。

（四）简报的分类

简报的种类繁多，按照不同的分类标准，可以划分为不同的类型。

（1）按内容划分，简报可分为工作简报、会议简报、教学情况简报等。

（2）按时间划分，简报可分为定期简报和不定期简报。

（3）按发送范围划分，有供领导阅读的内部简报，也有发送较多、阅读范围较广的普发性简报。

二、简报的结构和写法

（一）简报的结构

通常把广义简报格式称为“准公文格式”。广义简报通常由报头、报身和报尾构成。

1.报头

报头在简报首页上面占三分之一处，以一条通栏红线与报身隔开。简报的报头一般由简报名称、期数、编发部门、编发日期等项目组成。若是保密简报还要标注密级等项目。

（1）简报名称可以由职能部门和文种构成，如《教务工作简报》。若是单篇内容的简报名称，可由单位、主旨、文种构成，如《南山学院“不忘初心、牢记使命”主题教育简报》。简报名称通常用大号字体套红印刷。

（2）期数位于简报名称下方正中，用圆括号括起来。如果是综合工作简报，一般以年度为单位，统一编排顺序号；如是专题工作简报，则按本专题统一编排顺序号。

（3）编发部门。一般是由单位办公室或专项工作秘书处或会议秘书处等编发简报。编发部门标识于红色分隔线上方、左侧空一字处。

（4）编发日期。标识位置与编发部门同行，右侧空一字。

如果需要保密，在首页报头左上角标明密级或“内部刊物”字样。确有必要，还可在首页报头右上角标识密级、份号等项目。

2.报身

简报的报身又叫报核。报身的位置在报头红色分隔线以下、报尾以上。报身若有多篇报道，应包括目录、各篇狭义简报报道的内容。若是单篇简报，通常包括标题、正文、结语、供稿者等内容。若为转发简报，编者还可以在标题上编发“编者按”予以说明转发该简报的原因、意义等内容。

3.报尾

报尾在简报末页下端，用间隔横线和报身分开。报尾主要表明报送机关名称和印制份数。

（二）简报的写法

单篇简报主要由标题、正文、供稿者构成。

1.标题

简报的标题可分为单标题和双标题两种类型。

（1）单标题，即将报道的主要内容概括为标题，如《后勤工作今年重点抓好五件事》《查摆突出问题 研究“三讲”教育方案》。

（2）双标题有正副式标题和引正式标题两种类型。

①正副式标题，由正题和副题构成的标题。通常正题概括事实的性质，副题补充叙述基本事实，如《展宏图创全国一流市场——城南农贸市场荣获信誉市场称号》。

②引正式标题，由引题和正题构成的标题。通常引题指出作用和意义以引出正题，正题概括主要报道内容，如《尽责社会完善自身——华东师大团委开展“把知识献给人民”的活动》。

2.正文

正文主要由开头、主体和结尾构成。

（1）开头。简报通常用简要的文字概括报道的内容，说明报道的宗旨，引导读者阅读全文。导语写作的总的要求是开门见山，直接切入基本事实或核心问题，给人一个明确的印象。开头的具体写法可根据主旨要求选择用以下方式。

①概述式，即用概括叙述的方法介绍简报的主要内容。

②提问式，即把简报反映的主要问题用设问的形式提出来，以引起读者的思考，继续阅读。

③结论式，先将结论以简短的方式予以概述，然后在主体部分再作具体表达。

（2）主体。主体是简报的主要部分，写好主体是编好简报的关键。主体的内容，或是反映具体的情况，或是介绍具体的做法，或是叙述取得的成绩和经验，或是指出存在的问题，或是几项兼而有之，要视具体情况而定，没有固定的要求。应用典型的、富有说服力的材料把导语的内容加以具体化，用材料来说明观点。如果内容比较丰富，各层可加小标题。

（3）结尾。简报要不要结尾，因内容而定。事情比较单一、篇幅比较短小的，可以不单写结尾，主体部分话说完就结束，干净利落。事情比较复杂、内容较多的，可以在结尾对全文作一个小结，以加深读者印象。有些带有连续性的简报，为了引起人们关注事态的发展，可用一句话予以说明，如“对事情的发展我们将继续报道”“处理结果我们将在下期报道”等。

3.供稿者

可以在正文右下方标识供稿者的姓名，用圆括号括起来。

三、例文

【例文 1】简报的基本格式

× × 简报

第 × 期（总第 × 期）

编发单位全称　　　　　　　　　　　　　　　　　　　　　　编印日期

目　　录

×××××（标题）

××（正文）

×××（供稿者）

分送：×××××，××××××，××××××。

（共印×份）

【例文2】

教务处 2019—2020 学年第一学期

第一次实训室安全检查简报

为了加强学校实训室安全管理，维护正常的实训教学秩序，保障师生员工人身和学校财产的安全，预防和杜绝实训室安全事故发生，开学之初，教务处、后保处牵头组织了 2019—2020 学年第一学期全校第一次实训室安全大检查。9 月 3 日—9 月 5 日上午，由校领导带队，教务处、后保处参与，对全校各实训室逐一开展了检查，本次检查的重点是：

1. 实训室安全管理工作开展情况；

2. 实训安全管理工作机制和责任制建立情况；

3. 实训室安全日常和月度检查开展情况；

4. 实训室自我危险源辨识和风险评估定期开展情况；

5. 实训室安全文化营造情况，以及安全警示标识、安全操作规范上墙和执行情况。

检查结束后，教务处针对检查中发现的安全隐患，向相关二级学院下达了整改通知，责成限期整改。

9 月 20 日，各二级学院完成整改后向教务处提交了整改报告。9 月 24 日—9 月 26 日，校领导再次带队，对相关实训室安全隐患整改工作进行了检查。其中智能制造与汽车学院的商用汽车实训室，以及路桥与建筑学院的材料检测实训室整改效果明显，校领导对此进行了表扬，并指示各实训室要把学生的安全放在第一位，确保学生实训过程中的安全。对个别学院实训室仍然存在的问题，教务处将进一步追踪整改落实情况。

重庆 ×× 学院教务处

2019 年 9 月 28 日

任务四　调查报告

一、认识调查报告

（一）调查报告的含义

调查报告是对某项工作、某一事件、某个问题，经过深入细致的调查后，将调查中收集到的材料加以系统整理、分析研究，以书面形式向组织和领导汇报调查情况的文书。

（二）调查报告的特点

调查报告主要有真实性、针对性、典型性的特点。

1.真实性

调查报告是在占有大量事实的基础上，真实地反映某一客观事物。真实是调查报告的生命，是调查报告赖以存在的基础。调查报告反映的内容必须是经过调查研究获得的真实情况，对于关键问题不允许弄虚作假，虚构事实。掌握真实可靠的材料是写好调查报告的基础。

2.针对性

调查报告一般有比较明确的意向，调查的问题或是亟须解决的问题，或是可能出现的问题。针对性越强，调查的效果就越好，调查报告才能更准确地反映问题的本质或规律，为领导解决问题、作出决策提供可靠的依据。

3.典型性

调查报告是一项复杂的综合性的研究工作，在调查时一定要选择典型对象进行情况的了解，不能没有目标盲目进行调查，导致时机延误，影响工作，甚至将调查引入歧途。在拟写报告时，也要精选典型材料支撑观点，使调查报告能够对工作具有指导意义。

（三）调查报告的分类

调查报告主要有介绍典型经验的调查报告、揭露问题的调查报告、反映新生事物的调查报告、社会情况的调查报告等类型。

1.介绍典型经验的调查报告

某一地区、某一单位、某一企业，在贯彻落实党和国家的各项方针政策过程中，或在日常的思想政治、经济建设、科学教育等方面取得了突出的成绩，为了把他们的具体做法和成功经验反映出来，可以对他们进行专题的调查，然后写出调查报告，这种类型就是介绍经验的调查报告。北京太阳谷经济信息中心就长期从事这方面的工作。

介绍典型经验的调查报告跟工作通讯中以反映工作成绩为主的类型有些近似。区别在于调查报告重在调查研究，找出规律，特别注重对调查过程和调查所得数据的叙述和列举。

2.揭露问题的调查报告

这是针对某一问题展开调查，以揭示这一问题的种种现象和深层原因为主要目的的调查报告。它的主要功能是揭露和批判，探究问题产生的原因，分析问题的症结所在，提供解决问题的思路和方法。

3.反映新生事物的调查报告

这是针对社会生活中某种新近产生或新近有了长足发展的事物做调查研究而写的报告。

在现实社会中，新生事物总是不断涌现的。反映新生事物的调查报告的文体功能，就是全面地报道某一新生事物的背景、情况和特点，分析它的性质和意义，指出它的发展规律和前景。

4.社会情况的调查报告

这是针对一些社会情况而写的调查报告。社会情况，主要是指社会风气、百姓意愿、婚恋、赡养、衣食住行等群众生活各方面的基本情况。

这类调查报告虽不直接反映政治、经济等重大问题，但百姓生活也是跟政治、经济密切相关的。另外，这也是群众最为关心的一些问题。如《北京人出游记——北京居民京、津、沪地区旅游消费调查》《中国夫妻过得怎样》等，都属于社会情况的调查报告。

二、调查报告的写法

调查报告主要由标题、前言、主体和结尾四部分构成。

（一）标题

调查报告的标题一般有单标题与双标题两种类型。

1.单标题

单标题一般由调查内容和文种构成，或直接由调查内容构成，不要文种。例如，《上海人旅游消费调查》《中国夫妻过得怎样》。

2.双标题

报告的标题由正标题和副标题构成。一般正标题概述调查后的观点，副标题用于补充说明调查对象、内容和文种，或正标题表达作者观点，副标题交代事件、文种等。如《北京人出游记——北京居民京、津、沪地区旅游消费调查》《谁动了民主的奶酪——关于山西省河津市老窑头村230万元竞选村官的调查报告》。

（二）前言

调查报告的前言一般要根据主体部分组织材料的结构顺序来安排，常用的有以下几种类型。

1.提要式

提要式就是首先概述调查对象的主要情况，使读者一开篇就对调查对象的基本情况有一个大致的了解。

2.交代式

在开头简单地交代调查的目的、方法、时间、范围、背景等，使读者在入篇时就对调查的过程和基本情况有所了解。

3.问题式

在开头提出问题来，引起读者对调查课题的关注，促使读者思考。这样的开头可以采用提问的方式引出问题，也可以直接将问题摆出来。

（三）主体

主体是调查报告的核心部分，是前言的引申和展开，是结论的根据所在。主体的内容一般包括三个方面：一是调查的事实情况，包括事情产生的前因后果、发展经过、具体做法等；二是研究、分析事实材料所揭示的事物本质及其特点、规律；三是提出具体建议或应采取的一些具体措施。

主体部分内容丰富，结构安排力求条理清晰、简洁明快。调查报告主体部分的结构框架可以根据逻辑关系安排，如纵式结构、横式结构、纵横式结构。对于反映基本情况的调查报告，可以按“情况—成果—问题—建议”安排结构；对于介绍经验的调查报告，可以按“成果—具体做法—经验”安排结构；对于揭露问题的调查报告，可以按“问题—原因—意见或建议”安排结构；对于揭示案件真相的调查报告，可以按“事件过程—事件性质结论—处理意见”安排结构。

（四）结尾

调查报告常在结尾部分显示作者的观点。这是对主体部分内容的概括和升华，因此，它的结尾往往是比较重要的一个部分。常见以下三种写法。

（1）概括全文，明确主旨。在结束的时候将全文归结到一个思想的立足点上。

（2）指出问题，启发思考。如果一些存在的问题还没有引起人们的注意，如果限于各种因素的制约，作者也不可能提出解决问题的办法，那么，只要把问题指出来，引起有关方面的注意，或者启发人们对这一问题的思考即可。

（3）针对问题，提出建议。在揭示有关问题之后，为解决问题提供一些可行的建议。

三、例文

让农民工不再“忧薪”
——农民工工资清欠调查报告

（2019 年 12 月 15 日，新华社记者）

一份薪水，背后是一个家庭的生活来源和希望。

对农民工来讲，工资是养家费、治病钱，也是实现全面小康的一份基本保障。

年终岁末，农民工是否按时足额拿到了应得的工资？欠薪的深层次原因在哪里？对欠薪“顽疾”国家将从哪些方面予以根治？新华社记者近日在全国进行了调研采访。

利剑出鞘，清欠在行动

12 月初，天津东丽区融创融园建设项目工地现场，十几名农民工正在做绿化抹灰的收尾工作。

不远处，工地办公室，桌上摞着一大沓现金。出示委托书、身份证复印件，签字，按手印……工长覃义正替手下 7 名农民工领回此前被拖欠的工资 20.3084 万元。

被欠钱的农民工早已离开工地，忙碌在天南地北。中建三局融创融园项目负责人王飞飞连声致歉，下面分包在与总包进行结算时出现问题，致使部分农民工没有及时拿到工钱。现在，由总包方中建三局先行支付被拖欠的工资。

从接到投诉线索到帮助农民工讨回工资，天津市东丽区住建委和东丽区人社局的工作人员加班加点用了 4 天。前来督办案件的天津人社局劳动保障监察处副处长于洋说，天津市正全面推行“五四一”工作法，通过组织在建项目签订“零欠薪”承诺书、开设农民工工资专用账户和保证金账户、实行总包代发和按月足额支付等，全面落实各项保障制度，从源头杜绝欠薪行为。

从南到北，从东到西，根治欠薪冬季攻坚行动正在各地紧张推进。

各地派出多部门联合执法检查组，重点排查招用农民工较多的工程建筑领域和劳动密集型加工制造业等领域的欠薪问题，对实名制管理、工资保证金、工资专用账户、按月支付等情况进行排查。

“铁腕”治欠，部门联合，利剑出鞘。人力资源社会保障部、最高人民法院、最高人民检察院、公安部作为国务院根治拖欠农民工工资工作领导小组的成员单位，积极构建劳动保障监察执法与刑事司法的“直通车”，有效推动涉嫌拒不支付劳动报酬犯罪案件及时进入司法程序。

据初步调度，冬季攻坚行动开展近一个月来，各地共处理欠薪案件6654件，共为8.1万名农民工追发工资待遇10.75亿元；向公安机关移送涉嫌拒不支付劳动报酬罪案件354件，公安机关立案侦查220件。

国务院根治拖欠农民工工资工作领导小组办公室相关负责人说，欠薪综合治理已取得明显阶段性成效。拖欠农民工工资问题高发多发的态势得到有效遏制。

多方合力，共织“保障网”

“农民工为国家建设发展作出了重大而独特贡献，必须保证他们的辛劳获得及时足额的报酬。”12月4日召开的国务院常务会议如此强调。

目前我国农民工总量逾2.88亿人，平均年龄已达40.2岁。改革开放40年来，他们已成为我国产业工人的重要组成部分，是推动国家现代化建设的重要力量。

工资报酬是劳动者最基本的权益。从2003年底起，我国开始专项治理拖欠农民工工资问题。

猛药去疴，重典治欠，十几年来，一道道欠薪“高压线”拉起，扎紧不敢欠、不能欠的制度笼子，织牢农民工工资“保障网”。

2011年，刑法修正案将“恶意欠薪”正式列罪。2013年，最高人民法院发布司法解释，进一步明确了“恶意欠薪”刑事案件的法律适用标准。

2016年，国务院办公厅下发1号文件《关于全面治理拖欠农民工工资问题的意见》，明确了从根本上解决拖欠农民工工资问题的目标任务和政策措施。

2017年底，国务院办公厅印发《保障农民工工资支付工作考核办法》，推动落实保障农民工工资支付工作属地监管责任。通过强化考核，层层传导工作压力。

今年9月，国务院根治拖欠农民工工资工作领导小组通报了2018年度各省级政府保障农民工工资支付工作考核情况。10个地区为A级，19个地区为B级，3个地区为C级。考核等级为C级的有关省级政府负责人受到约谈。

12月4日，国务院常务会议审议通过《保障农民工工资支付条例（草案）》，明确了用人单位主体责任、政府属地责任和部门监管责任，要求按约定及时足额支付农民工工资。

据国家统计局监测调查，被欠薪农民工比重从2008年的4.1%，2013年的1%，下降到2018年的0.67%。全国劳动保障监察查处的欠薪案件、拖欠金额及涉及人数3个指标近年下降幅度都在30%以上。

“国家对农民工工资清欠治理的力度越来越大，充分体现了以人民为中心的发展思想。”人社部劳动保障监察局副局长李新旺说，综合治理、系统治理和依法治理，有效保障了付出辛劳和汗水的农民工按时拿到应有的报酬。

欠薪“顽疾”，“病灶”在哪里

浙江义乌一电焊组64名农民工先后参与义乌建筑领域48个标段的工程施工。2019年1月底前，相关项目均陆续完工，但这些电焊工的工钱并没有全部拿到手。

“这个项目持续了近3年，每月工头会给我们一两千元的生活费，余下的工钱说等项目竣工后再结清。”今年50岁、有着20多年打工经历的农民工代表林仁新说。

林仁新的经历，反映了根治工程建设领域欠薪“顽疾”的艰巨性和复杂性。

高压态势，“重拳”治理，欠薪为何屡禁不止？根在源头，导致欠薪的源头性深层次问题还未完全破解，建筑市场秩序不规范，垫资施工、违法分包、层层转包、挂靠承包等乱象依然存在。数据显示，2018年建筑业被拖欠工资的农民工比重为1.75%，是各行业平均水平的2.6倍。

调研中记者了解到，一个工程项目从甲方到乙方，常常出现层层分包转包。有些建筑施工单位按月发给农民工基本生活费，剩下的工资年底或工程完工时集中结算。中间任何链条出了问题，处在利益链末端的农民工就可能“白白辛苦一年拿不到工钱”。

与往年相比，今年浙江工程建设领域欠薪问题得到了有效治理，案件明显下降。但由于导致该领域欠薪的源头问题没有得到根本性解决，其欠薪问题仍有所反复。

在重庆，截至目前，建筑行业拖欠案件数、涉及人数、涉及金额分别占案件总数的67%、81%、85%。建设领域农民工工资支付责任主体“空心化”现象依然较为严重。

欠薪、讨薪与经济纠纷交织。建筑行业因为合同、建筑质量等原因，有些包工头或分包方有意扣押一部分农民工工资作为与上下游进行博弈的“筹码”。拖欠案件中讨薪与讨价相互裹挟、讨薪与讨债相互交织，民工诉求与承包人、企业诉求相互叠加，给工资清欠带来诸多困难。

近年来，传统行业欠薪问题向新兴产业延伸，东部一些地区制造业和服务业拖欠工资现象也有所增加。

新业态经济衍生出新型就业形态，如专车司机、外卖小哥、电商雇员等成为农民工群体新的务工方向。这些领域外包用工、临时用工、碎片化用工等用工方式层出不穷。由于存在模式不稳定、经营扩张激进、淘汰率高、劳动关系难明确等问题，目前新业态经济领域欠薪问题逐渐显现。

“平台企业打着业务外包、信息撮合的旗号规避标准劳动关系的法律适用，新的就业模式下劳动关系难以确定，一旦出现问题和纠纷，损害的只会是劳动者的权益。”浙江凯旺律师事务所律师蔡湘南说。

国务院根治拖欠农民工工资工作领导小组办公室相关负责人表示，保障农民工工资支付工作取得新的积极进展，欠薪问题高发多发的态势得到进一步遏制。但从考核情况来看，各地区仍不同程度存在一些问题，距离根治欠薪的目标还有不小差距。

根治欠薪，共建长效机制

构建政策完整闭环，建立健全长效机制，从抓责任落实、抓重点治理、抓制度建设、抓监察执法、抓失信惩戒五个方面推进。

以失信惩戒来说，去年全国实施了拖欠农民工工资“黑名单”管理制度，对符合列入“黑名单”的企业和有关个人“应列尽列、及时列入”，并由相关部门依职责在市场准入、招投标、融资贷款等方面实施共计30条惩戒措施，让失信企业在全国范围内“一处违法、处处受限”。

横向纵向压实责任，及时发现欠薪苗头，才能把欠薪“掐灭”在萌芽状态。

浙江2018年上线运行欠薪联合预警指挥平台，利用省大数据中心各个部门提供的数据服务资源，对企业、工程项目、地区、重点行业开展实时欠薪监测，做出大数据分析和预警。截至目前，平台已对接税务、法院、市场监管、电力、银行等14个部门400多项数据，监管200多万家企业和9000多个在建工程项目。

“如果一家企业多次出现拖欠水电费、税费等情况时，该平台就会预判企业资金流出现问题，存在欠薪隐患，并自动向所在辖区工作人员发送预警。”浙江省劳动保障监察总队副总队长陈伟说。

各地在工程建设领域推动落实农民工工资保证金制度。石家庄市长安区劳动监察大队大队长郭月军说，今年3月份，长安区劳动监察大队督促施工企业设立专门账户，按合同造价的1%缴存工资保证金，每个项目封顶1000万元，信用记录好的企业还可以按规定给予减免，起到奖优罚劣的作用，至今已有90多个施工企业缴存入5000多万元。项目一旦出现拖欠农民工工资问题，就可以动用这笔钱清偿欠薪。项目施工结束后经过公示确定不拖欠农民工工资的，保证金连本带息返还施工企业。

刚刚审议通过的《保障农民工工资支付条例（草案）》规定，建设单位未满足施工所需资金安排的，不得开工建设或颁发施工许可证；建立拖欠农民工工资“黑名单”，对拒不支付拖欠工资的可依法申请强制执行，涉嫌犯罪的移送司法机关处理。

从农民工个人角度出发，如何避免欠薪，欠薪如何维权？

李新旺建议，一是尽可能通过正规渠道就业；二是要与用人单位签订合同，把工作时间、工作地点、劳动报酬、发放方式、发放时间等约定清楚。

如果欠薪发生，劳动者可以拨打各地人社部门的政策咨询热线电话12333，通过劳动保障监察机构对外公布的投诉电话、投诉信箱、接待窗口或网上投诉渠道维权。同时可向劳动争议仲裁机构申请仲裁，各地司法行政部门和工会组织也提供了广覆盖的法律服务和法律援助，帮助农民工依法理性维权。

任务五　述职报告

一、认识述职报告

（一）述职报告的含义

“述职”一词由来已久。《孟子·梁惠王》云：“诸侯朝于天子曰述职。述职者，述所职也。”即诸侯向天子陈述职守，报告任职情况。现在所谓述职报告，就是指在岗领导干部、公务员、各类专业技术及生产经营管理人员向所在工作单位的组织人事部门、上级机关和职工群众，如实陈述本人一定时期内履行岗位职责情况的一种文体。述职报告，最初曾以“总结”或“汇报”的形式出现，经过一段时间的使用，逐步形成了独具特色的体式特征。

（二）述职报告的特点

述职报告主要有自我评述性和时间的限制性的特点。

1.自我评述性

述职报告是报告的一种特殊形式，它的着眼点是“述”自己“职”，自己在一定时期内履行岗位职责情况，称职与否、功过、得失，报自己的“告”，局限于个人职责范围之内工作的自我回顾、总结、评价。

2.时间的限制性

述职报告有严格的时间界限，首先是述职内容必须是本人的职务、岗位、任职期内的，不是这一期间做的工作不需写入。其次是报告时间的限制性，述职者必须在考核期间，按考核时间的要求写出书面报告，向本部门群众宣读并上交上级有关部门。

（三）述职报告的分类

按照不同的标准，述职报告可分为不同类型。

（1）按时间划分，有年度述职报告、任期述职报告、临时述职报告。

（2）按内容划分，有综合性述职报告、专题性述职报告。

（3）按述职者划分，有个人述职报告、集体述职报告。

（4）按性质划分，有晋职述职报告、例行性述职报告。

二、述职报告的写法

述职报告虽然没有固定的写作模式，但其外在结构同样具有格式化的特征，一般由标题、称谓、正文、落款等部分组成。

（一）标题

述职报告的标题主要有单标题和双标题两类。

1.单标题

标题由职务名称、述职针对年度和文种组成，如《宏远公司办公室主任2019年度述职报告》；或由任职期限、所任职务和文种组成，如《2018年至2019年任工会主席的述职报告》；或由会议名称和文种组成，如《在职工代表大会上的述职报告》；或只写文种，如《述职报告》。

2.双标题

正题概括内容要点，副题表达职务、述职者姓名、年度、文种等要素，如《继往开来，与时俱进，全力以赴向国家级示范性高中冲刺——××中学校长张××2020年度述职报告》《思想政治工作要结合经济工作一起抓——××造纸厂厂长王××的述职报告》。若正题为述职者、年度、文种组合时，则副题表明会议时间、名称，如《领导班子2020年度述职报告——2020年12月5日第七届职工代表大会》。

（二）称谓

述职报告的称谓应写明受文者名称，如“公司党委”或“学校人事处”等，也可以写明述职会议现场听众的称呼，具体依会议性质及听众对象而定，如“各位代表”“尊敬的各位领导、来宾，全体教职工代表，全校教职工同志们”等。述职报告的称谓应顶格写在标题之下正文上方，后加冒号。

（三）正文

正文通常由开头、主体和结语构成。

1.开头

开头即引语。概括介绍自己的任职期限、岗位职责范围及履行职责的基本评价等，然后用“现作述职报告如下”“现将我的工作情况报告如下”等引出报告的主体部分。

2.主体

主体部分是述职报告的核心内容。对不同的行业、不同级别的领导来说，其述职报告的内容各不相同，写法也各异，但一般来说包括四个方面的内容：一是任职期间所做的主要工作，取得的主要成绩；二是存在的问题、缺点；三是个人的认识和体会、主要经验和教训；四是今后工作的设想、意见和建议等。主体部分的内容应该是在前言部分的基础上具体展开，在结构安排上，可以按照时序展开叙述，将工作分为几个阶段陈述；也可以按照工作情况分为几个方面分别陈述。

3.结语

关于结语部分，若作书面报告，可写“以上报告，请审阅”“特此报告，请审查”等，或自然收束。若作会议报告，可说“以上报告，欢迎领导、同志们批评指正”“我的述职到此，谢谢大家”等。

（四）落款

述职报告一般应按报告落款格式分别署上述职人姓名和述职日期。署名也可提至标题下方，写明职务名称和述职人姓名；如职务名称在标题中已经出现，则可省略落款。

三、写作述职报告的注意事项

1.实事求是

正视自己的工作情况。讲成绩要恰如其分，避免把话说满；讲问题要抓住要害，避免泛泛而谈。对待工作中的问题，要多找主观原因，不能轻描淡写推卸责任。

2.突出重点

在全面汇报任职期间所做各项工作的基础上，要突出任职期间的重大成绩和创造性业绩，以表明自己的能力和事业心。应当明确，述职报告必须围绕“职责”二字。它的写作目的，不是评功摆好，而是为了说明是否称职。

3.情理相宜

述职报告在叙事说理过程中，要有适度的感情色彩。

4.态度要诚恳

述职，是向机关和群众汇报工作。写作述职报告之前，应对自己进行认真、全面的反思，并虚心听取群众的意见，弄清群众的不满和要求，对群众意见较大的问题尤其要如实阐述，以坦诚的胸怀赢得群众的谅解和支持。接受群众的监督，而不是作报告，这个特定的角色必须明确，这也是写好述职报告的前提。

四、例文

述职报告

各位领导、同志们：

我是怀着对公司的深厚感情而工作的。这种感情来自公司对我的培养，来自全体员工对我的信任和支持。我深知带领全体员工促进企业持续长远发展，振兴壮大企业，增加员工收入责任重大。因此，我一直为此而努力工作着。现在，我向大家述职，请予以审议。

一、履行职责情况

2019年，在上级各部门的正确领导下，经过全体员工的共同努力，我们在企业管理、构造和谐社会、可持续发展等方面都取得了可喜的成绩。2019年接待游客47589人，门票收入76.2万元，码头沙滩租赁共计80.2万元，全年支付职工工资34.6万元，缴纳养老统筹21.7万元，支付税款2.5万元，开支管理费用4.2万元，水电、绿化、办公用品9.9万元，广告宣传促销、光盘制作、印制宣传册带5.2万元。2019年共开支78.1万元。

回顾一年多来的工作，主要有以下几方面：

1.认真学习贯彻党和国家的政策，在实际工作中深刻领会党中央确定的各项工作方针的深刻内涵，以习近平新时代中国特色社会主义思想为指导，增强“四个意识”、坚定“四个自信”、做到“两个维护”，把思想和行动统一到党中央的理论路线方针政策上来，创新发展。

2. 注重企业职工的职业道德建设，主张“以人为本，守法诚信”，引导广大员工“以企为家，共同发展”。人是生产力中最活跃的因素，是企业振兴发展的源泉和根本动力，只有公司全体员工把聪明才智充分发挥出来，并运用到公司管理与生产经营中去，公司才能发展。因此，要依靠员工促进企业发展，就要培育先进的企业，引导员工把“诚信、情感、责任和程序”贯穿于整体工作中，发挥才智、敬业爱岗、求真务实、规范操作，为公司树立良好的信誉，为共同事业的长远发展打下坚实的基础。

3. 加强民主管理，以真诚和友谊建立良好的同事关系和社会关系。一是从职工关心的“热点”“难点”“疑点”入手，深入实际地解决好公司经营管理和与职工有着切身利益的重大问题，做好领导干部廉洁自律以及有关职工切身利益方面的工作。二是注重维护公司领导班子的团结。作到目标一致、职责互补、荣誉共享，重大问题、重大事项都能做到事前沟通、会前通气，充分听取意见，集思广益，发挥整体合力，改进工作，促进发展。

4. 始终把思想作风建设摆在第一位。自担任公司总经理以来，我不断提升思想素质、开阔视野、“充电扩能”，始终把上级和公司广大员工赋予我的权力当作一种责任和义务，坚决贯彻执行党和国家政策法规以及上级的指示、决定，一切从公司及广大员工的利益出发，从不以个人私利侵害公司和员工的利益，做到了敬业勤政、廉洁奉公、关心群众疾苦，并以此影响教育自己的家人。

5. 积极解决好职工的实际困难，今年由于客观原因，职工的工资也确实很低，根据职工反映和公司的实际，为每位职工工资提薪夏季每月上涨300元，冬季每月上涨100元。

6. 为了确保公司长远发展，年初对十一名在职职工进行了辞退，得罪了不少人。2020年，我们继续对办公室人员进行改制，力求做到“能者上，庸者下”的原则，基本上办公室不留多余的闲杂人员，这样还要得罪一群人，但是，我不怕得罪人，为了公司今后能够走上正规的管理道路，得罪几个又何妨？因此，明年办公室的改制请所有的干部职工监督。

二、存在的问题

总结我个人的工作，离上级的要求与企业发展还有一定差距。表现在以下五个方面：一是政治理论不够丰富；二是业务知识学习不够扎实；三是对办公室工作人员管理不够严格；四是官僚作风严重；五是没有能够做好上访职工的思想工作，给县委政府带来了极大的负面影响。对次，我愿意承担一切责任。当然，个人总结难免片面，我诚恳地请求大家对我多提意见和建议，促进企业发展和我个人的进步。

三、今后努力方向

事物的发展总是在推陈出新。不充电，个人素质难以提升；不改革，企业难以展开腾飞的双翼。今后，我将加强学习，提高思想觉悟、工作能力和管理水平。我将与公司领导班子一起带领全体员工深化企业改革，解决包括企业管理、经营发展和职工切身利益在内的一系列问题，促进企业健康长远发展。

在此，我有信心和班子成员一道，广泛采纳大家好的建议，融入我们企业改革的各项管理办法中去，完善经营战略，一心为公、廉洁自律、求真务实、开拓创新、奋发进取，为公司在2020年里夺取更加辉煌的业绩而努力奋斗！

述职人：×××

2019年12月10日

任务六 讲 话 稿

一、认识讲话稿

（一）讲话稿的含义

讲话稿有广义和狭义之分。广义的讲话稿是在特定场合发表讲话的文稿；狭义的讲话稿即一般所说的领导讲话稿，是指领导在有关会议上发表带有指示、总结、宣传等性质讲话的文稿。

（二）讲话稿的特点

讲话稿有内容的针对性、篇幅的规定性、语言的得体性等特点。

1.内容的针对性

讲话稿的内容是由会议主题和讲话者身份决定的。因此，在写讲话稿之前，必须要了解领导者的指示、要求，会议的主旨、议题、性质、背景、讲话的场合，听众的身份、心理需求和接受习惯等。

2.篇幅的规定性

讲话是有时间限制的，因此对讲话稿篇幅要有特定要求，不能不顾具体情况长篇大论。一般来讲，表彰、通报、庆典等会议上的讲话稿篇幅不宜过长，以免喧宾夺主。

3.语言的得体性

为了便于讲话者表达、易于听众理解和接受，讲话稿的语言既要准确、简洁，又要通俗、生动。另外，由于讲话具有现场性，因此撰写领导讲话时必须提前考虑和把握现场气氛和场合。

（三）讲话稿的分类

按照会议内容的不同，可把讲话稿分为工作会议类讲话稿、庆祝纪念类会议讲话稿、表彰类会议讲话稿。本节主要讨论以下两种比较常见的领导讲话稿。

1.工作会议类讲话稿

工作会议类讲话稿是领导在各种会议上发表的对前一阶段的工作情况包括成绩、经验、缺点等进行归纳总结，对下一阶段的工作目标、任务、重点、措施等进行研究部署的讲话稿。这类会议讲话稿要求态度鲜明，目的明确，内容单一，层次分明，逻辑严密，语气坚定，针对性强，号召力大，简洁明快。

2.庆祝纪念类会议讲话稿

庆祝纪念类讲话稿是领导在纪念某一历史事件、历史人物或重大庆典等会议上所发表的讲话稿。这类讲话稿既肯定和颂扬历史事件的重大意义和历史人物的丰功伟绩，还要立足当前、面向未来，揭示其现实意义，对继承光荣传统、弘扬革命精神提出具体要求。

二、讲话稿的写法

讲话稿一般由标题和正文两部分组成。

（一）标题

讲话稿的标题一般有单标题和双标题的写法。

1.单标题

标题由讲话人的姓名、会议名称、讲话或发言构成，如《×××在宏远公司2019年年会上的讲话》；或由会议名称、讲话或发言构成，如《在宏远公司2019年年会上的讲话》。

2.双标题

标题由正题和副题构成。正题概述主旨内容，副题由讲话人的姓名、会议名称、讲话构成。例如，中华人民共和国主席习近平2020年3月26日在北京作的讲话《携手抗疫 共克时艰——在二十国集团领导人特别峰会上的发言》。

（二）正文

讲话稿的正文包括称谓、开头、主体和结尾四部分。

1.称谓

根据参会人员的情况和会议性质来确定适当的称谓，如“同志们”“各位专家学者”等。称谓表达要求庄重、严肃、得体。

2.开头

开头应用简洁的语言概述讲话内容，说明讲话的缘由或者所要讲的内容重点，然后转入正文内容。通常开头有以下五种写法。

（1）表明态度。对一个问题、一件事情或一个会议，亮明讲话者的态度，然后顺势把下面要讲的主要内容点出来。

（2）揭示主旨。开篇直接揭示讲话的主旨。

（3）提出问题。在开头处对当前面临的形势和工作中的实际问题进行概括的分析，进而说明讲话的原因、目的和背景。

（4）说明目的。某些纪念性的会议，开头对所纪念的重要人物和重要事件做出评价，然后交代会议讲话的目的。

（5）致以祝贺或慰问。某些纪念性会议、节日的会议或代表大会的讲话，开头一般是致以祝贺或慰问。

3.主体

根据会议的内容和发表讲话的目的，可以重点阐述如何领会文件、指示、会议精神；可以通过分析形势和明确任务，提出搞好工作的几点意见；可以结合本单位情况，提出贯彻上级指示的意见；可以对前面其他领导人的讲话做补充讲话；也可以围绕会议的中心议题，结合自己分管的工作谈几点看法等。

讲话稿主体部分的具体展开，要围绕会议主旨进行分析、回答、解决问题，是讲话稿的核心所在。因为讲话人的身份和会议的背景、内容、时间、地点、对象等各不相同，所以主体部分的写法必须因人、因事、因地制宜，视具体情况而定。但是，不管具体情况如何千差万别，其基本结构和写法是万变不离其宗的。

正文主体部分的结构和写法，基本有两种。

（1）采用并列式结构。将内容划分成几大部分，每一个部分相对表达一个独立完整的意思。在每个部分里，又进行比较具体的展开，并列地写几个问题。

（2）采用顺序式结构。全文内容按时间顺序安排，一贯到底，中间没有序号，而是划作若干自然段。

4.结尾

结尾用以总结全篇，照应开头，发出号召，或者征询对讲话内容的意见或建议等。

结尾主要有以下4种写法。

（1）小结内容。对讲话的内容进行概括、强调。

（2）提出希望。在结尾处对今后的工作、学习、生活和事业的发展，用激励斗志、振奋人心、富于鼓舞性的语言，向与会者提出简明扼要的要求或希望。

（3）表达祝贺。如用“让我们紧密携手，在克服困难中前进！”“祝大会圆满成功！”“祝大家快乐、工作顺利！”等语句表达祝贺、鼓励，全文作结。

（4）征询意见。常用“大家还有意见吗?没意见就散会。”等结束会议。

三、例文

在2020年春节团拜会上的讲话

（2020年1月23日）

习近平

同志们、朋友们：

在农历庚子鼠年春节即将到来之际，我们在这里欢聚一堂、辞旧迎新、同贺新春，感到格外高兴。

首先，我代表党中央和国务院，向大家致以节日的美好祝福！向全国各族人民，向香港特别行政区同胞、澳门特别行政区同胞、台湾同胞和海外侨胞拜年！祝大家鼠年大吉、万事如意！

天道酬勤，力耕不欺。过去的一年，我们栉风沐雨、朝乾夕惕，坚定不移沿着新时代中国特色社会主义大道阔步前进。我们坚持稳中求进工作总基调，深入推进改革开放，着力推动高质量发展，经济运行保持在合理区间，三大攻坚战取得关键进展，科技创新捷报频传，脱贫攻坚成效显著，民生事业加快发展，国防和军队改革扎实推进，全方位外交成果丰硕，全面建成小康社会取得新的重大进展。我们召开党的十九届四中全会，对坚持和发展中国特色社会主义制度、推进国家治理体系和治理能力现代化作出全面部署。我们隆重庆祝澳门回归祖国20周年，坚决维护香港、澳门繁荣稳定。

特别是我们隆重庆祝中华人民共和国成立70周年，举行气势恢宏、气氛热烈的庆祝活动和盛大阅兵，14亿护旗手唱响了礼赞新中国、奋斗新时代的昂扬旋律，极大振奋了民族精神，激发起团结奋进的磅礴力量。

我们在全党开展“不忘初心、牢记使命”主题教育，坚定不移把党的自我革命推向深入，督促9000多万名共产党员时刻牢记，人民是历史的创造者，人民是我们力量的源泉，要始终以百姓心为心，始终与人民同呼吸、共命运、心连心。

同志们、朋友们！

在中华文化里，鼠乃十二生肖之首，进入鼠年就代表着开始新一轮生肖纪年，也寓意着新的开端。

奋斗创造历史，实干成就未来。新的一年，我们要决胜全面建成小康社会、决战脱贫攻坚，实现第一个百年奋斗目标，中华民族千百年来“民亦劳止，汔可小康”的憧憬将变为现实。这在实现中华民族伟大复兴的历史进程中具有里程碑意义。我们要以新时代中国特色社会主义思想为指导，全面贯彻党的十九大和十九届二中、三中、四中全会精神，紧扣全面建成小康社会目标任务，统筹推进“五位一体”总体布局，协调推进“四个全面”战略布局，全面贯彻新发展理念，全面做好稳增长、促改革、调结构、惠民生、防风险、保稳定工作，高质量打赢脱贫攻坚战，确保全面建成小康社会圆满收官，得到人民认可、经得起历史检验。

同志们、朋友们！

我在今年的新年贺词中说，只争朝夕，不负韶华。这首先要从中华民族大历史的角度来理解。中华民族有着5000多年的文明历史，在几千年的历史进程中为人类文明进步作出了不可磨灭的贡献。但是，近代以后，中华民族被各种内忧外患耽误的时间太久了，因此中国人民始终有着超乎寻常的紧迫感、时代感。回顾历史，鸦片战争以后，中华民族用110年的时间实现了民族独立和人民解放，用70年的时间迎来了从站起来、富起来到强起来的伟大飞跃，用40多年的时间实现了综合国力、人民生活水平和国际影响力的大幅跃升。

从现在起到本世纪中叶，我们也进行了战略谋划，将分步实现全面建成小康社会、基本实现社会主义现代化，最终建成富强民主文明和谐美丽的社会主义现代化强国。这将是中国人民和中华民族奋进新时代、书写中华文明新的辉煌篇章的伟大时代！中国人民的每一分子，中华民族的每一分子，都应该为处在这样一个伟大时代感到骄傲、感到自豪！我们要坚持战略方向、保持战略定力，继续团结一心、艰苦奋斗，风雨无阻向前进！

时间不等人！历史不等人！时间属于奋进者！历史属于奋进者！为了实现中华民族伟大复兴的中国梦，我们必须同时间赛跑、同历史并进。全党全军全国各族人民要在中国共产党坚强领导下，不忘初心、牢记使命，不畏风浪、直面挑战，以时不我待的奋进姿态，继续向着实现中华民族伟大复兴的光辉目标进发，继续向着推动构建人类命运共同体的美好前景进发，继续在人类的伟大时间历史中创造中华民族的伟大历史时间！

谢谢大家！

任务七　声　　明

一、认识声明

（一）声明的含义

声明是党政机关、企事业单位、社会团体或组织、个人就有关重要事项或问题向社会表明自己立场、态度、观点、主张的告启类事务文书。

“声明”不能写成“申明”。“声明”是公开宣布或表明立场、态度，以让公众知道。“申明”是表示“郑重说明”，含有解释或申辩的意思，重在说明，以说服对方。“声明”和“申明”不能混淆。

声明可以通过网络、广播、电视、报刊等大众传媒发布，也可予以张贴。

（二）声明的特点

不同作者、不同目的、不同性质的声明存在不同特点。政府、政党、外交声明等属专用公文，具有权威性、重大性、庄重性的特点。个人声明属于事务声明，内容简单，仅具有公开性、告知性的特点。

（三）声明的分类

1.政治声明

政治声明主要包括表明政治立场、观点，维护政治权益或伸张正义的内容。政府、党派的声明、外交声明及政治实体联合发表的声明一般属于此类。

2.民事声明

民事声明主要是指企事业单位或个人为维护经济利益或名誉而引起社会关注的声明。

二、声明的结构和写法

（一）声明的结构

声明通常由标题、正文和落款等要素构成。

（二）声明的写法

1.标题

声明标题主要有完全式标题和省略式标题两种。

（1）完全式标题。这类标题又称为三要素标题，但没有法定公文标题制作要求严格。主要由发文者、事由、文种构成。发文者可以是政府、政党、机关单位。事由前面可以加上“关于”，也可以不加。若由两个或两个以上国家、政府、党派或单位共同发表声明，可以在文种前加上“联合”或“共同”予以说明。政治声明常用这类标题，如《中国政府关于核试验问题的声明》《金砖国家就支持中国抗击新冠肺炎疫情发表主席声明》《中美联合声明》等。

（2）省略式标题。即是在完全式标题中省略某些要素，如省略发文者、省略事由，但不能省略文种。为了强调还可以在文种前加上“重要”“严正”“郑重”等予以说明。民事声明常用此类标题，如《外交部严正声明》《遗失声明》《声明》等。

2.正文

正文可根据内容选择一段式或多段式表达。多段式结构通常包括开头和主体部分。

（1）开头。说明有关背景或基本情况，或说明所针对的问题、事由。

（2）主体。根据声明的目的，或表明立场、态度、观点，或阐明事实、说明真相。若主体部分内容较多，可选用条列式的写法。

（3）结语。声明的结语为“特此声明”，可根据需要选择使用。

3.落款

落款包括署名、成文时间。署名应署上声明单位名称或个人姓名，若是联合声明，应写出联合方名称。成文时间应标全年月日。

三、例文

【例文 1】

外交部声明

（2019 年 11 月 28 日）

美方将所谓“香港人权与民主法案”签署成法，此举严重干预香港事务，严重干涉中国内政，严重违反国际法和国际关系基本准则，是赤裸裸的霸权行径，中国政府和人民坚决反对。

香港回归祖国以来，“一国两制”取得举世公认的成功，香港居民依法享有前所未有的民主权利。美方罔顾事实、颠倒黑白，公然为疯狂打砸烧、残害无辜市民、践踏法治、危害社会秩序的暴力犯罪分子撑腰打气，性质极其恶劣，用心十分险恶，其根本目的是破坏香港繁荣稳定，破坏“一国两制”伟大实践，破坏中华民族实现伟大复兴的历史进程。

我们要正告美方，香港是中国的香港，香港事务纯属中国内政，任何外国政府和势力都无权干预。这一所谓法案只会让包括香港同胞在内的广大中国人民进一步认清美国的险恶用心和霸权本质，只会让中国人民更加众志成城。美方的图谋注定失败。

中国政府反对任何外部势力干预香港事务的决心坚定不移，贯彻“一国两制”方针的决心坚定不移，维护国家主权、安全、发展利益的决心坚定不移。我们奉劝美方不要一意孤行，否则中方必将予以坚决反制，由此产生的一切后果必须由美方承担。

【例文 2】

遗失声明

本人因保管不善，将《不动产登记证明（× 建不动产证（2019）第 ×××××× 号）》遗失。根据《不动产登记暂行条例实施细则》相关规定，现声明《不动产登记证明（× 建不动产证（2019）第 ×××××× 号）》作废。

特此声明。

××

2020 年 3 月 19 日

任务八　公　　示

一、认识公示

（一）公示的含义

公示，即公布宣示，是指国家机关、企事业单位、社会团体将公共事务等内容事先向社会各方面及人民群众公布，使其周知或征询意见、建议的一种公布性公务文书。

（二）公示的特点

公示主要有政治性和内容诉求性的特点。

1.政治性

公示是国家机关、企事业单位、社会团体和个人实现政治参与的手段，是人民群众享有知情权、参与权和监督权的有效实现形式，是使其周知或征询意见、建议的一种公务文书。公示的形式和内容都具有鲜明的政治性。

2.内容诉求性

内容诉求性是指公示在宣布事项时，具有明确的征询诉求，直接向群众发出反馈诉求，并在文中写明意见反馈渠道和联系方式。

（三）公示的分类

根据不同的标准，公示可以分出不同的类别。

1.按内容性质划分

按内容性质的不同，可将公示分为领导干部任前公示、机构设置事项公示、行政执法信息公示、机构服务与价格公示、工程项目与采购事项公示、入党公示、评优公示等。

2.按发布载体划分

按发布载体的不同，可将公示分为公告栏公示、网络公示等。

二、公示的结构和写法

（一）公示的结构

公示通常由标题、正文和落款构成。

（二）公示的写法

1.标题

公示的标题主要有完全式标题和省略式标题两种。

（1）完全式标题，由公示单位名称、事由、文种构成，如《重庆市长寿区水利局关于2020年财政专项扶贫资金项目计划的公示》。

（2）省略式标题又可具体分为两种。

①省略公示单位名称，由公示事由、文种构成的标题。例如，《2020年第一批地质灾害防治单位甲级资质审查结果公示》《领导干部任前公示》。

②省略公示单位名称、公示事由，标题仅由文种构成，如《公示》。

2.正文

公示正文可由缘由、事项两部分构成。

（1）公示缘由。包括行文原因、行文目的、行文根据等，并简要概括公示事项内容，然后用“现将……公示如下”过渡句引出公示事项。

（2）公示事项。这是公示的主体，包括宣布事项、征询诉求、意见反馈渠道、联系方式等内容。写作时应分条列项将所有内容逐一表达。例如，干部任前公示，涉及拟任干部姓名、基本情况、现任岗位职务、拟任岗位职务、公示期限、受理意见单位及联系方式、反映情况的基本要求等内容。若有多名干部任前公示，可采用分条列项方式表达，或用表格方式简明扼要表达。

3.落款

落款一般包括署名、成文时间。署名应署上公示单位全称或规范化的简称。成文时间应标全年月日。公开张贴的公示还应加盖发文单位印章。

三、例文

【例文 1】

2020 年第一批地质灾害防治单位
甲级资质审查结果公示

根据《地质灾害防治条例》（国务院令第 394 号）和《地质灾害危险性评估单位资质管理办法》（国土资源部令第 29 号）、《地质灾害治理工程勘查设计施工单位资质管理办法》（国土资源部令第 30 号）、《地质灾害治理工程监理单位资质管理办法》（国土资源部令第 31 号）、《国土资源部关于修改〈地质灾害危险性评估单位资质管理办法〉等 5 部规章的决定》（国土资源部令第 62 号）、《自然资源部关于第一批废止和修改的部门规章的决定》（自然资源部令第 5 号）规定，现将 2020 年第一批地质灾害防治单位甲级资质审查结果及单位资质有关申报信息等予以公示。公示期自发布之日起 7 天。审查中，有部分单位申报材料需核查，本次暂不予以公示。

如对公示结果有异议，请于公示期内以书面形式向自然资源部地质勘查管理司反馈，反馈材料请提供真实姓名和联系方式。

通讯地址：北京市西城区阜内大街 64 号自然资源部地质勘查管理司

邮政编码：××××××

信箱：××××××@××××.×××.×××.××

附件：1.2020 年第一批地质灾害防治单位甲级资质审查结果

2. 各单位资质申报信息一览表

中华人民共和国自然资源部

2020 年 3 月 9 日

【例文 2】

关于杨 × 张 × 同志的任前公示

因工作需要，经党委常委会研究决定，现将杨 ×、张 × 同志拟任岗位、简要情况、公示期限、受理意见单位、电话、反映情况等公布如下：

一、拟任人选简要情况

姓　　名	拟任岗位	基本情况
杨 ×	× × 校区商贸系、思想政治理论课教学部主任	男，汉族，1970年7月生，中共党员，大学，硕士，副教授，现任 × × 校区商贸系、思想政治理论课教学部副主任
张 ×	× × 校区基础部主任	男，汉族，1973年11月生，中共党员，研究生，博士，教授，现任 × × 校区基础部副主任

二、公示期限

2020年4月29日—5月3日

三、受理意见单位

党委组织部　电话：×××××××××　电子邮箱：×××@×××.×××.××

纪委办公室、监察处电话：×××××××××　电子邮箱：××××@×××.×××.××

四、反映情况的基本要求

（一）如果认为公示对象不符合任职条件和廉洁自律规定，请以信函或电话的方式向党委组织部、纪委办公室、监察处反映。

（二）反映人要用真实姓名，反映情况要实事求是，真实、具体。对反映的有可能影响任用的问题，将认真调查核实，视其情况再研究决定是否任用。

××大学党委组织部

2020年4月29日

任务九　启　　事

一、认识启事

（一）启事的含义

启事是机关单位、社会团体或个人就某具体事项，希望有关方面或人员参与或者协助办理的告启性文书。

启事中的“启”是“打开”“公开”之义，引申为“陈述”“告知”等意思。“事”是“事情”“事项”。“启事”二字的意思就是“告知事情”。

启示中的“启”义为“开导”“启发”，“示”为“指示”“开导”，合起来即是“启发指示、使人有所领悟”的意思。因而“启事”不能写为“启示”。

（二）启事的特点

启事的主要特点为使用的广泛性和传播的新闻性。

1.使用的广泛性

使用的广泛性是指启事内容可以广泛涉及公私事务中的招生、招聘、开业、庆典、单位成立、商标的使用等多种事宜。使用对象广泛，机关单位可以使用，个人也可以使用。

2.传播的新闻性

传播的新闻性是指启事可通过张贴、登报、广播、电视、网络等大众传媒的方式公布。

（三）启事的分类

启事可分为以下三大类。

（1）寻找启事。适用于寻人、寻物事宜。

（2）征招启事。适用于招生、招聘、招标、招工、招领、征稿、征订、征婚、换房等事宜。

（3）声明启事。适用于遗失、更正、作废、解聘、辨伪、竞赛、讲座、开业、停业、迁址、更名、更期、婚庆等事宜。

二、启事的结构和写法

（一）启事的结构

启事通常由标题、正文、落款三部分组成。

（二）启事的写法

1.标题

标题有以下多种写法。

（1）由启事单位、事由、文种构成标题，如《万达商城开业启事》。

（2）由启事单位和文种构成标题，如《宏远公司启事》。

（3）由事由和文种构成标题，如《招标启事》。

（4）以事由作标题，如《招聘》。

（5）以文种作标题，如《启事》。

2.正文

正文一般包括启事缘由、事项、要求等。正文部分是体现各种启事不同性质和特点的关键部分，应依据不同启事的内容和要求，变通处理。如果内容较多，可采用分条列项方式表达；如果内容少，就采用独段式表达。

（1）寻找类启事正文应包括：所寻人（物）的具体特征；人（物）遗失的时间、地点；表示感谢、酬谢的意思；联系方式，包括详细地址、联系人姓名、联系电话等。内容表达要尽可能详细。

（2）招领启事正文应包括：时间、地点、所拾得物、联系方式等。为了防止冒领，一般不能将拾得物信息表述得详细具体。

（3）招聘启事正文应包括：招聘的原因，招聘的工作性质，招聘的对象、条件、要求、方式、待遇，招聘的办法及起止时间，联系方式等。

（4）征文启事正文应包括：征文的目的、意义、内容、形式、要求、征文对象、截稿日期、评奖办法、联系方式等。

3.落款

落款部分包括署名、成文日期。署名应写明启事单位名称或个人姓名，若是以单位名义张贴的启事，还应加盖公章。成文日期应标全年月日。

三、例文

【例文 1】

招领启事

昨天下午在教室拾到水杯一个，望失主到失物招领处认领。

××

2020 年 5 月 26 日

【例文 2】

寻人启事

今天上午 10 点左右，我带女儿去广利商场购物，不慎走失。

我女儿叫王 ×，3 岁，身高 60 厘米，圆脸，单眼皮，眼睛不大，眉毛很浓，头上戴有大红色蝴蝶结发卡。身穿粉红色连衣裙，白丝裤，红色皮鞋。说普通话，但吐字不太清。敬请大家帮忙找寻，定有重谢！如有知其下落，请速与我联系。

手机电话：×××××××××××

王先生

2020 年 5 月 26 日

【例文 3】

招聘启事

因工作需要，×× 电子厂长期面向社会招聘各岗位职员。欢迎有意者踊跃报名。

聘任条件：

1. 年龄在 18~50 周岁，男女不限。
2. 身体健康，吃苦耐劳。
3. 薪资待遇：每月 3000 元左右，每周休息一天。

联系人：王先生

联系电话：×××××××××××

工厂地址：×× 市 ×× 区电子路 × 号

×× 电子厂人事部

2020 年 5 月 25 日

思考与练习

一、单项选择题（请选出正确的答案，并将其序号填入括号中。）

1.对未来工作、学习作打算的文书是（　　）。

A.报告　B.通知　C.总结　D.计划

2.具有回顾性特点的文书是（　　）。

A.报告　B.通知　C.总结　D.计划

3.具有真、新、快、简特点的文书是（　　）。

A.公示　B.简报　C.声明　D.启事

4.拟写调查报告的人称常用（　　）。

A.第三人称　B.第二人称　C.第一人称　D.随便

5.主要具有自我评价性特点的文书是（　　）。

A.调查报告　B.讲话稿　C.启事　D.述职报告

6.领导在纪念某重大庆典会议上所作的重要发言文书称为（　　）。

A.调查报告　B.感谢信　C.讲话稿　D.述职报告

7.某音乐版权发行平台拟表明维护音乐人等主张的告启性文书是（　　）。

A.申明　B.声明　C.公告　D.启示

8.具有征询意见、建议的公布性公务文书是（　　）。

A.公示　B.通报　C.通知　D.声明

9.内容表达要尽可能详细的启事是（ ）。

A.声明启事 B.招领启事 C.征招启事 D.寻找启事

10.计划区别于其他文种的主要特点为（ ）。

A.教育性 B.回顾性 C.告知性 D.预设性

二、多项选择题（请选出正确的答案，并将其序号填入括号中，每小题有2~5个正确答案，错选、少选、多选均为错误。）

1.下列文种中属于事务文书的有（ ）

A.公告 B.公示 C.声明 D.启事 E.申明

2.下列文种中属于计划类文书的是（ ）

A.计划 B.规划 C.纲要 D.要点 E.方案

3.下列文种中属于总结类文书的是（ ）

A.回顾 B.总结 C.体会 D.感想 E.小结

4.总结正文主要内容有（ ）

A.努力方向 B.问题或教训 C.基本情况

D.表彰先进 E.成绩或经验

5.调查报告的主要特点是（ ）

A.真实性 B.针对性 C.典型性 D.事务性 E.告知性

三、改错题

李小明同学写了一份文稿，请判断该文稿的效果是否达到行文目的。若有问题请找出，并将其修改为规范的文稿。

寻物启示

捡到一部华为手机的人，请交给我。

李小明

2020年10月15日

四、写作题（要求：内容表达真实全面；格式正确完整，层次清晰，语言简明。）

1.你即将进入大学新学期的学习，请拟写一份新学期的学习计划。

2.本期应用文写作课程的学习马上就要结束了。学习应用文写作收获很大，知道了应用文的重要性，懂得了应用文和法定公文的基础理论，并学会了拟写常用的法定公文、事务文书、专用文书等公文。请拟写一份本期学习应用文写作的总结。

3.李光荣家出大事了。他的伯父李国明，前天才从广西乡下老家来，说是生病了。才60岁左右，又黑又瘦，个子也不高，光头，声音有点嘶哑，耳朵有点聋。穿黑衣服，蓝裤子，解放鞋。带他到××医院看病，走到沙坪坝××广场，人很多，突然就找不到他了。到处找都没看见人，回到家里也不见他。一家人都着急死了。想请大家帮帮忙，有谁看见他，请打电话告诉也行，电话是6897××××。直接把他带到沙坪坝区光荣村××号2楼1号也行。他们一定重重感谢你的。请大家一定要帮帮忙，写一个啥子到处贴，好找到他。

项目五　常用专用文书写作

专用文书是用于处理专门、专业、专项事务的文书。专用文书的种类繁多，本书仅介绍常用的10种文书写作知识。这些文书中有的既可以用于处理公务，又可以处理私务，如贺信、感谢信、慰问信、买卖合同、起诉状、答辩状；有的则主要用于处理私务，如自荐信、申请书、毕业论文、毕业设计说明书。但这类专用文书中很多都具有私事公办的性质。在写作时要注意这一特点。

任务一　贺　　信

一、认识贺信

（一）贺信的含义

贺信是党政机关、企事业单位、社会团体或个人向在某一领域取得重大成就、突出成绩，举行重要活动，召开重大会议，完成某项重要工作等的单位或个人表示祝贺的专用书信。有时也可见将文种“贺信”写为“贺电”的情况。在网络发达的今天，“贺电”并不是专指几十年前用电报发送的“贺信”，而是表达致信者为对方取得的成绩感到高兴，迫不及待地要表达自己的喜悦之情，迅速地致信祝贺之意。贺信具有祝贺、慰问、表彰、教育的作用。

（二）贺信的分类

贺信按行文方向和其用途可以分为以下五种类型。

1.上级给下级的贺信

用于上级机关在重要节日或者下级机关取得了某一突出的工作业绩时表示祝贺，如《中共中央　国务院　中央军委对长征五号B运载火箭首次飞行任务圆满成功的贺电》。

2.下级给上级的贺信

一般用于下级机关对某时期取得的全局性或者重大工作业绩向上级机关表示祝贺。

3.不相隶属机关之间的贺信

多用于平时工作联系较多的单位之间就对方取得某项工作成绩时表示祝贺。

4.国家之间的贺信

用于国家之间就友好国家在某一领域取得重大成就，或新首脑就职等重大事宜向对方国家表示祝贺。这类贺信既是礼节上的需要，同时也是谋求双方共同发展、维护双方共同利益的方式。

5.个人之间的贺信

通常用于领导人在工作取得重大成就或重要节日时向某一群体或某人表示祝贺、慰勉、鼓励。

二、贺信的结构和写法

（一）贺信的结构

贺信一般由标题、称谓、正文和落款四部分构成。

（二）贺信的写法

1.标题

贺信的标题一般可以直接写“贺信”“致×××贺信（电）”或“×××致×××的贺信”，如《习近平致第三届世界智能大会的贺信》。

2.称谓

顶格写明被祝贺单位名称或个人的姓名，称谓后加冒号。

3.正文

正文主要包括三部分内容。一是表明祝贺缘由，概括说明对方取得的成绩或祝贺的原因，并表示祝贺之意。二是充分肯定对方取得的成绩，或赞赏对方付出的努力，或恰当评价对方所涉事实的重要意义，进而表明祝愿和希望。三是要简要作结，再次表示祝贺。一般另起一行单独写明，如“祝贺取得辉煌的成就”“预祝大会圆满成功”等。

4.落款

在正文的右下侧署上祝贺者名称或姓名，并标全年月日。若是单位发出的贺信，应加盖公章，以示严肃、庄重。

三、例文

【例文 1】

中共中央　国务院　中央军委
对长征五号 B 运载火箭首次飞行任务圆满成功的贺电

载人航天工程空间站阶段飞行任务总指挥部并参加长征五号 B 运载火箭首次飞行任务的各参研参试单位和全体同志：

长征五号 B 运载火箭首次飞行任务展开以来，各参研参试单位和全体同志团结拼搏、同舟共济，成功克服新冠肺炎疫情影响等重重困难，夺取了首次飞行任务圆满成功的重大胜利，中共中央、国务院、中央军委向你们表示热烈祝贺和亲切慰问！

长征五号B运载火箭首次飞行任务的圆满成功，标志着空间站阶段飞行任务首战告捷，为全面实现我国载人航天工程第三步发展战略奠定了坚实基础。这是工程全线在习近平新时代中国特色社会主义思想指引下，坚定不移走中国特色自主创新道路，努力建设航天强国和世界科技强国取得的最新成就，必将激励全党全军全国各族人民进一步增强“四个意识”、坚定“四个自信”、做到“两个维护”，努力为实现中国梦和强军梦而不懈奋斗，不断开创新时代中国特色社会主义事业新局面。你们为党和国家事业发展作出了卓越贡献，祖国和人民感谢你们！

探索浩瀚太空永无止境，攀登科技高峰任重道远。载人航天工程后续任务艰巨繁重，面临的困难和考验严峻复杂。希望你们更加紧密地团结在以习近平同志为核心的党中央周围，以习近平新时代中国特色社会主义思想为指导，全面贯彻党的十九大和十九届二中、三中、四中全会精神，大力弘扬“两弹一星”精神和载人航天精神，在航天报国和科技强国的伟大实践中，不忘初心、牢记使命，奋发有为、再立新功，为实现“两个一百年”奋斗目标、实现中华民族伟大复兴的中国梦作出新的更大贡献！

中共中央
国务院
中央军委
2020年5月5日

【例文2】

贺　信

第45届世界技能大赛中国代表团：

欣闻在俄罗斯喀山第45届世界技能大赛上，中国代表团喜获佳绩，上海参赛选手顽强拼搏、再攀高峰，取得上海参加世界技能大赛以来的最好成绩。其中陆亦炜、徐澳门选手分别获得花艺项目、车身修理项目金牌，肖子彤、冯柱天选手获得网络安全项目银牌，张在杰、吴佳妮、冯家乐选手分别获得印刷媒体技术项目、餐厅服务项目、网站设计与开发项目优胜奖，王慧文、杨梦菁、陈值等三位选手也在顽强拼搏中展现风采，实现了自己的人生跨越。受上海市人民政府彭沉雷副市长、赵祝平副秘书长委托，并代表我局全体干部职工，谨向中国代表团和参赛的上海选手、专家、教练表示热烈祝贺！

陆亦炜、徐澳门等选手在竞争激烈的世界技能大赛上，赛出风格、赛出水平，展现出高超的技能水平和良好的精神风貌。这不仅是他们平时刻苦训练、自我严格要求的结果，更得益于国家人力资源社会保障部的全力支持和所在集训基地的精心指导。借此机会，我们向国家人力资源社会保障部和所在集训基地表示衷心感谢!

我们坚信，在本届世界技能大赛上，中国选手顽强拼搏、奋勇争先，特别是选手们展现出的精益求精的工匠精神和顽强拼搏的奋斗精神，必将激励我们攻坚克难、勇往直前，更高水平、更高质量地做好2021年第46届世界技能大赛的各项筹备工作，不断提升上海技能人才队伍建设水平，为全国技能事业的发展做出我们更大的贡献。

上海市人力资源和社会保障局

2019年8月27日

任务二　感　谢　信

一、认识感谢信

感谢信是社会组织或个人向关心、帮助和支援过自己的单位或个人表示感谢而写的专用书信。

感谢信既具有表示感谢的作用，也具有一定的表扬作用。感谢信可以直接寄给感谢对象，也可以在报社、电台、电视台等大众传媒上发表以起到宣传、教育和弘扬的作用。

二、感谢信的结构和写法

（一）感谢信的结构

感谢信由标题、称谓、正文和落款四部分构成。

（二）感谢信的写法

1.标题

感谢信的标题通常表达为“感谢信”或“致××的感谢信”。

2.称谓

称谓位于标题下空一行，顶格写上被感谢的单位、团体名称或个人的姓名。写给个人的感谢信，应在姓名之后写上“同志”“女士”“先生”等字样。称谓后加冒号。

3.正文

正文需另起一行，空两格写。一般要求写出下列内容。

（1）感谢缘由。概括叙述感谢的缘由，重点叙述人物事迹的发生、发展、结果，要突出对方的帮助、支援所产生的客观效果和意义，并向对方表示由衷的谢意。

（2）颂扬称谢。热情赞扬对方的难能可贵之处以及所产生的影响，并表示向对方学习的态度和决心。

（3）结尾。一般在正文后另起一行，左端空两格写“此致”，提行顶格写“敬礼”或“崇高敬礼”，可加感叹号或不加标点符号。

4.落款

落款包括署名和成文日期。在正文的右下方写上作者的单位名称，并加盖公章，或个人姓名。下一行写全年月日。

三、例文

感　谢　信

尊敬的爱阅书馆的爱心人士：

你们好！

我是 ×× 县 ×× 乡和睦小学校长 ×××。在此代表全校师生向你们表示衷心感谢！感谢你们对我们的关爱！给我们学生送来了换季衣物、学习文具和课外书籍，使他们心身都有了很好的精神食粮。你们的关怀，让学生们感受到无比的温暖！再次谢谢你们！

我们学校是一所较偏远的乡村小学，多数学生家庭条件不太好，甚至还有一些特别贫困户，有的学生的衣着也比较破旧。你们捐赠的衣物，非常及时地让孩子们能换下夏季的衣服。

家庭困难的学生拿到你们捐赠的文具，非常开心。看到孩子们开心的笑容，相信你们也会深感欣慰。

最重要的就是那些精神食粮——课外书了！各班班主任将这些书拿回班中，孩子们如获至宝，每天到校的第一件事就是拿书看。他们沉浸在知识的海洋中汲取营养。有丰富知识的雨露浇灌，他们定能茁壮成长！

“昙花如米小，也学牡丹开。”你们就如一颗火种，照亮孩子们前进的路！我相信，学生们也会把你们的关爱牢记心中，长大了也会向你们学习，将助人为乐的精神发扬光大，播撒爱心种子，报效国家，关爱社会。这就是对你们最大的回报。请期待他们的未来！

再次感谢你们！

×× 县 ×× 乡和睦小学校长：×××

2019 年 9 月 20 日

任务三　慰　问　信

一、认识慰问信

（一）慰问信的含义

慰问信是以组织或个人的名义向他人表示慰问、鼓励的专用书信。慰问信有慰问、宣传、鼓励的作用。慰问信可以直接寄给对方，也可以在大众传媒上发表。

（二）慰问信的分类

慰问信有以下三种类型。

（1）在节假日，向广大军民以及坚守在工作岗位上的人员表示问候。

（2）向在各个岗位上取得显著成绩、做出重大贡献的个人或集体表示慰问。

（3）向灾区人民、抗灾官兵表示慰问。

二、慰问信的结构和写法

（一）慰问信的结构

慰问信通常由标题、称谓、正文和落款四部分构成。

（二）慰问信的写法

1.标题

慰问信的标题写在第一行正中，有两种写法：一种是写文种“慰问信”三个字；另一种是由致慰问对象和文种构成，如《致第七批赴马里维和部队官兵的慰问信》。

2.称谓

称谓为被慰问对象。表达时，若慰问对象是集体，应写出慰问对象的全称。如有多个慰问对象，要全部写上。若慰问对象是个人，应写出慰问对象的姓名，可以在慰问对象称谓前加上“尊敬的”“敬爱的”等文字以示尊重。称谓后加冒号。称谓应在标题下空一行居左顶格书写。

3.正文

慰问信正文一般应包括慰问缘由、慰问事由、表达慰问、结语等内容。

（1）慰问缘由。简要叙述因何事向对方写慰问信。

（2）慰问事由。略为详细叙述对方取得的成绩或所遭受的困难。

（3）表达慰问。根据慰问事由和慰问对象的不同应区别表达。

①若慰问做出杰出贡献的集体或个人，要赞扬他们做出的成绩，对他们在工作中的辛劳表示慰问，鼓励他们继续前进。

②若慰问遭受重大损失、巨大困难的集体或个人，要写出对慰问者的同情和采取的支援行动，若有捐赠物品、资金等，也要交代清楚。还要赞扬被慰问者与困难作斗争的精神，鼓励他们再接再厉，战胜困难。

③若为节日慰问，要根据被慰问者的工作性质，指出工作的意义，赞扬他们的辛苦劳动、忠于职守或无私奉献精神；或者结合当前形势，提出希望、号召或对慰问对象予以鼓励。

（4）结语。一般写“此致敬礼”“敬祝节日愉快”，或者写上祝颂语，如“祝你们取得抗灾斗争的最后胜利”等结束全文。

4.落款

落款主要包括署名和日期。应在正文下一行右下方写明作者的单位名称或个人姓名，在署名下一行写全年月日。如是单位拟写的慰问信还应加盖公章。

三、慰问信的写作要求

1.注意区分相近文种

慰问信与感谢信、贺信是相近文种。这3种专用书信有若干相同之处，但因致信的对象和致信目的不同呈现出自己的特殊性。写作时注意不要混淆。

2.注意选用正确语气

慰问信虽然多为下行方向，但也可平行和上行。行文时要根据行文方向确定语气，不能一律使用下行的鼓励语气。

四、例文

全国妇联　中国女医师协会
致奋战在疫情防控一线的女医务工作者的慰问信

全国奋战在疫情防控阻击战一线的女医务工作者：

在全国人民共庆新春佳节、共享阖家团圆之际，新型冠状病毒肺炎疫情突如其来，多地启动重大突发公共卫生事件一级响应。生命重于泰山，人民高于一切。疫情发生以来，习近平总书记多次强调，要把人民群众生命安全和身体健康放在第一位。你们牢记总书记嘱托，临危受命，或奋战在武汉疫情防控第一线，或暂别亲人逆行驰援湖北，或坚守岗位守护着人民生命安全，彰显了医务工作者敬佑生命、救死扶伤、大爱无疆的职业操守；你们初心于怀，使命在肩，为打赢疫情防控阻击战忘我工作，舍小家为大家，涌现出许多可歌可泣的先进人物和感人至深的事迹，体现了敢于担当、甘于奉献的无私精神；你们是白衣天使，也是坚强战士，是新时代的巾帼榜样，是半边天的骄傲。全国妇联、中国女医师协会代表全国妇女姐妹向你们致以崇高的敬意、诚挚的问候和衷心的感谢！道一声：姐妹们辛苦了！感谢你们在抗疫一线做出的突出贡献，感谢你们的家人、亲友给予的倾情支持。

疫情就是命令，防控就是责任。热爱祖国、忠于人民、献身医学，是你们流淌在血脉里的基因，希望你们始终以保障人民健康为宗旨，立足岗位、恪尽职守，自觉维护白衣天使的良好形象，坚守医务工作者的高尚使命，科学救治病患，耐心为患者提供优质服务，不辜负国家和人民的期望，做好人民生命健康的守护者。你们的努力，就是我们的信心。希望你们中的党员发挥先锋模范作用，勇挑重担、迎难而上，让党旗在疫情防控第一线高高飘扬。

你们守护生命，我们守护你们和你们的家庭！在岗位，你们是医生、护士、战士；在家里，你们是孝女、贤妻、良母。全国妇联和中国女医师协会是你们的娘家，我们将动员和组织各级妇联尽力为你们的家庭、为你们牵挂的父母和孩子提供服务。我们更希望你们在全力以赴救治病患的同时，切实做好自身防护，守护好自己的健康。

广大妇女将以你们为榜样，立足岗位，勇于担当，做好疫情防控的宣传员、监督员，从我做起，从家庭做起，发挥半边天作用，凝聚起众志成城、全力以赴、共克时艰的强大正能量。

我们坚信，在以习近平同志为核心的党中央坚强领导下，在各级党委政府高度重视下，在社会各界大力支持关心下，有中国特色社会主义制度优势保障，只要我们坚定信心，同舟共济，科学防治，精准施策，就一定能够打赢这场疫情防控阻击战。

全国妇联

中国女医师协会

2020 年 1 月 30 日

任务四　自　荐　信

一、认识自荐信

（一）自荐信的含义

自荐信又称自荐书、求职书、求职信，是求职者向用人单位推销自己以谋求某一职务或岗位的专用书信。

自荐信是求职者的“敲门砖”。求职者应当如实呈现自身的学历、专长和综合能力，并显示自己的综合素质和文字功夫，以利于达到求职目的。

（二）自荐信的特点

自荐信主要有竞争性、自荐性、私事公办性的特点。

1.竞争性

求职者写自荐信就是将自己推入了竞争的行列，写作自荐信的唯一目的就是让对方看过信后能给予面试机会，为自己的录用打好基础，进而能顺利录用。因此要明确，既然是竞争就必然会有两种结果——成功或失败。不能认为一封自荐信就一定能进入满意的职场。不妨多方搜集招聘信息，多确定几个自己较为满意的职业愿景，以使自己有可能从学校顺利进入较为满意的职场。

2.自荐性

你与求职单位的人事管理人员不认识，怎么能让求职单位的人事管理人员在众多的自荐信里相中你，取得获得面试的机会呢？自荐信内容的选择就很有技巧。一定要围绕求职目标精心选材，把你在大学期间的一切闪光点凸显出来，让求职单位的人事管理眼前一亮，那你离成功就不远了。不要怕别人怀疑你，只要你是金子，一定不要自己埋没自己，但前提是所有的闪光点都是真实的。

3.私事公办性

求职是你自己的私人事务，但是用人单位选人是按公事办理，因而自荐信的表达一定要用谦恭、真挚、中肯、平和的语言，实事求是、彬彬有礼地展现自我。千万不能弄虚作假，狂妄自大，妄自菲薄，自毁前程。

二、自荐信的结构和写法

（一）自荐信的结构

自荐信主要包括标题、称谓、问候语、正文、敬祝语、落款及附件说明七部分。

（二）自荐信的写法

1.标题

在第一行正中，写上文种“自荐信”或“求职信”。

2.称谓

通常称谓分两种情况。如果不知对方姓名，那就写“××单位负责同志”或“××单位招聘负责人”等。如果知道对方姓名，就在姓名前加上“尊敬的”，姓名后加上“先生”或“女士”以示尊敬。称谓表达在标题下空一行顶格书写，称谓后加冒号。

3.问候语

如果称谓是个人，应有问候语。一般写上“您好”表示尊敬。若称谓是单位，可以不要问候语。问候语另起一行空两格书写。

4.正文

自荐信正文是写作的重点，通常包括自荐缘由及目标、自荐条件、自荐愿望等内容，其中最重要的是要表达出自己具有的条件。

（1）自荐缘由及目标。这是自荐信的开头，开头要有吸引力。首先需要介绍自己的基本信息，如姓名、年龄、性别、就读院校、所学专业等。接着表明从何渠道得到招聘信息以及写此信的目的。例如："我叫李×，现年21岁，男，是重庆交通职业学院空中乘务专业的应届毕业生。我在贵公司的官网上看到贵公司招聘乘务员，特前来应聘贵公司乘务员一职。"自荐缘由及目标是求职的开始，介绍自己的相关信息要开门见山、简明扼要，对所求的职位要明确具体，吸引对方继续读完自荐信。

（2）自荐条件。自荐条件是自荐信写作的关键部分。应重点介绍自己与应聘目标岗位的有利条件，特别突出自己的"匹配度"和优势，以使对方信服。对应届毕业生来说，应重点介绍在大学期间各科成绩的学习结果，最好有大学期间各科成绩一览表作为附件印证学习结果。尤其不能将与招聘单位对口或接近的专业成绩漏掉。例如："我将于2020年7月毕业于重庆交通职业学院空中乘务专业，各科成绩均为优秀（详见附件2）。2019年5月在重庆市教委组织的'空乘礼仪大赛'中获得个人二等奖、集体一等奖（详见附件3、4）。2018年11月参加我院'空乘英语演讲比赛'获得二等奖（详见附件5）。在认真努力学习之余，我积极参加学院组织的有关活动，并参加学校党校学习，获得毕业证书，决心努力争取早日加入中国共产党。2019年4月代表学院参加学校运动会女子1500米比赛获得第三名的成绩（详见附件6）等。"总之，要把你所有的闪光点亮出来。

（3）自荐愿望。可以表达自己的态度、决心，或提出面试的请求等。例如："贵公司是国内民航业的知名企业，也是我仰慕已久的团队。我愿意加入你们的队伍中，虚心向老前辈学习，努力提高自己的专业能力，为公司的发展贡献我的青春。我相信，我不会让你们失望的。"表达对求职单位的向往，给读信者留下深刻印象。提出面试的请求，常用"希望贵公司给予面试的机会""静盼您的佳音"等结束正文。

5.敬祝语

常用"此致敬礼"，庄重有礼。敬祝语应提行空两字写"此致"，提行顶格写"敬礼"，或直接在"此致"后面写上"敬礼"。致敬语后面可以不用标点符号。

6.落款

在敬祝语的右下方写上求职人的姓名、电话、邮箱、成文日期等信息。

7.附件说明

附件印证正文中列举的"闪光点"，是自荐信内容的重要补充材料。通常附件说明内容包括个人简历、大学各科成绩一览表、各种技能证书复印件、各种奖励等成果复印件、单位或专家推荐信等。表达时应按正文中出现的顺序依次编序，并写明附件标题。

三、自荐信的写作要求

1.选材真实

写作自荐信一定要注意精心选材，重点突出自己的能力。通常只选成绩、优点，不选存在的问题、缺点。所选的内容一定要真实可靠，切忌胡编乱造，夸夸其谈，华而不实。但也不要过于谦卑，模棱两可，失去竞争力，达不到求职的目的。

2.格式正确

格式如果不正确或不规范，包括写错别字等，就会给读信人留下不好的印象，直接影响阅读求职信的效果，从而影响求职进程向前推进。

四、例文

【例文1】

自　荐　信

尊敬的××公司经理：

您好！

我从贵公司的网站上看到贵公司招聘2名市场营销方面的人员，特前来应聘。

我叫李×，男，21岁，是××工商大学市场营销专业应届毕业生。

我学的专业是市场营销，到目前为止，全部学业都已出色完成。附上一份个人简历及大学期间各科成绩一览表，供您参阅。

从我的资料中您可以看到，我的学习很努力，各科成绩优良。我的一篇专业论文《市场营销中的定位思考》曾发表于《××××》杂志2019年第2期，并荣获2019年度××市优秀大学生科研成果三等奖。我在2016年获得大学英语四级证书和计算机三级证书。

贵公司作为全国五十强企业，产品畅销国内外，深受广大消费者喜爱。可以想象，能在贵公司工作，作为贵公司的一员，该多么自豪！当然，条件如此优越的公司，想进去绝非易事，但我坚信自己有能力敲开贵公司的大门。

我已熟练掌握本专业的基础知识及操作技能。在营销策划方面尤有特长，附上我的导师张×教授的推荐信供您参考。我想，在一个崇尚公平竞争的公司里，我会如愿以偿的。

最后，我希望贵公司能给我一个为贵公司做出贡献的机会。我热诚地期待着您的答复。

此致

敬礼

××工商大学市场营销系2016级1班　李×

联系电话：×××××××××××

邮箱：×××××@×××.×××

2020年5月12日

附件：

1. 个人简历

2. 大学期间各科成绩一览表

3.《市场营销中的定位思考》论文复印件

4. 2019 年度 ×× 市优秀大学生科研成果三等奖复印件
5. 大学英语四级证书复印件
6. 计算机三级证书复印件
7. 张 × 教授的推荐信

【例文 2】

自 荐 信

×× 汽车维修服务中心人事部：

在招聘网站见贵中心招聘广告，我有意申请其中汽车维修工一职，若能考虑本人申请，实为感谢！

本人今年 21 岁，毕业于 ×× 交通职业学院，获得汽车维修专业毕业证书，并于公交七公司汽车修配厂实习半年，实习成绩良好。本人所学专业定能有助于贵中心的汽车修理业务。本人身体健康，家住 ×× 市广南路，每天可以乘五号线按时上班。

附上 ×× 交通职业学院毕业证书和实习鉴定证书复印件各一份。请审查。

此致

敬礼

×× 交通职业学院汽车维修专业 2017 级 1 班　曾 ×
联系电话：××××××××××××
邮箱：×××××××××@×××.×××
2020 年 5 月 18 日

任务五　申　请　书

一、认识申请书

（一）申请书的含义

申请书是单位或个人向有关单位、组织或者机构表达某种愿望或提出某种要求，希望得到批准或予以解决、解答问题时所用的专用文书。申请即申述自己请求的意思。申请书具有请求性、单一性的特点。

（二）申请书的分类

申请书大致可以分为以下三类。

（1）要求参加某种组织的申请书，如入团申请书、入党申请书、加入社团申请书等。

（2）要求解决问题的申请书，如开业申请书、住房申请书、困难补助申请书等。

（3）要求某种权利的申请书，如入学申请书、专利申请书、商标注册申请书等。

二、申请书的结构和写法

（一）申请书的结构

申请书一般由标题、称谓、正文、结语和落款五部分组成。

（二）申请书的写法

1.标题

申请书标题有两种形式：一是用文种“申请书”作标题；二是由事由和文种构成，如《入党申请书》。

2.称谓

申请书的称谓一般为单位名称，在标题下空一行顶格写明接受申请的单位名称，如“尊敬的党组织”“重庆市应用写作学会”“道桥1901班团支部”等，称谓后加冒号。

3.正文

正文是申请书的主要部分，须写明申请的缘由和具体事项。与一般公文不同，申请书的“缘由”部分可置于“事项”部分之后。第一部分写申请事项，直接表明自己的愿望或要求；第二部分写申请理由，说明提交申请的目的、意义及自己对该事项的认识；第三部分写决心和要求，进一步表明自己的决心、态度或要求，郑重地请求组织批准自己的申请。

4.结语

结尾一般是期复性结语，简要地表明对回复和批准的期盼，如“此致敬礼”“请党组织考验我”“恳请给予大力支持”“请予批准”等。

5.落款

落款为署名和成文日期。个人申请的署名格式为“申请人：×××”，组织申请的署名则要写明申请单位名称并加盖公章。成文日期应写全年月日。

三、例文

【例文1】

入党申请书

尊敬的党组织：

我自愿加入中国共产党，愿意为共产主义事业奋斗终身。今天我郑重地向党组织递交入党申请书，并已经做好准备迎接组织对我的各种考核，我忠心地拥护并热爱中国共产党！

2020 年春节必将是一个特殊的春节，新型冠状病毒感染的肺炎疫情也打乱了原本的平静和祥和。这场疫情来势汹汹且因潜伏期时症状轻、易传播，一时间人心惶惶，人人自危。另一方面，我看到了我们的国家，我们的城市，我们的身边，一批批的党员不顾安危，舍小家为大家，逆行抗疫。84 岁的钟南山院士建议不要去武汉，他自己却义无反顾赶往武汉防疫最前线。各地医院请战武汉的志愿者早已满员，身边的同事奔走在战“疫”最前线……如此的例子数不胜数，疫情就是警情，防控就是责任，我们医护人员听令而动，坚守岗位，不惧生死，战斗在疫情的第一线。

根据我市新型冠状病毒疫情的防控形势，我工作单位的共产党员更是发挥模范带头作用，这让我一直以来想加入中国共产党的心再一次沸腾起来。

追本溯源，中国共产党的早期组织建立于中华危难之际，内忧外患，接踵而来，中华大地四面楚歌。在这种历史背景下，共产党人将马克思主义和工人运动相结合，并从本国实际出发，一步一步带领中国人民走向光明，它是革命运动的发起者、宣传者、先锋队，领导中国人民走过了充满艰辛曲折的道路。无数实践证明，哪次国家灾难面前，没有共产党员的身影？他们始终冲在危难最前沿，用坚实的臂膀撑起一片蓝天。

我深知前辈们的党性品格是我难以望其项背的，但是我一定尽自己所能，不断学习，不断完善，始终怀揣一颗赤子之心，以党员的标准，严格要求自己，严守纪律，不断提高自己的思想政治觉悟。同时，我作为一名退伍军人、医护人员，我有责任，更有义务在此疫情肆虐的危急时刻，为打赢这场无硝烟的战斗而冲锋陷阵，为党、为国家、为人民贡献自己的微薄力量。

请党组织在实践中考验我。

此致

敬礼

申请人：××

2020 年 2 月 15 日

【例文 2】

申 请 书

尊敬的校领导：

我是本校道桥系测绘专业 2019 级 1 班学生 ××，我来自 ×× 省 ×× 市一个贫穷落后的小山村。

我的家里有爷爷、奶奶、爸爸、妈妈、姐姐和我，共 6 口人。生活来源仅靠父母亲微薄的农业收入，家庭经济困难。我的爷爷因患病常年卧床无法下地干活，我姐姐也正在 ×× 医学院二年级读书。今年我又考上了大学，家里拿出所有的钱供我和我姐姐上学，我俩的学费花光了家里的钱。如今家里生活也很困难，父母也一天天老了，许多重活都不能干了，家里也没有钱为爷爷治病……我感到十分愧疚。为此，特向学校申请勤工俭学工作，以助我能顺利完成学业，报答祖国，报效家人。

在今后的学习和生活中我一定严格要求自己，不辜负学校的培养和帮助，认真努力学习，积极主动参加学校相关活动，为把自己培养成合格的建设人才而努力奋斗。

恳请学校领导予以考查。

申请人：××

2019 年 9 月 10 日

任务六　买卖合同

一、认识买卖合同

（一）买卖合同的含义

1999年10月1日施行的《中华人民共和国合同法》（以下简称“《合同法》”）第一百三十条规定：“买卖合同是出卖人转移标的物的所有权于买受人，买受人支付价款的合同。”转移所有权的一方为出卖人或卖方，支付价款而取得所有权的一方为买受人或者买方。

《合同法》按内容将合同分为15类：买卖合同、供用电（水、气、热力）合同、赠与合同、借款合同、租赁合同、融资租赁合同、承揽合同、建设工程合同、运输合同、技术合同、保管合同、仓储合同、委托合同、行纪合同、居间合同。买卖合同是《合同法》规定的15种合同之一，具有其他合同相同的约束作用和凭证作用。

（二）买卖合同的特点

买卖合同主要具有合法性、制约性、平等性、一致性和双向性等特点。

1.合法性

合同是一种合法的法律行为，其内容受国家法律、行政法规的制约。合同一经签订，则具有法律效力，受到国家法律的承认和保护。

2.制约性

合同是制约性的文书，合同关系一旦成立，当事人就都受到法律的约束，不得随意违反，否则就要承担法律责任。

3.平等性

合同当事人，不论其主体资格的大小、职务高低、经济实力如何，在协商时，其关系是平等的，在承担法律责任时，法律地位也是平等的。

4.一致性

合同的所有条款，都必须在协商中取得一致认识后才能写入合同中，未取得一致的意见不能写入，更不允许单方面把自己的意志强加给另一方。

5.双向性

即权利与义务互转的双向性。合同当事人都享有要求对方的权利，同时也应承担保证对方权利实现的义务，即自己的权利就是对方的义务，对方的权利就是自己的义务。

（三）订立合同的原则

1.平等公平原则

合同当事人双方在法律地位上是平等的，任何一方不得将自己的意志强加于另一方。合同双方或多方的权利和义务是对等的，不能有不平等或胁迫的约定产生。

2.自愿协商原则

合同当事人在订立合同时，应根据自己的意愿，提出合理主张，并通过平等协商，达成一致意见后订立合同，任何单位及个人不得干预。

3.诚实信用原则

合同当事人应当将自己的情况（如银行贷款、单位资质等）实事求是地告知对方，不得采用任何隐瞒、欺诈等手段欺骗对方。

4.遵纪守法原则

合同当事人应当遵守国家法律和行政法规，不得利用合同从事各种违法乱纪的活动，扰乱社会经济秩序，损害社会公共利益，牟取非法收入。

二、买卖合同的内容

买卖合同的内容，即买卖合同法律关系的权利义务。其中卖方最基本的权利是请求买方付价金并取得价金的所有权；买方的基本权利是请求卖方交付货物并取得货物的所有权。买方的权利对应于卖方的义务，反之亦然。买卖合同的当事人除履行买卖合同的总义务即给付义务外，尚需承担法律规定或双方约定的付随义务。《合同法》第十二条和第一百三十一条对买卖合同内容作了具体规定。

买卖合同内容由当事人约定，主要包括当事人的名称或者姓名和住所，标的，数量，质量，包装方式，价款，履行期限、地点和方式，检验标准和方法，结算方式，违约责任，解决争议的方法等条款。

1.当事人的名称或者姓名和住所

《合同法》规定："当事人订立合同，应当具有相应的民事权利能力和民事行为能力。"自然人要写明姓名和住所地，法人或其他组织要写明名称及单位所在地，以便于双方之间联络。

2.标的

标的即合同中权利义务所指向的对象。在买卖合同中标的主要指合同中所指的物体或商品。《合同法》规定：“出卖的标的物，应当属于出卖人所有或者出卖人有权处分。”标的是一切合同的首要条款，没有标的的合同是不存在的。标的不明确，就会给合同的履行带来严重的影响。

3.数量

数量是合同标的的具体化，也直接体现了合同双方权利义务的大小程度。数量是“数”和“量”两个概念。在拟写买卖合同时，一定要表达清楚。

4.质量

质量与数量一样，也是合同标的的具体化，表明了标的的内在素质和外观形态，是合同当事人履行权利和义务优劣的尺度，应加以明确。

5.包装方式

表明标的物采用何种方式进行包装，如采用木板箱包装还是纸箱包装等。

6.价款

价款即有偿合同中，买方以货币形式向卖方支付的对价。价款在合同中应明确数额、支付时间及支付方式等。

7.履行期限、地点和方式

履行期限即合同当事人完成合同所规定的各自义务的时间界限。履行期限是衡量合同是否按时履行的标准。合同当事人必须在规定的时间内履行自己的义务，否则应承担违约或迟延履行的责任。

履行地点即合同当事人履行义务的地点。履行地点由当事人在合同中约定，未约定则依法律规定或交易惯例确定。履行地点也是确定管辖权的依据之一。

履行方式即合同当事人履行义务的方法，如转移物体或商品等。

8.检验标准和方法

检验标准和方法即指标的物装运前或到达目的地后如何进行检验。检验的具体标准和方法等都应该详细规定。

9.结算方式

结算方式指给付的价金是采用现金、银行转账、电汇托收还是信用证方式，应在合同中予以明确规定。

10.违约责任

违约责任是指合同当事人一方或双方，由于自身的过错而未履行合同义务依法和依约所应承担的责任。规定违约责任，一方面可以促使当事人按时、按约履行义务，另一方面又可对当事人的违约行为进行制裁，弥补守约一方因对方违约而遭受的损失。

11.解决争议的方法

合同当事人在履行合同过程中若发生纠纷，首先应通过协商解决，协商不成的，可以调解或仲裁、诉讼。因此，解决争议的方法主要有4种，即协商、调解、仲裁、诉讼。

由于民事活动的复杂性与多样性，如果合同当事人缺乏经验，所订合同常易发生难以预料和处理的纠纷。而实践中，国家颁发的合同的示范文本对于指导当事人更好地明确各目的权利义务，避免不必要的纠纷起到了积极作用，故本条规定当事人可以参照合同的示范文本订立合同。

三、买卖合同的写法

买卖合同由首部、正文、尾部三部分组成。

（一）首部

首部包括标题、合同当事人名称或姓名和住所、合同编号、签约地点、时间等。法人组织、单位间签订的合同，除注明组织、单位全称外，还应同时注明签约代表的姓名、职务。当当事人是个体时，应当写明其姓名、年龄和住址。当订立买卖合同的当事人中有外国人（包括自然人和法人）时，还应当写明其国籍或法人注册地。

1.标题

标题须明确写明《买卖合同》，有时也注明标的物名称，如《金银花买卖合同》。

2.合同当事人名称或姓名

本部分的表达方式有三种：第一种是分两行写“买（甲）方”“卖（乙）方”，并标明当事人名称，如“甲方：食为天食品有限公司”。第二种是在当事人名称后用括号注明双方简称，即买卖方或甲乙方，如“食为天食品有限公司（以下简称买方）”。第三种是买卖方（甲乙方）呈左右排列的形式。有的合同还要在标题的右下方注明合同编号、签订合同的地点及时间等内容。

（二）正文

正文是合同的主体部分，主要包括引言、主体、附则三部分内容。

1.引言

引言表明签订合同的目的或依据。通常表达方式为：“根据《中华人民共和国合同法》及其有关规定，为明确买卖双方的权利和义务，经双方协商一致，签订合同如下：”

2.主体

主体，即为合同的主要条款。包括标的，数量，质量，包装方式，价款，履行期限、地点和方式，检验标准和方法，结算方式，违约责任，解决争议的方法等条款。

3.附则

附则包括合同的份数、合同的保存、有效期限及合同的补充办法等。补充办法可写为“本合同未尽事宜，经双方商定可以补充。补充条文与合同具有同等效力。”另外，合同如果有附件应注明附件的名称和件数。

附则的书写形式有两种：一种是顺接正文番号接写“附则”番号和“附则”二字，

再写出各条内容。另一种是不写出“附则”两字，直接将附则内容顺接正文番号后依次排列表达。

（三）尾部

尾部主要包括买卖双方的相关信息及鉴证信息内容。

1.买卖双方的相关信息

首先要写明双方单位全称并加盖公章、代表人姓名并加盖私章。其次写明双方的开户银行、账号、地址、邮编、电话、传真、网址、签订合同的日期等。标注位置通常采用将买卖双方相关信息并排排列在正文之下的方式。

2.鉴证信息

买卖合同涉及金额较大，最好到合同主管部门进行鉴证，并要加盖鉴证机关公章。

四、买卖合同写作的注意事项

买卖合同写作要以《合同法》规定为准则，遵纪守法。内容条款要周全，语言表达应具体确切，不能产生歧义。不得随意涂改或增删内容。

五、例文

金银花买卖合同

×× 商贸公司（以下简称买方）

×× 林场（以下简称卖方）

根据《中华人民共和国合同法》及有关规定，为明确买卖双方的权利和义务，经双方协商一致，签订合同如下：

一、卖方向买方提供 600 公斤今年产的一级金银花干品，每公斤人民币 60 元，总计人民币 36000 元，包装费 1500 元，共计人民币叁万柒仟伍佰圆（37500 元）。

二、双方签订合同后，买方需向卖方预付定金人民币伍仟圆（5000 元）。

三、卖方必须在 2020 年 8 月 10 日前用汽车将货物运往买方所在地：×× 县东大街 ×× 号。运费由卖方承担。金银花要先用标准纸盒包装，每盒装 0.5 公斤；再用纸箱封装，每箱 20 公斤。

四、买方根据卖方提供的金银花样品进行抽查验收，验收合格后，买方应于十天内通过 ×× 县农业银行现金支票支付余款人民币叁万贰仟伍佰圆（32500 元）。

五、违约责任

1. 若卖方拒不交货，应处以货款总额 15% 的违约金；数量不足则按不足部分货款 15% 处以违约金；供货质量与样品不符，买方可以拒绝收货；逾期交货，则每天处以货款总额 5% 的违约金。

2. 若买方拒不收货，则处以货款总额15%的违约金；逾期付款，则每天处以货款总额5%的违约金。

3. 若因不可抗力的原因致使合同不能履行时，不得追究对方责任。

六、争议解决的方式：买卖双方如发生争议，由双方协商解决。协商不成，可向人民法院提起诉讼。

七、本合同一式贰份，买卖双方各执壹份。本合同自签字盖章之日起生效，至双方义务履行完成之日失效。

买方：××商贸公司（章）
法定代表人：××
开户银行：××县工商银行
银行账号：××××××××
地址：××县东大街××号
电话：×××××××××
邮编：××××××
签订日期：2020年4月28日

卖方：××林场（章）
法定代表人：××
开户银行：××县农业银行
银行账号：××××××××
地址：××县××乡三村
电话：×××××××××
邮编：××××××
签订日期：2020年4月28日

任务七　起　诉　状

起诉状和答辩状属于诉讼文书中的书状类文书，是案件的当事人，包括当事人的诉讼代理人和有诉讼权的第三人，依法向人民法院提出诉讼请求或进行辩解的法律文书。

一、认识起诉状

（一）起诉状的含义

起诉状是当事人认为自己的合法权益受到侵害或与他人发生纠纷，依法向人民法院提起诉讼的法律文书。

起诉状不同于起诉书，起诉书是检察机关针对刑事案件的犯罪嫌疑人的犯罪行为，依法向人民法院提起公诉的法律文书。

两者的不同点在于：起诉状的作者是自然人或法人，而起诉书的作者是国家检察机关；起诉状提起诉讼的案件是以民事案件和行政案件为主，而起诉书提起诉讼的案件只能是刑事案件；起诉状是维护公民或法人自身的合法权益不受侵害，而起诉书是检察机关代表国家揭露和指控被告人的犯罪行为。

向人民法院递交起诉状应有正本一份，并按被告的数量提交相同数量的副本。

（二）起诉状的特点

1.自诉性

起诉状的作者可以是自然人、法人，但他们必须是案件的当事人或其法定代理人，也就是说，起诉状是当事人为了维护自身的合法权益而针对被告提起诉讼的文书，不是检察机关代表国家而指控被告的文书。

2.一审起诉性

无论是民事起诉状、刑事自诉状还是行政起诉状，都必须是一审起诉，即受理法院应是第一审人民法院，而且第一审人民法院有司法管辖权。

（三）起诉状的分类

起诉状按其诉讼性质，可分为民事起诉状、刑事自诉状和行政起诉状三类。在此，对其各自的性质和用途略作介绍。

1.民事起诉状

民事起诉状是公民或法人，包括其诉讼代理人和有诉讼权的第三人，为维护自己的民事权益，就自己的民事权益受到侵害，或者与他人发生权利与义务的争议等民事纠纷时，依据法律和事实，向人民法院提起诉讼，请求依法裁判的法律文书。它是人民法院依法受理民事案件的依据和基础。民事起诉状中提起诉讼的人叫原告，被起诉人叫被告。

民事起诉状的原告必须是与本案有直接利害关系的公民或法人，若原告为没有诉讼行为能力的人，如未成年人、精神病人等，可以由其法定代理人代为诉讼。

写作民事起诉状必须有明确的被告。起诉的案件必须有权益侵害或民事纠纷，如人身侵害、赔偿、债权、所有权、继承权、知识产权、财产纠纷、经济合同纠纷、家庭婚姻纠纷等事件发生，并且案件属于民法、经济法、婚姻法等法律调解的范畴。

民事起诉状一般应用书面起诉状提起诉讼，口头起诉应由人民法院制作笔录才有效。

根据《中华人民共和国民事诉讼法》的规定："人民法院应当在立案之日起五日内将起诉状副本发送被告，被告应当在收到之日起十五日内提出答辩状。"

2.刑事自诉状

刑事自诉状是由被害人或其法定代理人，以自诉人个人的名义，根据事实和法律，直接向人民法院控告被告人的犯罪行为，要求追究被告人的刑事责任的法律文书。如果自诉人认为被告人的犯罪行为使自己还受到了民事侵害，要求同时追究被告人的民事责任，这种起诉状称为刑事附带民事起诉状。它是人民法院审理刑事自诉案件的依据和基础。

刑事自诉案件中提起诉讼的人，或称为控告人，称作自诉人。被起诉人，或称为被控告人，称作被告人。

刑事自诉状的自诉人必须是本案的被害人或其法定代理人。被告的行为必须构成犯罪。

刑事自诉状的案件必须是《中华人民共和国刑事诉讼法》规定的自诉案件，通常应包括三方面内容：一是告诉才处理的案件；二是被害人有证据证明的轻微刑事案件；三是被害人有证据证明对被告人侵犯自己人身、财产权利的行为应当依法追究刑事责任，而公安机关或者人民检察院不予追究被告人刑事责任的案件。

3.行政起诉状

行政起诉状是公民、法人或其他组织认为行政机关或行政机关的工作人员，在行使具体的行政权力时侵犯了其合法权益，向人民法院提起诉讼，请求依法裁判的法律文书。它是人民法院审理行政诉讼案件的依据和基础。

行政起诉状的原告，必须是具体行政管理行为的相对人，即被管理者。若有权起诉的公民已经死亡，其近亲属可以起诉；有权起诉的组织已分立或合并，其变更后的组织可以起诉。

行政起诉状的被告，必须是做出具体行政行为的行政机关，而该行政机关的工作人员，在行使行政权力时产生侵害的，以该工作人员所在的行政机关为被告，而非该行政机关的工作人员个人。被告必须有产生侵害的具体的行政行为，并属于《中华人民共和国行政诉讼法》所调解的范畴。

根据《中华人民共和国行政诉讼法》的规定："人民法院应当在立案之日起五日内，将起诉状副本发送被告。"

二、民事起诉状的结构和写法

本书只介绍民事起诉状的写法。

（一）民事起诉状的结构

民事起诉状一般由首部、正文和尾部三部分构成。

（二）民事起诉状的写法

1.首部

首部包括标题、当事人的基本情况。

（1）标题。标题应写明《民事诉讼状》或《民事诉状》，不要写出案由。

（2）当事人的基本情况。当事人为公民、法人或其他组织时的基本情况，此项目的表达有所不同。

①当事人为公民，应先写原告的基本情况，后写被告的基本情况。通常应写明原告与被告的姓名、性别、出身年月日、民族、籍贯、职业或工作单位、职务和住址信息。若原告有法定代理人的，应写明法定代理人的姓名、年龄、职业或工作单位、住址及其与原告人的关系。

②当事人为法人或其他组织，应写明法人或其他组织的名称、所在地址，然后另起一行，写明法定代表人或其他代表人的姓名、职务、电话号码和邮政编码。如当事人为工商企业法人，还应视案件情况写明企业性质、工商登记核准号、经营范围和方式、开户银行及账号等信息。

原告有委托代理人的，应写明委托代理人的姓名、工作单位，或律师事务所、职务。

当事人的基本情况表达的顺序首先为原告，其次是法定代理人，再次是委托代理人，最后是被告。如果有几个原告或被告的，要按先原告后被告的顺序，分别依次写明以上基本信息。

2.正文

正文的主要内容包括诉讼请求、事实与理由、证据与证据来源。

（1）诉讼请求。这是原告希望通过诉讼达到的目的，即希望人民法院解决什么问题。在表达时必须明确具体，如请求准予离婚、请求偿还债务等。如果有多项诉讼请求的，应加序号分项并列表明。

（2）事实与理由。这是起诉状的核心部分。应先写事实，后写理由，不要混在一起。

①事实，是指当事人之间发生的民事权益纠纷的事实。应首先写明当事人之间的法律关系，再概述原被告之间发生纠纷的时间、地点、原因、经过与结果，以及纠纷争执的焦点等，便于人民法院审理案件。

②理由，包含两层内容。首先是指原告对上述事实的分析；其次是指解决上述问题适用的相关法律、法规及政策条款。在分析中，应着重分析纠纷的起因、性质、责任以及权利与义务的关系等。援引有关的法律、法规及政策条款应符合案情。

（3）证据与证据来源。我国司法机关按照“谁主张谁举证”的原则审理案件。原告应按法律规定，负有举证的责任，以证明事实的真实性。证据包括物证、书证、证人证言、鉴定结论等《中华人民共和国民事诉讼法》中所列举的各种证据。表达时，应写清证据的来源，以便人民法院审理时查对核实。

在具体写作时，事实与理由、证据与证据来源两个部分可以合并写作。一般来说，证据明显且数量少的，可以合并到事实与理由中边叙述边举证；证据复杂且数量多的，则应单列项目。

3.尾部

尾部包括送至法院、落款、附项等内容。

（1）送至法院。在正文后提行空两格书写“此致”二字，再提行顶格写送至法院名称“××人民法院”，最后无须标点符号。

（2）落款。在送至法院的右下方写上起诉人的姓名签名或盖章。若由别人代写的，在起诉人姓名下面写明代书人姓名。最后在下一行写明成文日期。

（3）附项。分项列述副本的数量、证据的名称和数量。

三、民事起诉状写作注意事项

1.诉求明确，合法合理

诉讼请求的写作要在内容上明确具体表明“要什么”，不能笼统、含混，涉及量化的标的时，应写出具体的数额。不要写“为什么”即原因、理由。所提要求应是原告的合法权益，要切合实际，合法合理，不能“狮子大开口”过分要求。

2.事实清楚，理由有据

事实是责任认定的基础，在陈述事实时，要完整明晰，即叙述被告的侵权行为的具体事实须写出事件的发生、发展、结果的全过程及其产生的原因；还要抓住重点、分清主次，要围绕诉讼请求组织材料，详写与诉讼请求相关的具体情节，略写或省略与诉讼请求无关的内容。

理由的陈述要以事实为基础，以法律、法规条款为依据，分析被告侵权行为的性质、产生的后果以及应承担的责任，以确立其诉讼请求的合法性。

3.证据确凿，来源合法

原告所提供的证据必须真实无误，不得伪造。证据的来源包括取证方式，必须合法，否则不具法定效力。证据还应力求充足，否则难以证明自己的主张和被告的过错。

四、例文

民事起诉状

原告：梁×，男，汉族，198×年×月×日生，住重庆市涪陵区南沱镇××村×组，居民身份证号码：51123019××××××××××，联系电话×××××××××××。

委托代理人：兰××，××市××律师事务所律师。

委托代理人：陈××，××市××律师事务所律师。

被告：刘×，男，汉族，居民身份证号码：41232619××××××××××，居住所地：河南省夏邑县××号，邮政编码：××××××，联系电话：×××××××××××。

被告：夏邑县××有限公司，住址：夏邑县何营乡骆××，统一社会信用代码：××，联系电话：×××××××××××。

法定代表人：刘××，职务：总经理。

诉讼请求：

1. 请求判令二被告共同支付原告吊车租金96000元（玖万陆仟圆），并以96000元为基数，自2015年1月4日起按月利率2%支付利息直至本息付清之日止，利息暂计算至2019年10月22日为122128元（壹拾贰万贰仟壹佰贰拾捌圆）。本息共暂计218128元（贰拾壹万捌仟壹佰贰拾捌圆）。

2.本案诉讼费和其他费用由被告承担。

事实与理由：

原告与被告一于2013年×月×日签订《吊车租赁合同》一份。合同约定被告租赁原告的吊车，用于重庆市××区忠万七标石门子和东村大桥工程施工。合同明确约定了原被告双方的权利义务。合同约定原告退场当天被告一需向原告结清所有租赁费用，逾期则按照月2%支付资金占用损失。被告二于2015年1月4日在被告退场时向原告出具欠条一张，欠条载明被告欠原告吊车租赁费用261000元（贰拾陆万壹仟圆）。后陆续还款，被告一、被告二于2016年10月29日向原告出具欠条，载明被告欠原告101000元（壹拾万壹仟圆）。后经原告多次催收，被告仍未还款。

为维护原告的合法权益，特依据《中华人民共和国民事诉讼法》相关规定向贵院提起诉讼，望法院判如所请。

此致

重庆市××区人民法院

起诉人：梁×

2019年10月24日

附项：1. 本诉状副本2份；

2. 合同复印件2份；

3. 欠条1份。

任务八　答　辩　状

一、认识答辩状

（一）答辩状的含义

答辩状是被告针对起诉状指控的事实和理由进行回答和辩解的法律文书。

答辩状不同于辩护词，辩护词是刑事案件中的辩护人针对起诉书的犯罪指控，为被告人作出辩解的法律文书。

答辩是被告的权利。被告可以作出答辩或不作出答辩。但是，如果被告不按时提交答辩状，并不影响人民法院对案件的审理。

向人民法院递交答辩状应有正本一份，并按原告数量提交相同数量的副本。

（二）答辩状的特点

1.被动性

答辩状是因起诉状而被动产生的。民事答辩状的作者必须是原告指控的被告，或其法定代理人和委托人；刑事答辩状的作者必须是自诉人指控的被告人，或其法定代理人和委托人；行政答辩状的作者必须是原告指控的行政机关或其委托人。

2.针对性

答辩状是针对原告起诉状对自己的有关指控作出回答和辩驳的法律文书。民事答辩状内容必须是针对起诉状中指控的内容；刑事答辩状内容必须是针对刑事自诉状中指控的犯罪内容；行政答辩状的内容必须是针对行政起诉状中指控的行政行为。

3.时效性

答辩状必须在收到起诉状副本之后于法定时间之内提交才具有法定效力。根据《中华人民共和国民事诉讼法》的规定，被告应在收到起诉状副本的十五日以内向人民法院提交民事答辩状。根据《中华人民共和国行政诉讼法》的规定，被告应当在收到行政起诉状副本的十五日以内向人民法院提交行政答辩状。刑事答辩状也必须在法定时间内提交给人民法院。

（三）答辩状的分类

按诉讼性质可将答辩状分为民事答辩状、刑事答辩状和行政答辩状三类。

1.民事答辩状

民事答辩状是民事案件的被告，或其法定代理人和委托人，针对原告起诉状对答辩人的侵权指控作出回答和辩驳的法律文书。

2.刑事答辩状

刑事答辩状是刑事自诉案件的被告人，或其法定代理人和委托人，针对刑事自诉状的自诉人在刑事自诉状中对答辩人的犯罪指控作出回答和辩驳的法律文书。

3.行政答辩状

行政答辩状是行政案件的被告或委托人，针对原告在行政起诉状中对答辩人的行政行为的指控作出回答和辩驳的法律文书。

二、民事答辩状的结构和写法

本书只介绍民事答辩状的写法。

（一）民事答辩状的结构

民事答辩状没有法定的格式，一般由首部、正文和尾部构成。

（二）民事答辩状的写法

1.首部

首部包括标题、答辩人的基本情况。

（1）标题写明《民事答辩状》即可。

（2）答辩人的基本情况。其信息内容与民事起诉状当事人的项目格式相同。此处不再赘述。

2.正文

正文通常由案由和主体构成。

（1）案由。案由通常表述为：“因原告××诉××××××（起诉的案由）一案，现提出答辩如下：”

（2）主体。主体一般由答辩事实、答辩理由和答辩请求三部分组成。

①答辩事实。答辩事实是答辩的基础。由于原告和被告所处的角度和利益不同，原告在起诉状中陈述事实时，有可能隐瞒对被告有利而对原告不利的某些事实，或夸大被告有过错的事实等。被告答辩时就要针对这些不实之处，重点作出答辩，还事实以真相。

②答辩理由。应抓住起诉状中的事实分析、责任认定与引用法律、法规和政策等方面存在的错误，逐一进行反驳，作出正确的分析，并引用正确的法律、法规和政策驳倒起诉状中的错误。

③答辩请求。在澄清事实和分析理由的基础上，请求法院驳回原告不合理、不合法的请求；也可以向法院提出自己不同于原告的诉讼请求。这是答辩状的最终目的。

3.尾部

这一部分的项目格式和写法与民事起诉状相同，只需将落款中的起诉人换成答辩人即可。

三、民事答辩状写作注意事项

1.针对指控，逐一答辩

答辩状属于被动写作，必须针对起诉状的指控进行辩驳。写作中应仔细分析起诉状的事实、理由和证据部分，认真找出其中的虚假、错误或漏洞，逐一作出正确的分析，得出合乎事实和法理的结论，从而推翻原告的诉讼请求。

2.实事求是，依理服法

答辩状必须遵循以事实为依据、以法律为准绳的原则，对于起诉状中提出的确凿证据、合法要求，只能据实承认、依法接受，不得歪曲事实、强词夺理。

四、例文

民事答辩状

答辩人：重庆 ×× 管理有限公司

法定代表人：陈 ××

王 × 诉我租赁合同纠纷一案，现答辩如下：

一、答辩人不存在一房二租的情形。

王×与第三方签订的《仁悦天地租赁意向协议》（以下简称《协议》）从未生效。首先，协议第7条约定本意向协议自双方签署，且合作意向金到达甲方账户时生效。因第三方徐×从未向答辩人支付过合作意向金，因此该协议并未生效。其次，《协议》第4条已经有约定，本《协议》不视为租赁合同。因此答辩人不存在一房二租的情形。

二、答辩人不存在商铺面积违约情形。商铺面积达到合同约定的395平方米。

答辩人从第三方处租赁的系重庆江厦××置业的负1至6层，而答辩人可以对整层楼的商铺自主规划，双方签订的《商铺租赁合同》有案涉商铺位置示意图，可以清楚地看见案涉商铺的面积、位置、组成部分，被告并不存在任何违约行为。

三、答辩人所租赁商铺的净空高完全可以达到原告的要求。

首先，《商铺租赁合同》上手写关于层高的部分系原告单方面书写，答辩人未对层高进行盖章确认。其次，被告商铺层高为4.1米，完全可以满足原告的要求，即使是最低处净空高也有3.3米，被告不存在违约行为。

四、原告依据《房屋租赁合同》第17.6条要求答辩人双倍返还履约保证金，但是原告从未向答辩人支付过履约保证金，更不应该双倍返还。

综上所述，答辩人完全不存在任何违约行为，本案案件受理费也不应该由答辩人承担，请求法院驳回原告的全部诉讼请求。

此致

重庆市××区人民法院

答辩人：重庆××管理有限公司

2019年10月14日

任务九 毕业论文

一、认识毕业论文

毕业论文是高校学生毕业之际在教师的指导下，运用所掌握的基础理论、专门知识和基本技能研究或解决本学科领域的某一具体问题，并以此为内容撰写而成的学术论文。

在我国，高等院校学生的毕业论文可以作为申请授予相应学位时，供评审使用的学位论文。

我们将毕业论文列入应用文范畴，是因为它确有实际应用价值：撰写毕业论文是高等院校教学中的一项重要环节，是高校学生在毕业前独立完成的一次大型的综合性的作业，也是对高校学生学习情况的综合检验，是学校检验学生能否毕业或授予相应学位的重要依据。

二、毕业论文的特点

毕业论文的本质特征即是学术性。学术性是毕业论文区别于其他文章的显著特征。毕业论文的学术性主要表现为以下三个方面。

1.创见性

创见性主要是指论文作者的见解、观点具有独到之处，也就是人们常说的言之成理，是在某一学科领域内对某个问题的研究有所发现、有所发展，而不是重复、模仿、抄袭前人的成果。要做到有创见，首先要做好选题工作，可选择前人没有做过的课题；选择前人未做完，或做得有谬误的课题；选择前人提出的假说、猜想等为课题；选择具有发展潜力的课题；选择和已知原理、定理或公式相矛盾的课题；选择交叉学科的课题等。还可以在材料使用和研究的手段等方面进行创新。

2.客观性

客观性包括两个方面的内容：首先是指毕业论文所研究的对象或问题必须是客观存在的，而不是“假问题”或子虚乌有的臆造物；其次是指毕业论文应实事求是，其观点、结论应出自于对客观对象的研究，不能是脱离、偏离对象的臆断或曲解。

3.理论性

毕业论文所反映的对事物的认识必须是理性认识，并且以逻辑化的方式即概念、判断、推理的形式予以严密表述。这就是毕业论文所必须具备的理论性。

三、毕业论文的分类

按照不同的标准，毕业论文可以分为以下不同类型。

1.按内容划分

以毕业论文的内容为标准，可分为由理、工、农、医等内容构成的自然科学技术毕业论文和由政治、经济、历史、哲学、文学、管理等内容构成的社会科学毕业论文。

2.按研究方法划分

按研究方法的不同，毕业论文可分为理论型毕业论文、观测型毕业论文和实验型毕业论文。

（1）理论型毕业论文即以通过理论分析得到的科研成果为内容撰写的毕业论文。这种类型的毕业论文适用于不涉及实验手段获得研究成果的学科，如数学、政治、经济、历史、哲学、文学等。

（2）观测型毕业论文即采用观察、考察等为主要研究方法，以所得的科研成果为内容撰写的毕业论文。

（3）实验型毕业论文即采用实验为主要研究方法，以实验的内容或结果为内容撰写的毕业论文。

3.按学位划分

按毕业论文授予的学位划分，可分为学士论文、硕士论文和博士论文。国标GB 7713—1987《科学技术报告、学位论文和学术论文的编写格式》中对学位论文有明确的规定。

（1）学士论文。应能表明作者确已较好地掌握了本门学科的基础理论、专门知识和基础技能，并具有从事科学研究工作或担负专门技术工作的初步能力。

（2）硕士论文。应能表明作者确已在本门学科上掌握了坚实的基础理论和系统的专门知识，并对所研究课题有新的见解，有从事科学研究工作或独立担负专门技术工作的能力。

（3）博士论文。应能表明作者确已在本门学科上掌握了坚实宽广的基础理论和系统深入的专门知识，并具有独立从事科学研究工作的能力，在科学或专门技术上做出了创造性的成果。

四、毕业论文的写作

为了便于科技信息的传播和交流，达到促进科技事业发展的目的，论文表达格式的规范化、标准化已成为国内外科研成果表达形式的共同要求。在我国，国家标准局对毕业论文的写作制定了《科学技术报告、学位论文和学术论文的编写格式》（GB 7713—1987）和《信息与文献　参考文献著录规则》（GB/T 7714—2015）两个标准。各高等院校也根据国家有关部门的要求，制定了相关的规定。毕业论文的写作应按有关规定编写。下面概括介绍国标的相关规定。

国标规定，论文由前置部分、主体部分、附录部分、结尾部分构成。在这四个部分中，前置部分和主体部分为论文编写最基本的格式项目。附录部分和结尾部分是选择项。

论文的前置部分主要有题名、作者及工作单位、摘要、关键词等项目。

论文的主体部分是毕业论文的主干和重点，一般由引言、正文、结论、致谢、参考文献等项目构成。

（一）题名

题名即题目、标题，是毕业论文提供给读者的首要信息。国标规定：“题名是以最恰当、最简明的词语反映报告、论文中最重要的特定内容的逻辑组合。”题名中选定的词语概念要与内容相统一，避免空泛或含糊不清，不宜用比喻、夸张等方式进行表达。应避免使用不常见的缩略词、首字母缩写字、字符、代号和公式等。题名应简洁，中文题名一般不宜超过20字，外文题名一般不宜超过10个实词。

若题名因字数的限制，出现语言未尽，或需要分篇、分阶段报道研究成果，则可以用副题名补充说明其特定内容。

（二）作者及工作单位

作者属于论文的责任者之一。根据文责自负的规定，论文应署上作者的姓名。为了便于论文的处理工作，还应写上论文作者所在院系、专业、班级的名称和指导老师等相关信息。

（三）摘要

摘要又叫提要，是对论文内容不加注释和评论的简短陈述。摘要应具备独立性和自含性，即不阅读论文的全文，就能获得必要的信息。摘要的内容应包含与论文同等量的主要信息，有数据、有结论，是一篇完整的短文，供读者确定有无必要阅读全文，也可以供文摘等二次文献独立使用。摘要的内容，一般包括研究工作的目的、研究方法、研究结果和最终结论等，其中结果和结论是重点部分。

摘要的写作一般采用省略第一人称的一段式结构。不用图、表、化学结构式和非公知公用的符号和术语的方式表达。

中文摘要的字数一般不宜超过200~300字；外文摘要不宜超过250个实词。如果为了申请相应的学位，可以按要求写成变异本式的摘要，不受字数的限制。

（四）关键词

关键词是从论文中选取出来用以表示全文主题内容信息的单词或术语。关键词尽可能选用《汉语主题词表》中提供的规范词。每篇论文应选取3~8个关键词，以显著的字符另起一行，排在摘要的左下方，词与词之间空一格，不打任何标点符号。外文关键词应与中文的关键词对应。

（五）引言

引言又叫绪论、导论或引论，是论文的开头。引言应简要说明研究工作的目的、范围、相关领域内前人工作情况和存在的知识空白、研究设想及采用方法、预期结果或研究工作的意义等，起到引导读者去领会本论文内容的作用。如果为了申请相应的学位，以证明自己具有开阔的科学视野，已掌握了坚实的基础理论和系统的专门知识，对研究方案做了充分论证，可综合评述课题研究的有关历史回顾和前人工作情况，用单独的章节、足够的文字进行叙述，但较短的论文可用一小段文字叙述，不必标出“引言”二字。

引言的写作应做到言简意赅，不与摘要雷同，不能成为摘要的注释。一般教科书中有的知识，不必在此赘述。

（六）正文

正文又叫本论，是毕业论文的核心部分，占主要篇幅。由于研究工作涉及的学科、选题、研究方法、工作进程、结果、表达方式等有很大的差异，对正文内容不能作统一的规定。但无论何种类型的毕业论文，其正文部分内容都必须实事求是，合乎逻辑，层次分明，用语精练。下面就理论型、观测型、实验型毕业论文的主题内容分别做概括介绍。

1.理论型毕业论文的正文

理论型毕业论文常以通过假说和逻辑推理提出中心论点，再采用分论点逐一进行论证或证明其正确性或谬误性；或是提出某一问题或现象，然后进行论证，得出其本质或发展规律；或是提出某个定理或定义，逐层深入进行论证。此类毕业论文的结构可采用小标题式或标序式，使其内容层次井然。

2.观测型毕业论文的正文

观测型毕业论文的正文内容常由叙述和讨论两部分构成。通常是先叙述考察或观测对象的情况，如发现的新属种、新事物的名称、产地、形态、特征、生活环境、分布状况等。然后讨论考察或观测对象的某些现象，如与其他对象存在的差别或相同处，对它们进行研究的意义、作用及其价值等。

3.实验型毕业论文的正文

实验型毕业论文的正文内容一般由材料、方法与结果三部分构成。

材料部分，可介绍实验所用材料的名称、型号来源、产地、特征等，或介绍实验所用的仪器设备及其装置。如果使用的是特殊性的仪器设备，则应对其进行详细介绍。

方法部分，应重点介绍材料的处理方法、工艺流程、制作过程；或是介绍所使用的仪器、设备的操作使用方法；或是对某问题的解决方法等。这部分是承接材料部分的发展，是材料部分内容的延续。

结果部分，是实验的最终表现形式，应重点表达通过实验所得到的结果。实验结果这部分的内容也可单列为下述“结论”部分。

（七）结论

结论是论文最终的、总体的结论，是理论分析和实验结果的逻辑发展，而不是正文中各段小结的简单重复，也不是实验或观测结果的再次重复。结论的内容可以是研究的结果说明了什么问题，反映出什么性质，得到什么规律；或本研究有什么创新性及其产生的价值或相关的意义等。

在实验型毕业论文中如果因为某些原因，不能得出应有的结果，也可以进行必要的讨论。讨论中可以提出建议，如研究设想、仪器设备的改进意见、自己认为尚待解决的问题等。

结论的写作应该做到完整、确切、准确、精练。

（八）致谢

致谢是毕业文论文写作格式的选择项目，酌情使用。致谢的对象主要有向作者提供帮助、指导和便利条件的单位或个人，给予作者转载和引用权的资料、图片、文献、研究思想和设想的所有者，以及指导老师等。

（九）参考文献表

在写作毕业论文中，凡引用了他人文献中的理论、数据、图片等资料作为参考，均应在参考文献表中列出被参考文献的相关信息。这样既说明自己研究的真实依据，体现出研究工作的科学态度和求实精神，也是对他人劳动成果的尊重。

毕业论文的参考文献表，可按照《信息与文献　参考文献著录规则》（GB/T 7714—2015）的规定标识。该规则中提出了顺序编码制和著者-出版年制两个系统，并作了具体规定。

两种著录规则都由参考文献正文中标注、单条参考文献的著录和参考文献表的编制三个部分构成。

1.参考文献正文中标注

参考文献正文中标注又叫文中注释，是指在毕业论文正文的写作中，引用了他人文献中的资料，应当在引文后作出标识。

顺序编码制的标识方法是按正文中引用文献出现的先后顺序连续编码，并将序号置于引文末尾右上角的方括号中。

如：德国学者N.克罗斯研究了瑞士巴塞尔市附近侏罗山中老第三纪断裂对第三系褶皱的控制[235]；之后，他又描述了西里西亚第3条大型的近南北向构造带，并提出地槽是在不均一的块体的基底上发展的思想[236]。

如果某一引文是引自同一作者的几篇文章，只需将各篇文献的序号在方括号内全部列出，各序号间用“，”隔开。如遇连续序号，可标识起止序号。

如：华罗庚多次提出优选法的重要性[2，21-25]。

如多次引用同一著者的同一文献时，在正文中标识首次引用的文献序号，并在序号的方括号外著录引文页码。

如：主编靠编辑思想指挥全局已是编辑界的共识[1]，然而对编辑思想至今没有一个明确的界定，故不妨提出一个构架……参与讨论。由于“思想”的内涵是“客观存在反映在人的意识中经过思维活动而产生的结果”[2]1194，所以“编辑思想”的内涵就是编辑实践反映在编辑工作者的意识中，“经过思维活动而产生的结果”。……《中国青年》杂志创办人追求的高格调——理性的成熟与热点的凝聚[3]，表明其读者群的文化的品位的高层次……“方针”指“引导事业前进的方向和目标”[2]354。……对编辑方针，1981年中国科协副主席裴丽生曾有过科学的论断——“自然科学学术期刊必须坚持以马列主义、毛泽东思想为指导，贯彻为国民经济发展服务，理论与实践相结合，普及与提高相结合，‘百花齐放，百家争鸣’的方针。”[4]它完整地回答了为谁服务，怎样服务，如何服务得更好的问题。

正文引用的文献采用著者-出版年制时，各篇文献的标注内容由著者姓氏与出版年构成，并置于圆括号内。

倘若正文中已提及著者姓名，则在其后的圆括号内只需著录出版年。

若多次引用同一著者的同一文献，在正文中标识著者与出版年，并在圆括号外以上角标的形式著录引文页码。

如：主编靠编辑思想指挥全局已是编辑界的共识（张忠智，1997），然而对编辑思想至今没有一个明确的界定，故不妨提出一个构架……参与讨论。由于“思想”的内涵是“客观存在反映在人的意识中经过思维活动而产生的结果”（中国社会科学院语言研究所词典编辑室，1996）[1194]，所以“编辑思想”的内涵就是编辑实践反映在编辑工作者的意识中，“经过思维活动而产生的结果”。……《中国青年》杂志创办人追求的高格调——理性的成熟与热点的凝聚（刘彻东，1998），表明其读者群的文化的品位的高层次……“方针”指“引导事业前进的方向和目标”（中国社会科学院语言研究所词典编辑室，1996）[354]。……对编辑方针，1981年中国科协副主席裴丽生曾有过科学的论断——“自然科学学术期刊必须坚持以马列主义、毛泽东思想为指导，贯彻为国民经济发展服务，理论与实践相结合，普及与提高相结合，‘百花齐放，百家争鸣’的方针。”（裴丽生，1981）它完整地回答了为谁服务，怎样服务，如何服务得更好的问题。

2.单条参考文献的著录

单条参考文献的著录是指将所引用的每一条参考文献，将其主要信息编写成规定的著录格式。

毕业论文的参考文献通常选自专著、连续出版物、电子文献等。

（1）参考文献为专著的著录格式。专著是以单行本形式或多卷册形式，在限定的期限内出版的非连续性出版物。它包括以各种载体形式出版的普通图书、古籍、学位论文、技术报告、会议文集、汇编、多卷书、丛书等。

按顺序编码制组织的参考文献表中的各篇文献序号可用方括号将序号括起来，如［1］、［2］……

顺序编码制关于专著的著录格式为：［序号］，作者姓名（主要责任者）. 书名［文献类型标识］. 版本项（注意：第一版不著录）. 出版地：出版者，出版年：引文页码 . 例如：

［1］ 蒋有绪，郭泉水，马娟，等. 中国森林群落分类及其群落学特征［M］. 北京：科学出版社，1998.

［2］唐绪军. 报业经济与报业经营［M］. 北京：新华出版社，1999：117-121.

著者-出版年制关于专著的著录格式与顺序编码制关于专著的著录格式大同小异，只是没有序号。出版年提至作者姓名后，并将出版年后标为句点；出版社后若没有引文页码也标为句点。例如：

蒋有绪，郭泉水，马娟，等. 1998. 中国森林群落分类及其群落学特征［M］. 北京：科学出版社.

唐绪军. 1999. 报业经济与报业经营［M］. 北京：新华出版社，117-121.

（2）参考文献为专著中析出文献的著录格式。专著中析出文献是指从整本文献中析出的具有独立篇名的文献。

顺序编码制关于专著中析出文献的著录格式为：［序号］，析出文献作者（析出文献主要责任者）. 析出文献题名［文献类型标识］. //专著主要责任者. 专著题名．版本项（注意：第一版不著录）．出版地：出版者，出版年：析出文献的页码．例如：

［1］ 白书农．植物开花研究［M］．//李承森．植物科学进展．北京：高等教育出版社，1998：146-163.

［2］ 韩吉人．论职工教育的特点［G］．//中国职工教育研究会．职工教育研究论文集．北京：人民教育出版社，1985：90-99.

著者-出版年制关于专著中析出文献的著录格式为：

白书农．1998．植物开花研究［M］．//李承森．植物科学进展．北京：高等教育出版社，146-163.

韩吉人．1985．论职工教育的特点［G］．//中国职工教育研究会．职工教育研究论文集．北京：人民教育出版社，90-99.

（3）参考文献为连续出版物中析出文献的著录格式。

连续出版物是指一种载有卷期号或年月日顺序号、计划无限期地连续出版发行的出版物。它包括以各种载体形式出版的期刊、报纸等。

顺序编码制关于连续出版物中析出文献的著录格式为：［序号］，析出文献作者（析出文献主要责任者）．析出文献题名［文献类型标识］．期刊或报纸名（连续出版物题名），年，卷（期）：析出文献的页码．报纸为年-月-日，圆括号中标识版紧接在“日”后。如：

［1］ 李炳穆．理想的图书馆员和信息专家的素质与形象［J］．图书情报工作，2000，（2）：5-8.

［2］ 丁文祥．数字革命与竞争国际化［N］．中国青年报，2000-11-20（15）.

著者-出版年制关于连续出版物中析出文献的著录格式为：

李炳穆．2000．理想的图书馆员和信息专家的素质与形象［J］．图书情报工作，（2）：5-8.

丁文祥．2000．数字革命与竞争国际化［N］．中国青年报，11-20（15）.

（4）参考文献为电子文献的著录格式。

电子文献是以数字方式将图、文、声、像等信息存储在磁、光、电介质上，通过计算机、网络或相关设备使用的记录有知识内容或艺术内容的文献信息资源，包括电子书刊、数据库、电子公告等。

电子文献的著录格式为：［序号］主要责任者．题名［文献类型标识/文献载体标识］．出版地：出版者，出版年：引文页码（更新或修改日期）［引用日期］．获取和访问路径．数字对象唯一标识符．例如：

［1］ 江向东．互联网环境下的信息处理与图书管理系统解决方案［J/OL］．情报学报，1999，18（2）：4［2000-01-18］.http：//www.chinainfo.gov.cn /periodical/qbxb/qbxb99/qbxb990203.

［2］ 萧钮．出版业信息化迈入快车道［EB/OL］.（2001-12-19）［2002-04-15］.

http：//www.creader.com/news/20011219/200112190019.html.

3.参考文献表的编制

顺序编码制的著录格式是将制好的单条参考文献按照在毕业论文中出现的先后顺序编制成表即可。例如：

［1］林心治，刘俐．应用文写作教程［M］．重庆：重庆大学出版社，2016：45.

［2］赵平．学术论文的语言表达技巧［J］．应用写作，2019，（1）：62.

［3］王晓明．毕业论文的答辩艺术［C］．//司有和．科技写作论文集．合肥：中国科技大学出版社，1991：205-209.

参考文献表采用著者-出版年制组织时，各篇文献首先按文种集中，可分为中文、日文、西文、俄文、其他文种五部分；然后按著者字顺和出版年排列。中文文献可以按汉语拼音字顺排列，也可以按笔画笔顺排列。例如：

林心治，刘俐．2016．应用文写作教程［M］．重庆：重庆大学出版社，45.

王晓明．1991．毕业论文的答辩艺术［C］．//司有和．科技写作论文集．合肥：中国科技大学出版社，205-209.

赵平．2019．学术论文的语言表达技巧［J］．应用写作，（1）：62.

五、毕业论文写作注意事项

1.选题恰当

论题选择是论文的起点和成败的关键。毕业论文的选题原则是：客观上有学科价值和主观上有基本条件。毕业论文的主要用途是应对学科知识和能力的考察即论文评审的，因此论文的选题必须有学科价值，写作者须以所学学科范围内的具有研究意义，即具有理论价值或应用价值的现象、问题为研究对象。同时，又要考虑自己是否具备研究该研究对象的主观条件，诸如学识水平、探讨能力、研究兴趣及足够的精力、时间等。因此，选题范围和难度应大小适中、难易适度，太大太难则力不胜任，太小太易则无法发挥学识和体现研究水平。

2.扎实规范

扎实是指有丰富、翔实的材料，其突出表现就是必须援引充足的文献资料或实验、考察材料。毕业论文评审的重要方面之一就是考核毕业生是否具有搜集、梳理和征引有关材料的能力。规范有两重含义，其一是指严守学术道德规范，严谨治学、杜绝剽窃，力求“每一个观点都有来历、都注明出处。如果没有注明，要么被视为无根据、无证据，论证不足……要么已知而未标出，则视为‘抄袭’。”其二是指行文格式规范，特别是参考文献表的编排须符合规范。

3.规范表达

规范表达是指毕业论文的写作要讲求理性思维，通过严密的逻辑推理过程来论证要表达的学术观点。要使用析理性语言，对论点、论证过程的表述，均应具有概括性、抽象度，用语精练、准确、学理化。

任务十　毕业设计说明书

一、认识毕业设计说明书

毕业设计说明书是高校毕业学生对整个设计过程的整理和总结说明。毕业设计说明书是毕业设计技术文件之一，也是毕业设计工作中的重要组成部分。

通过图纸设计的理论依据及计算数据等，可以呈现学生对专业基础知识、基础理论的学习掌握情况；在方案选择、绘图、计算熟悉运用现代设计工具及资料、标准、规范、手册等工具书的技能；掌握本专业一般设计方法、步骤，树立正确的设计思想，培养解决专业工程问题的能力。

毕业设计说明书为指导教师和答辩委员会提供了检查毕业学生综合运用专业所学课程理论与实际知识的表达能力，以及对专业发展现状认识、对专业未来发展的预判等，同时也是判定毕业学生的毕业设计是否合格的重要依据。

二、毕业设计说明书的内容及编写要求

毕业设计说明书的内容因专业、选题不同有较大的区别。通常应包括以下内容：

1.封面

封面主要包括学校专业设计说明书、设计题目、专业、班级、设计者姓名、指导教师姓名、成文日期等信息。

（1）应按学校规定统一标识专业设计说明书，如《××大学机械专业毕业设计说明书》。

（2）应填写好设计题目，如《减速器装配图设计》。

（3）专业、班级、设计者姓名、指导教师姓名、成文日期等相关信息依次填写好即可。

2.目录

目录包括毕业设计所有组成文件标题和页码。这部分工作可以安排在定稿阶段的后期完成。

3.毕业设计任务书

通常学校都设计有专门的毕业设计任务书，按要求填写好相关内容。要注意必须要表达出专业性，符合专业要求。

4.毕业设计所有组成文件内容

通常包括设计题目涉及相关的计算、必要的简图。表达时按照专业设计的思路进行表达，使内容有序，能清晰表达出设计思路，使指导教师和答辩委员会老师对毕业设计有清晰的认识、判断和理解。

5.参考文献

凡是在毕业设计中引用了他人专著、图书中的资料，均应标明文献来源。标识方法按《信息与文献　参考文献著录规则》（GB/T 7714—2015）要求编写。

毕业设计说明书应力求文字简明扼要，正确编写各内容的各级标题并标识序号。可选择必要的草图补充说明内容。设计计算只需写出公式、原始数据和结果，省略中间运算步骤。设计技术要符合相关设计规范。引用的相关理论、数据和公式应注明来源。

三、例文

减速器装配图设计说明书

（内容提纲）

1. 目录
2. 毕业设计任务书
3. 传动方案拟定或论证
4. 电动机选择
5. 传动装置运动及动力参数计算
6. 传动零件的设计计算
7. 轴的计算
8. 滚动轴承的选择和计算
9. 键连接的选择和计算
10. 联轴器的选择
11. 润滑方式、润滑油牌号及密封装置的选择
12. 参考文献

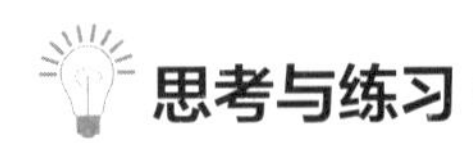

思考与练习

一、单项选择题（请选出正确的答案，并将其序号填入括号中。）

1.宏远公司拟向取得重大成就的合作伙伴表示祝贺，应选的文书是（　　）。

A.表扬信　　B.感谢信　　C.祝酒词　　D.贺信

2.拟写感谢信中感谢缘由，应做到（　　）。

A.简明　　B.详尽　　C.委婉　　D.含蓄

3.下列情况中不能使用慰问信的是（　　）。

A.喜获丰收　　B.战胜难关　　C.遭受灾害　　D.张三结婚

4.自荐信正文的重点部分是（　　）。

A.自荐缘由　　B.自荐目标　　C.自荐条件　　D.自荐要求

5.写作申请书的目的是（　　）。

A.汇报工作　　B.展示自己　　C.咨询问题　　D.表达意愿

6.买卖合同主体部分首先要表达的项目是（　　）。

A.价款　　B.标的　　C.数量　　D.附则

7.民事起诉状表达的核心项目是（　　）。

A.标题　　B.诉讼请求　　C.事实依据　　D.送至法院

8.答辩状内容必须针对起诉状中对方的（　　）。

A.态度　　B.单位　　C.身份　　D.指控

9.高校学生毕业前应独立完成的大型综合性教学活动是撰写（　　）。

A.起诉状　　B.买卖合同　　C.毕业论文　　D.申请书

10.工科高校拟毕业学生撰写的对整个设计过程整理和总结说明的文书是（　　）。

A.自荐信　　B.述职报告　　C.讲话稿　　D.毕业设计说明书

二、多项选择题（请选出正确的答案，并将其序号填入括号中，每小题有2~5个正确答案，错选、少选、多选均为错误。）

1.贺信的作用包括（　　）。

A.提醒　　B.告诫　　C.祝贺　　D.表彰　　E.教育

2.感谢信的受文者应是对自己有过（　　）。

A.关心者　　B.帮助者　　C.支援者　　D.来往者　　E.歧视者

3.自荐信正文内容应包括（　　）。

A.家庭情况　　B.专业知识　　C.专业技能　　D.实践经验　　E.学习成绩

4.合同的主要条款包括（　　）。

A.标的　　B.数量质量　　C.违约责任　　D.签证机关　　E.履约期限

5.民事起诉状正文应表达的项目是（　　）。

A.违约责任　　B.诉讼请求　　C.事实理由　　D.送致法院　　E.证据及来源

三、改错题

1.这是李小华帮夕阳红敬老院拟写的合同，请指出你发现的问题，并改写成规范的文书。

经济合同

苏宁公司空调营销组（以下简称卖方）

夕阳红敬老院采购组（以下简称买方）

甲方向乙方提供20台空调，每台1500元。质量要好，还要好看。甲方要尽快交货，乙方货款通过银行转账支票一次结清。未尽事宜，由双方协商解决。

苏宁公司空调营销组
夕阳红敬老院采购组
11.16

2.请将下篇文稿改写成规范的文书。

起 诉 书

×× 市人民法院：

我叫李大山，今年78岁，我要告李兵。他是我的儿，今年52岁，现住南水市第一中学。

是我一手将他养大的，从上小学到大学毕业都是我供他。他大学毕业后，分到南水市第一中学教书。夫妻二人都有工作，他们的两个儿子和女儿也都工作了，家里生活好得很。他毕业后就忘了我和他妈，他妈老了，长年卧床，我们找人写信给他，他根本不回来看一下，也不寄钱回来。我也快80岁了，不能劳动了，又没得其他子女可依靠，穷得很。俗话说“家丑不可外扬”，我是实在没办法了！国家的法律都规定儿女要赡养父母，李兵一家过着好日子，却不顾我们老两口，真是拿他没得法啊！请法院公断，喊李兵每月给我们500元钱，看我们能不能再活两年！

×× 乡2村1组农民：李大山
2020年11月12日

四、写作题（要求：内容表达真实全面；格式正确完整，层次清晰，语言简明。）

1.你曾就读的大学将举行××周年校庆，请以校友的名义写一封贺信。

2.你们四人小组前往宏远公司实习，公司很重视，安排你们参与了市场调查，并且部门经理详细讲了工作过程及相关要求。老员工修改了调查问卷，指导你们对问卷进行分析研究，你们写出的报告得到认可。做的其他事情虽经波折，最后还是做好了。收获真大！在学校课本上根本学不到这些东西。半个月的时间很快就过去，马上要回学校了。请以小组名义写封信表示一下大家的感激之情。

3.王大伟是你们班的班长，进校以来做了很多工作，学习也好，你们成了无话不说的好朋友。学院学生会要进行换届，他想去竞选学生会副主席。请你帮他拟写一封文书去争取一下。

4.请根据你的兴趣、爱好，拟写一份加入学校某社团的申请书。

附录一　党政机关公文处理工作条例

第一章　总　　则

第一条　为了适应中国共产党机关和国家行政机关（以下简称党政机关）工作需要，推进党政机关公文处理工作科学化、制度化、规范化，制定本条例。

第二条　本条例适用于各级党政机关公文处理工作。

第三条　党政机关公文是党政机关实施领导、履行职能、处理公务的具有特定效力和规范体式的文书，是传达贯彻党和国家方针政策，公布法规和规章，指导、布置和商洽工作，请示和答复问题，报告、通报和交流情况等的重要工具。

第四条　公文处理工作是指公文拟制、办理、管理等一系列相互关联、衔接有序的工作。

第五条　公文处理工作应当坚持实事求是、准确规范、精简高效、安全保密的原则。

第六条　各级党政机关应当高度重视公文处理工作，加强组织领导，强化队伍建设，设立文秘部门或者由专人负责公文处理工作。

第七条　各级党政机关办公厅（室）主管本机关的公文处理工作，并对下级机关的公文处理工作进行业务指导和督促检查。

第二章　公文种类

第八条　公文种类主要有：

（一）决议。适用于会议讨论通过的重大决策事项。

（二）决定。适用于对重要事项作出决策和部署、奖惩有关单位和人员、变更或者撤销下级机关不适当的决定事项。

（三）命令（令）。适用于公布行政法规和规章、宣布施行重大强制性措施、批准授予和晋升衔级、嘉奖有关单位和人员。

（四）公报。适用于公布重要决定或者重大事项。

（五）公告。适用于向国内外宣布重要事项或者法定事项。

（六）通告。适用于在一定范围内公布应当遵守或者周知的事项。

（七）意见。适用于对重要问题提出见解和处理办法。

（八）通知。适用于发布、传达要求下级机关执行和有关单位周知或者执行的事项，批转、转发公文。

（九）通报。适用于表彰先进、批评错误、传达重要精神和告知重要情况。

（十）报告。适用于向上级机关汇报工作、反映情况，回复上级机关的询问。

（十一）请示。适用于向上级机关请求指示、批准。

（十二）批复。适用于答复下级机关请示事项。

（十三）议案。适用于各级人民政府按照法律程序向同级人民代表大会或者人民代表大会常务委员会提请审议事项。

（十四）函。适用于不相隶属机关之间商洽工作、询问和答复问题、请求批准和答复审批事项。

（十五）纪要。适用于记载会议主要情况和议定事项。

第三章　公文格式

第九条　公文一般由份号、密级和保密期限、紧急程度、发文机关标志、发文字号、签发人、标题、主送机关、正文、附件说明、发文机关署名、成文日期、印章、附注、附件、抄送机关、印发机关和印发日期、页码等组成。

（一）份号。公文印制份数的顺序号。涉密公文应当标注份号。

（二）密级和保密期限。公文的秘密等级和保密的期限。涉密公文应当根据涉密程度分别标注“绝密”“机密”“秘密”和保密期限。

（三）紧急程度。公文送达和办理的时限要求。根据紧急程度，紧急公文应当分别标注“特急”“加急”，电报应当分别标注“特提”“特急”“加急”“平急”。

（四）发文机关标志。由发文机关全称或者规范化简称加“文件”二字组成，也可以使用发文机关全称或者规范化简称。联合行文时，发文机关标志可以并用联合发文机关名称，也可以单独用主办机关名称。

（五）发文字号。由发文机关代字、年份、发文顺序号组成。联合行文时，使用主办机关的发文字号。

（六）签发人。上行文应当标注签发人姓名。

（七）标题。由发文机关名称、事由和文种组成。

（八）主送机关。公文的主要受理机关，应当使用机关全称、规范化简称或者同类型机关统称。

（九）正文。公文的主体，用来表述公文的内容。

（十）附件说明。公文附件的顺序号和名称。

（十一）发文机关署名。署发文机关全称或者规范化简称。

（十二）成文日期。署会议通过或者发文机关负责人签发的日期。联合行文时，署最后签发机关负责人签发的日期。

（十三）印章。公文中有发文机关署名的，应当加盖发文机关印章，并与署名机关相符。有特定发文机关标志的普发性公文和电报可以不加盖印章。

（十四）附注。公文印发传达范围等需要说明的事项。

（十五）附件。公文正文的说明、补充或者参考资料。

（十六）抄送机关。除主送机关外需要执行或者知晓公文内容的其他机关，应当使用机关全称、规范化简称或者同类型机关统称。

（十七）印发机关和印发日期。公文的送印机关和送印日期。

（十八）页码。公文页数顺序号。

第十条　公文的版式按照《党政机关公文格式》国家标准执行。

第十一条　公文使用的汉字、数字、外文字符、计量单位和标点符号等，按照有关国家标准和规定执行。民族自治地方的公文，可以并用汉字和当地通用的少数民族文字。

第十二条　公文用纸幅面采用国际标准A4型。特殊形式的公文用纸幅面，根据实际需要确定。

第四章　行文规则

第十三条　行文应当确有必要，讲求实效，注重针对性和可操作性。

第十四条　行文关系根据隶属关系和职权范围确定。一般不得越级行文，特殊情况需要越级行文的，应当同时抄送被越过的机关。

第十五条　向上级机关行文，应当遵循以下规则：

（一）原则上主送一个上级机关，根据需要同时抄送相关上级机关和同级机关，不抄送下级机关。

（二）党委、政府的部门向上级主管部门请示、报告重大事项，应当经本级党委、政府同意或者授权；属于部门职权范围内的事项应当直接报送上级主管部门。

（三）下级机关的请示事项，如需以本机关名义向上级机关请示，应当提出倾向性意见后上报，不得原文转报上级机关。

（四）请示应当一文一事。不得在报告等非请示性公文中夹带请示事项。

（五）除上级机关负责人直接交办事项外，不得以本机关名义向上级机关负责人报送公文，不得以本机关负责人名义向上级机关报送公文。

（六）受双重领导的机关向一个上级机关行文，必要时抄送另一个上级机关。

第十六条　向下级机关行文，应当遵循以下规则：

（一）主送受理机关，根据需要抄送相关机关。重要行文应当同时抄送发文机关的直接上级机关。

（二）党委、政府的办公厅（室）根据本级党委、政府授权，可以向下级党委、政府行文，其他部门和单位不得向下级党委、政府发布指令性公文或者在公文中向下级党委、政府提出指令性要求。需经政府审批的具体事项，经政府同意后可以由政府职能部门行文，文中须注明已经政府同意。

（三）党委、政府的部门在各自职权范围内可以向下级党委、政府的相关部门行文。

（四）涉及多个部门职权范围内的事务，部门之间未协商一致的，不得向下行文；擅自行文的，上级机关应当责令其纠正或者撤销。

（五）上级机关向受双重领导的下级机关行文，必要时抄送该下级机关的另一个上级机关。

第十七条 同级党政机关、党政机关与其他同级机关必要时可以联合行文。属于党委、政府各自职权范围内的工作，不得联合行文。

党委、政府的部门依据职权可以相互行文。

部门内设机构除办公厅（室）外不得对外正式行文。

第五章 公文拟制

第十八条 公文拟制包括公文的起草、审核、签发等程序。

第十九条 公文起草应当做到：

（一）符合党的理论路线方针政策和国家法律法规，完整准确体现发文机关意图，并同现行有关公文相衔接。

（二）一切从实际出发，分析问题实事求是，所提政策措施和办法切实可行。

（三）内容简洁，主题突出，观点鲜明，结构严谨，表述准确，文字精练。

（四）文种正确，格式规范。

（五）深入调查研究，充分进行论证，广泛听取意见。

（六）公文涉及其他地区或者部门职权范围内的事项，起草单位必须征求相关地区或者部门意见，力求达成一致。

（七）机关负责人应当主持、指导重要公文起草工作。

第二十条 公文文稿签发前，应当由发文机关办公厅（室）进行审核。审核的重点是：

（一）行文理由是否充分，行文依据是否准确。

（二）内容是否符合党的理论路线方针政策和国家法律法规；是否完整准确体现发文机关意图；是否同现行有关公文相衔接；所提政策措施和办法是否切实可行。

（三）涉及有关地区或者部门职权范围内的事项是否经过充分协商并达成一致意见。

（四）文种是否正确，格式是否规范；人名、地名、时间、数字、段落顺序、引文等是否准确；文字、数字、计量单位和标点符号等用法是否规范。

（五）其他内容是否符合公文起草的有关要求。

需要发文机关审议的重要公文文稿，审议前由发文机关办公厅（室）进行初核。

第二十一条 经审核不宜发文的公文文稿，应当退回起草单位并说明理由；符合发文条件但内容需作进一步研究和修改的，由起草单位修改后重新报送。

第二十二条 公文应当经本机关负责人审批签发。重要公文和上行文由机关主要负责人签发。党委、政府的办公厅（室）根据党委、政府授权制发的公文，由受权机关主要负责人签发或者按照有关规定签发。签发人签发公文，应当签署意见、姓名和完整日期；圈阅或者签名的，视为同意。联合发文由所有联署机关的负责人会签。

第六章　公文办理

第二十三条　公文办理包括收文办理、发文办理和整理归档。

第二十四条　收文办理主要程序是：

（一）签收。对收到的公文应当逐件清点，核对无误后签字或者盖章，并注明签收时间。

（二）登记。对公文的主要信息和办理情况应当详细记载。

（三）初审。对收到的公文应当进行初审。初审的重点是：是否应当由本机关办理，是否符合行文规则，文种、格式是否符合要求，涉及其他地区或者部门职权范围内的事项是否已经协商、会签，是否符合公文起草的其他要求。经初审不符合规定的公文，应当及时退回来文单位并说明理由。

（四）承办。阅知性公文应当根据公文内容、要求和工作需要确定范围后分送。批办性公文应当提出拟办意见报本机关负责人批示或者转有关部门办理；需要两个以上部门办理的，应当明确主办部门。紧急公文应当明确办理时限。承办部门对交办的公文应当及时办理，有明确办理时限要求的应当在规定时限内办理完毕。

（五）传阅。根据领导批示和工作需要将公文及时送传阅对象阅知或者批示。办理公文传阅应当随时掌握公文去向，不得漏传、误传、延误。

（六）催办。及时了解掌握公文的办理进展情况，督促承办部门按期办结。紧急公文或者重要公文应当由专人负责催办。

（七）答复。公文的办理结果应当及时答复来文单位，并根据需要告知相关单位。

第二十五条　发文办理主要程序是：

（一）复核。已经发文机关负责人签批的公文，印发前应当对公文的审批手续、内容、文种、格式等进行复核；需作实质性修改的，应当报原签批人复审。

（二）登记。对复核后的公文，应当确定发文字号、分送范围和印制份数并详细记载。

（三）印制。公文印制必须确保质量和时效。涉密公文应当在符合保密要求的场所印制。

（四）核发。公文印制完毕，应当对公文的文字、格式和印刷质量进行检查后分发。

第二十六条　涉密公文应当通过机要交通、邮政机要通信、城市机要文件交换站或者收发件机关机要收发人员进行传递，通过密码电报或者符合国家保密规定的计算机信息系统进行传输。

第二十七条　需要归档的公文及有关材料，应当根据有关档案法律法规以及机关档案管理规定，及时收集齐全、整理归档。两个以上机关联合办理的公文，原件由主办机关归档，相关机关保存复制件。机关负责人兼任其他机关职务的，在履行所兼职务过程中形成的公文，由其兼职机关归档。

第七章　公文管理

第二十八条　各级党政机关应当建立健全本机关公文管理制度，确保管理严格规范，充分发挥公文效用。

第二十九条　党政机关公文由文秘部门或者专人统一管理。设立党委（党组）的县级以上单位应当建立机要保密室和机要阅文室，并按照有关保密规定配备工作人员和必要的安全保密设施设备。

第三十条　公文确定密级前，应当按照拟定的密级先行采取保密措施。确定密级后，应当按照所定密级严格管理。绝密级公文应当由专人管理。

公文的密级需要变更或者解除的，由原确定密级的机关或者其上级机关决定。

第三十一条　公文的印发传达范围应当按照发文机关的要求执行；需要变更的，应当经发文机关批准。

涉密公文公开发布前应当履行解密程序。公开发布的时间、形式和渠道，由发文机关确定。

经批准公开发布的公文，同发文机关正式印发的公文具有同等效力。

第三十二条　复制、汇编机密级、秘密级公文，应当符合有关规定并经本机关负责人批准。绝密级公文一般不得复制、汇编，确有工作需要的，应当经发文机关或者其上级机关批准。复制、汇编的公文视同原件管理。

复制件应当加盖复制机关戳记。翻印件应当注明翻印的机关名称、日期。汇编本的密级按照编入公文的最高密级标注。

第三十三条　公文的撤销和废止，由发文机关、上级机关或者权力机关根据职权范围和有关法律法规决定。公文被撤销的，视为自始无效；公文被废止的，视为自废止之日起失效。

第三十四条　涉密公文应当按照发文机关的要求和有关规定进行清退或者销毁。

第三十五条　不具备归档和保存价值的公文，经批准后可以销毁。销毁涉密公文必须严格按照有关规定履行审批登记手续，确保不丢失、不漏销。个人不得私自销毁、留存涉密公文。

第三十六条　机关合并时，全部公文应当随之合并管理；机关撤销时，需要归档的公文经整理后按照有关规定移交档案管理部门。

工作人员离岗离职时，所在机关应当督促其将暂存、借用的公文按照有关规定移交、清退。

第三十七条　新设立的机关应当向本级党委、政府的办公厅（室）提出发文立户申请。经审查符合条件的，列为发文单位，机关合并或者撤销时，相应进行调整。

第八章 附 则

第三十八条 党政机关公文含电子公文。电子公文处理工作的具体办法另行制定。

第三十九条 法规、规章方面的公文，依照有关规定处理。外事方面的公文，依照外事主管部门的有关规定处理。

第四十条 其他机关和单位的公文处理工作，可以参照本条例执行。

第四十一条 本条例由中共中央办公厅、国务院办公厅负责解释。

第四十二条 本条例自 2012年7月1日起施行。1996年5月3日中共中央办公厅发布的《中国共产党机关公文处理条例》和 2000年8月24日国务院发布的《国家行政机关公文处理办法》停止执行。

附录二　党政机关公文格式
（GB/T 9704—2012）

1　范围

本标准规定了党政机关公文通用的纸张要求、排版和印制装订要求、公文格式各要素的编排规则，并给出了公文的式样。

本标准适用于各级党政机关制发的公文。其他机关和单位的公文可以参照执行。

使用少数民族文字印制的公文，其用纸、幅面尺寸及版面、印制等要求按照本标准执行，其余可以参照本标准并按照有关规定执行。

2　规范性引用文件

下列文件对于本标准的应用是必不可少的。凡是注日期的引用文件，仅所注日期的版本适用于本标准。凡是不注日期的引用文件，其最新版本（包括所有的修改单）适用于本标准。

GB/T 148　印刷、书写和绘图纸幅面尺寸

GB 3100　国际单位制及其应用

GB 3101　有关量、单位和符号的一般原则

GB 3102（所有部分）　量和单位

GB/T 15834　标点符号用法

GB/T 15835　出版物上数字用法

3　术语和定义

下列术语和定义适用于本标准。

3.1

字　word

标示公文中横向距离的长度单位。在本标准中，一字指一个汉字宽度的距离。

3.2

行　line

标示公文中纵向距离的长度单位。在本标准中，一行指一个汉字的高度加3号汉字高度的7/8的距离。

4　公文用纸主要技术指标

公文用纸一般使用纸张定量为60 g/m^2~80 g/m^2的胶版印刷纸或复印纸。纸张白度80%~90%，横向耐折度≥15次，不透明度≥85%，pH值为7.5~9.5。

5　公文用纸幅面尺寸及版面要求

5.1　幅面尺寸

公文用纸采用GB/T 148中规定的A4型纸，其成品幅面尺寸为：210mm × 297mm。

5.2　版面

5.2.1　页边与版心尺寸

公文用纸天头（上白边）为37mm ± 1mm，公文用纸订口（左白边）为28mm ± 1mm，版心尺寸为156mm × 225mm。

5.2.2　字体和字号

如无特殊说明，公文格式各要素一般用3号仿宋体字。特定情况可以作适当调整。

5.2.3　行数和字数

一般每面排22行，每行排28个字，并撑满版心。特定情况可以作适当调整。

5.2.4　文字的颜色

如无特殊说明，公文中文字的颜色均为黑色。

6　印制装订要求

6.1　制版要求

版面干净无底灰，字迹清楚无断划，尺寸标准，版心不斜，误差不超过1 mm。

6.2　印刷要求

双面印刷；页码套正，两面误差不超过2mm。黑色油墨应当达到色谱所标BL100%，红色油墨应当达到色谱所标Y80%、M80%。印品着墨实、均匀；字面不花、不白、无断划。

6.3　装订要求

公文应当左侧装订，不掉页，两页页码之间误差不超过4mm，裁切后的成品尺寸允许误差 ± 2mm，四角成90° ，无毛茬或缺损。

骑马订或平订的公文应当：

a） 订位为两钉外订眼距版面上下边缘各70mm处，允许误差 ± 4mm；

b） 无坏钉、漏钉、重钉，钉脚平伏牢固；

c） 骑马订钉锯均订在折缝线上，平订钉锯与书脊间的距离为3mm ~ 5mm。

包本装订公文的封皮（封面、书脊、封底）与书芯应吻合、包紧、包平、不脱落。

7 公文格式各要素编排规则

7.1 公文格式各要素的划分

本标准将版心内的公文格式各要素划分为版头、主体、版记三部分。公文首页红色分隔线以上的部分称为版头；公文首页红色分隔线（不含）以下、公文末页首条分隔线（不含）以上的部分称为主体；公文末页首条分隔线以下、末条分隔线以上的部分称为版记。

页码位于版心外。

7.2 版头

7.2.1 份号

如需标注份号，一般用6位3号阿拉伯数字，顶格编排在版心左上角第一行。

7.2.2 密级和保密期限

如需标注密级和保密期限，一般用3号黑体字，顶格编排在版心左上角第二行；保密期限中的数字用阿拉伯数字标注。

7.2.3 紧急程度

如需标注紧急程度，一般用3号黑体字，顶格编排在版心左上角；如需同时标注份号、密级和保密期限、紧急程度，按照份号、密级和保密期限、紧急程度的顺序自上而下分行排列。

7.2.4 发文机关标志

由发文机关全称或者规范化简称加“文件”二字组成，也可以使用发文机关全称或者规范化简称。

发文机关标志居中排布，上边缘至版心上边缘为35mm，推荐使用小标宋体字，颜色为红色，以醒目、美观、庄重为原则。

联合行文时，如需同时标注联署发文机关名称，一般应当将主办机关名称排列在前；如有“文件”二字，应当置于发文机关名称右侧，以联署发文机关名称为准上下居中排布。

7.2.5 发文字号

编排在发文机关标志下空二行位置，居中排布。年份、发文顺序号用阿拉伯数字标注；年份应标全称，用六角括号“〔 〕”括入；发文顺序号不加“第”字，不编虚位（即1不编为01），在阿拉伯数字后加“号”字。

上行文的发文字号居左空一字编排，与最后一个签发人姓名处在同一行。

7.2.6　签发人

由“签发人”三字加全角冒号和签发人姓名组成，居右空一字，编排在发文机关标志下空二行位置。“签发人”三字用3号仿宋体字，签发人姓名用3号楷体字。

如有多个签发人，签发人姓名按照发文机关的排列顺序从左到右、自上而下依次均匀编排，一般每行排两个姓名，回行时与上一行第一个签发人姓名对齐。

7.2.7　版头中的分隔线

发文字号之下4 mm处居中印一条与版心等宽的红色分隔线。

7.3　主体

7.3.1　标题

一般用2号小标宋体字，编排于红色分隔线下空二行位置，分一行或多行居中排布；回行时，要做到词意完整，排列对称，长短适宜，间距恰当，标题排列应当使用梯形或菱形。

7.3.2　主送机关

编排于标题下空一行位置，居左顶格，回行时仍顶格，最后一个机关名称后标全角冒号。如主送机关名称过多导致公文首页不能显示正文时，应当将主送机关名称移至版记，标注方法见7.4.2。

7.3.3　正文

公文首页必须显示正文。一般用3号仿宋体字，编排于主送机关名称下一行，每个自然段左空二字，回行顶格。文中结构层次序数依次可以用“一、”“（一）”“1.”“（1）”标注；一般第一层用黑体字、第二层用楷体字、第三层和第四层用仿宋体字标注。

7.3.4　附件说明

如有附件，在正文下空一行左空二字编排“附件”二字，后标全角冒号和附件名称。如有多个附件，使用阿拉伯数字标注附件顺序号（如“附件：1.××××××”）；附件名称后不加标点符号。附件名称较长需回行时，应当与上一行附件名称的首字对齐。

7.3.5　发文机关署名、成文日期和印章

7.3.5.1　加盖印章的公文

成文日期一般右空四字编排，印章用红色，不得出现空白印章。

单一机关行文时，一般在成文日期之上、以成文日期为准居中编排发文机关署名，印章端正、居中下压发文机关署名和成文日期，使发文机关署名和成文日期居印章中心偏下位置，印章顶端应当上距正文（或附件说明）一行之内。

联合行文时，一般将各发文机关署名按照发文机关顺序整齐排列在相应位置，并将印章一一对应、端正、居中下压发文机关署名，最后一个印章端正、居中下压发文机关署名和成文日期，印章之间排列整齐、互不相交或相切，每排印章两端不得超出版心，首排印章顶端应当上距正文（或附件说明）一行之内。

7.3.5.2 不加盖印章的公文

单一机关行文时，在正文（或附件说明）下空一行右空二字编排发文机关署名，在发文机关署名下一行编排成文日期，首字比发文机关署名首字右移二字，如成文日期长于发文机关署名，应当使成文日期右空二字编排，并相应增加发文机关署名右空字数。

联合行文时，应当先编排主办机关署名，其余发文机关署名依次向下编排。

7.3.5.3 加盖签发人签名章的公文

单一机关制发的公文加盖签发人签名章时，在正文（或附件说明）下空二行右空四字加盖签发人签名章，签名章左空二字标注签发人职务，以签名章为准上下居中排布。在签发人签名章下空一行右空四字编排成文日期。

联合行文时，应当先编排主办机关签发人职务、签名章，其余机关签发人职务、签名章依次向下编排，与主办机关签发人职务、签名章上下对齐；每行只编排一个机关的签发人职务、签名章；签发人职务应当标注全称。

签名章一般用红色。

7.3.5.4 成文日期中的数字

用阿拉伯数字将年、月、日标全，年份应标全称，月、日不编虚位（即1不编为01）。

7.3.5.5 特殊情况说明

当公文排版后所剩空白处不能容下印章或签发人签名章、成文日期时，可以采取调整行距、字距的措施解决。

7.3.6 附注

如有附注，居左空二字加圆括号编排在成文日期下一行。

7.3.7 附件

附件应当另面编排，并在版记之前，与公文正文一起装订。“附件”二字及附件顺序号用3号黑体字顶格编排在版心左上角第一行。附件标题居中编排在版心第三行。附件顺序号和附件标题应当与附件说明的表述一致。附件格式要求同正文。

如附件与正文不能一起装订，应当在附件左上角第一行顶格编排公文的发文字号并在其后标注“附件”二字及附件顺序号。

7.4　版记

7.4.1　版记中的分隔线

版记中的分隔线与版心等宽，首条分隔线和末条分隔线用粗线（推荐高度为0.35mm），中间的分隔线用细线（推荐高度为0.25mm）。首条分隔线位于版记中第一个要素之上，末条分隔线与公文最后一面的版心下边缘重合。

7.4.2　抄送机关

如有抄送机关，一般用4号仿宋体字，在印发机关和印发日期之上一行、左右各空一字编排。“抄送”二字后加全角冒号和抄送机关名称，回行时与冒号后的首字对齐，最后一个抄送机关名称后标句号。

如需把主送机关移至版记，除将“抄送”二字改为“主送”外，编排方法同抄送机关。既有主送机关又有抄送机关时，应当将主送机关置于抄送机关之上一行，之间不加分隔线。

7.4.3　印发机关和印发日期

印发机关和印发日期一般用4号仿宋体字，编排在末条分隔线之上，印发机关左空一字，印发日期右空一字，用阿拉伯数字将年、月、日标全，年份应标全称，月、日不编虚位（即1不编为01），后加“印发”二字。

版记中如有其他要素，应当将其与印发机关和印发日期用一条细分隔线隔开。

7.5　页码

一般用4号半角宋体阿拉伯数字，编排在公文版心下边缘之下，数字左右各放一条一字线；一字线上距版心下边缘7mm。单页码居右空一字，双页码居左空一字。公文的版记页前有空白页的，空白页和版记页均不编排页码。公文的附件与正文一起装订时，页码应当连续编排。

8　公文中的横排表格

A4纸型的表格横排时，页码位置与公文其他页码保持一致，单页码表头在订口一边，双页码表头在切口一边。

9　公文中计量单位、标点符号和数字的用法

公文中计量单位的用法应当符合GB 3100、GB 3101和GB 3102（所有部分），标点符号的用法应当符合GB/T 15834，数字用法应当符合GB/T 15835。

10　公文的特定格式

10.1　信函格式

发文机关标志使用发文机关全称或者规范化简称，居中排布，上边缘至上页边为

30mm，推荐使用红色小标宋体字。联合行文时，使用主办机关标志。

发文机关标志下4mm处印一条红色双线（上粗下细），距下页边20mm处印一条红色双线（上细下粗），线长均为170mm，居中排布。

如需标注份号、密级和保密期限、紧急程度，应当顶格居版心左边缘编排在第一条红色双线下，按照份号、密级和保密期限、紧急程度的顺序自上而下分行排列，第一个要素与该线的距离为3号汉字高度的7/8。

发文字号顶格居版心右边缘编排在第一条红色双线下，与该线的距离为3号汉字高度的7/8。

标题居中编排，与其上最后一个要素相距二行。

第二条红色双线上一行如有文字，与该线的距离为3号汉字高度的7/8。

首页不显示页码。

版记不加印发机关和印发日期、分隔线，位于公文最后一面版心内最下方。

10.2　命令（令）格式

发文机关标志由发文机关全称加“命令”或“令”字组成，居中排布，上边缘至版心上边缘为20mm，推荐使用红色小标宋体字。

发文机关标志下空二行居中编排令号，令号下空二行编排正文。

签发人职务、签名章和成文日期的编排见7.3.5.3。

10.3　纪要格式

纪要标志由“×××××纪要”组成，居中排布，上边缘至版心上边缘为35mm，推荐使用红色小标宋体字。

标注出席人员名单，一般用3号黑体字，在正文或附件说明下空一行左空二字编排“出席”二字，后标全角冒号，冒号后用3号仿宋体字标注出席人单位、姓名，回行时与冒号后的首字对齐。

标注请假和列席人员名单，除依次另起一行并将“出席”二字改为“请假”或“列席”外，编排方法同出席人员名单。

纪要格式可以根据实际制定。

11　式样

A4型公文用纸页边及版心尺寸见图1；公文首页版式见图2；联合行文公文首页版式1见图3；联合行文公文首页版式2见图4；公文末页版式1见图5；公文末页版式2见图6；联合行文公文末页版式1见图7；联合行文公文末页版式2见图8；附件说明页版式见图9；带附件公文末页版式见图10；信函格式首页版式见图11；命令（令）格式首页版式见图12。

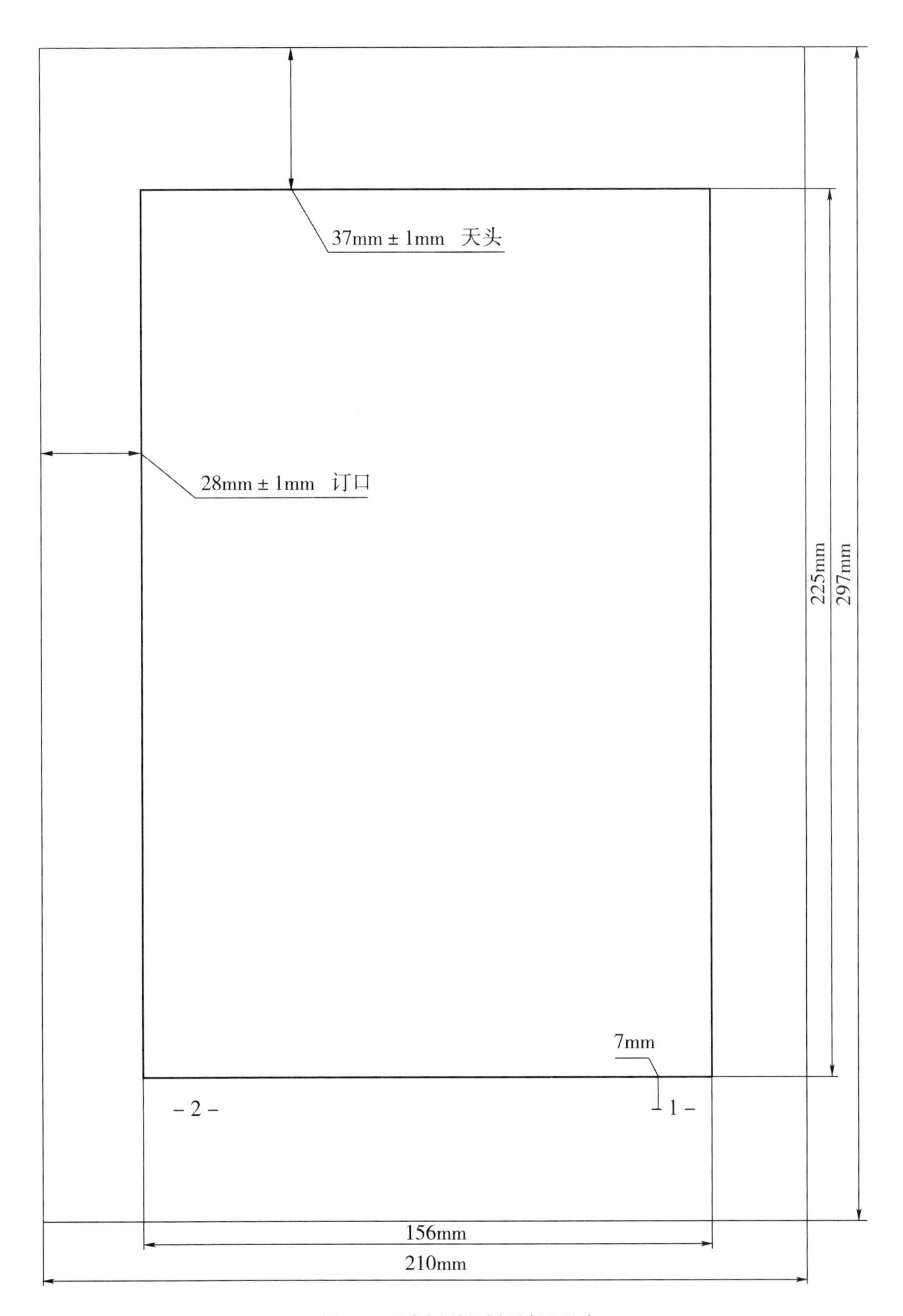

图1　A4型公文用纸页边及版心尺寸

000001

机密★1年

特急

XXX〔2012〕10号

XXXXX关于XXXXXX的通知

XXXXXXXXX：

XXXXXXXXXXXXXXXXXXXXXXXXXXXXX
XXXXXXXXXXXXXXXXXXXXXXXXXXXXXX
XXXXXXXXXXXXXXXXXXXXXXXXXXXXXX
XXXX。

XXXXXXXXXXXXXXXXXXXXXXXXXXXXX
XXXXXXXXXXXX。

XXXXXXXXXXXXX。

XXXXXXX。XXXXXXXXXXXXXXXXXXXX
XXXXXXXXXXXXXXXXXXXXXXXXXXXXXX
XXXXXXXXXXXXXXXXXXXXXXXXXXXXXX

—1—

图2　公文首页版式

注：版心实线框仅为示意，在印制公文时并不印出。

000001

机密★1年

特急

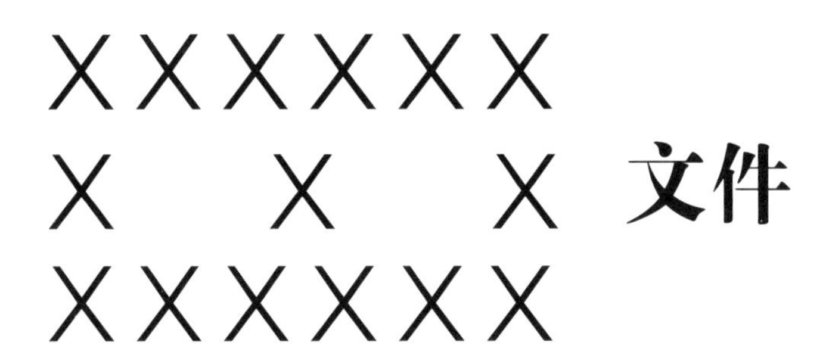

XXX〔2012〕10号

XXXXXX关于XXXXXXX的通知

XXXXXXXX：

XXXXXXXXXXXXXXXXXXXXXXXXXXXX。

XXXXXXXXXXXXXXXXXXXXXXXXXXXXXXXXXXXXXXXXXXXXXXXXXXXXXXXXXXXXXXXXXXXXXXXXXXXXXXXXXXXXXXXXXX。

XXXXXXXXXXXXXXXXXXXXXXXXXXXXX

—1—

图3　联合行文公文首页版式1

注：版心实线框仅为示意，在印制公文时并不印出。

000001
机　密
特　急

XXXXXX
X　X　X
XXXXXX

签发人：XXX　XXX
XXX〔2012〕10号　　　　　　　　XXX

XXXXXX关于XXXXXXX的请示

XXXXXXXX：

XXXXXXXXXXXXXXXXXXXXXXXXXXXXXXXXXXXXXXXXXXXXXXXXXXXXXXXXXXXXXXXXXXXXXXXXXXXXXXXXXXXXXX。

XXXXXXXXXXXXXXXXXXXXXXXXXXXXX

—1—

图4　联合行文公文首页版式2

注：版心实线框仅为示意，在印制公文时并不印出。

XXXXXXXXXXXXXXXXX。

XXXXXXXXXXXXXXXXXXXXXXXXXXX XXXXXXXXXXXXXXXXXXXXXXXXXXXXX XXXXXXXXXXX。

（XXXXX）

抄送：XXXXXXXX，XXXXXXX，XXXXX，XXXXX，XXXXX。

XXXXXXXXX　　2012年7月1日印发

—1—

图5　公文末页版式1

注：版心实线框仅为示意，在印制公文时并不印出。

XXXXXXXXXXXXXXXXX。

XXXXXXXXXXXXXXXXXXXXXXXXXXX XXXXXXXXXXXXXXXXXXXXXXXXXXXXX XXXXXXXXX。

XXXXXXXXXXXX

2012年7月1日

（XXXXX）

抄送：XXXXXXXX，XXXXXXX，XXXXX，XXXXX，XXXXX。

XXXXXXXXX　　2012年7月1日印发

—2—

图6　公文末页版式2

注：版心实线框仅为示意，在印制公文时并不印出。

XXXXXXXXXXXXXXXXX。

　　XXXXXXXXXXXXXXXXXXXXXXXXXXX
XXXXXXXXXXXXXXXXXXXXXXXXXXXXX
XXXXXXXXXXXX。

（XXXXX）

抄送：XXXXXXXX，XXXXXXX，XXXXX，XXXXX，
　　　XXXXX。

XXXXXXXXX　　　　2012年7月1日印发

—2—

图7　联合行文公文末页版式1

注：版心实线框仅为示意，在印制公文时并不印出。

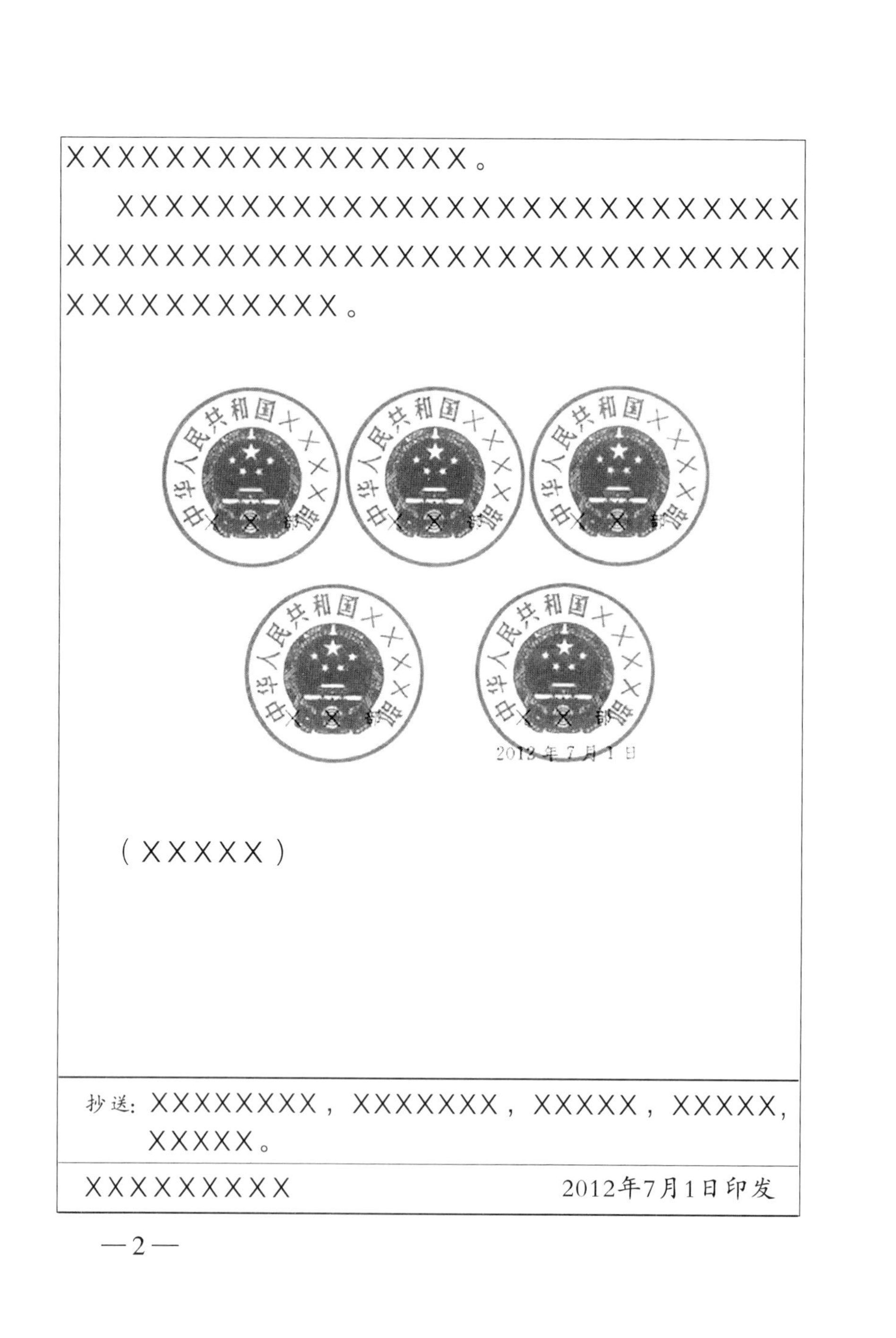
XXXXXXXXXXXXXXXX。

XXXXXXXXXXXXXXXXXXXXXXXXXXXXXXXXXXXXXXXXXXXXXXXXXXXXXXXXXXXXXXXXXXXXXXXXX。

（XXXXX）

抄送：XXXXXXXX，XXXXXXX，XXXXX，XXXXX，XXXXX。

XXXXXXXXX　　2012年7月1日印发

—2—

图8　联合行文公文末页版式2

注：版心实线框仅为示意，在印制公文时并不印出。

XXXXXXXXXXXXXXXX。

　　XXXXXXXXXXXXXXXXXXXXXXXXXXX
XXXXXXXXXXXXXXXXXXXXXXXXXXXXX
XXXXXXXXXXXX。

　　附件：1. XXXXXXXXXXXXXXXXXXXXXXX
　　　　　XXXXX
　　　　2. XXXXXXXXXXXXXX

XXXXXXX
X　X　X　X
2012年7月1日

（XXXXX）

抄送：XXXXXXXX，XXXXXXX，XXXXX，XXXXX，XXXXX。

XXXXXXXXXX　　2012年7月1日印发

—2—

图9　附件说明页版式

注：版心实线框仅为示意，在印制公文时并不印出。

附件2

XXXXXXXXXXXXXXXXXXXXXXXXXXX XXXXXXXXXXXXXXXXXXXXXXXXXXXX XXX。

XXXXXXXXXXXXXXXXXXXXXXXXXXX XXXXXXXXXXXXXXXXXXXXXXXXXXXX XXXXXXXXXXXXXXXXXXXXXXXXXXXX XXXXXXXXXXXXXXXXXXXXXXXXXXXX XXXXXXXXXXXXXXXXXXXXXXXXXXXX XXXXXXXXXXXXXXX。

抄送：XXXXXXXX，XXXXXXX，XXXXX，XXXXX，XXXXX。

XXXXXXXXX　　2012年7月1日印发

—4—

图10　带附件公文末页版式

注：版心实线框仅为示意，在印制公文时并不印出。

中华人民共和国XXXXX部

000001　　　　　　　　　　XXX〔2012〕10号

机　密

特　急

XXXXX关于XXXXXX的通知

XXXXXXXX：

　　XXXXXXXXXXXXXXXXXXXXXXXXXXX
XXXXXXXXXXXXXXXXXXXXXXXXXXXXX
XXXXXXXXXXXXXXXXXXXXXXXXXXXXX
XXXXXXXXXXXXXXXXXXXXXXXXXX。

　　XXXXXXXXXXXXXXXXXXXXXXXXXXX
XXXXXXXXXXXXXXXXXXXXXXXXXXXXX
XXXXXXXXXXXXXXXXXXXXXXXXXXXXX
XXXXXXXXXXXXXXXXXXXXXXXXX。

　　XXXXXXXXXXXXXXXXXXXXXXXXXXX
XXXXXXXXXXXXXXXXXXXXXXXXXXXXX
XXXXXXXXXXXXXXXXXXXXXXXXXXXXX
XXXXXXXXXXXXXXXXXXXXXXXXXXXXX
XXXXXXXXXXXXXXXXXXXXXXXXXXXXX
XXXXXXXXXXXXXXXXXXXXXXXXXXXXX
XXXXXXXXXXXXXXXXXXXXXXXXX。

图11　信函格式首页版式

注： 版心实线框仅为示意，在印制公文时并不印出。

第XXX号

部 长 XXX

2012年7月1日

—1—

图12 命令（令）格式首页版式

注：版心实线框仅为示意，在印制公文时并不印出。

附录三　标点符号用法
（GB/T 15834—2011）

1　范围

本标准规定了现代汉语标点符号的用法。

本标准适用于汉语的书面语（包括汉语和外语混合排版时的汉语部分）。

2　术语和定义

下列术语和定义适用于本文件。

2.1

标点符号　punctuation

辅助文字记录语言的符号，是书面语的有机组成部分，用来表示语句的停顿、语气以及标示某些成分（主要是词语）的特定性质和作用。

注：数学符号、货币符号、校勘符号、辞书符号、注音符号等特殊领域的专门符号不属于标点符号。

2.2

句子　sentence

前后都有较大停顿、带有一定的语气和语调、表达相对完整意义的语言单位。

2.3

复句　complex sentence

由两个或多个在意义上有密切关系的分句组成的语言单位，包括简单复句（内部只有一层语义关系）和多重复句（内部包含多层语义关系）。

2.4

分句　clause

复句内两个或多个前后有停顿、表达相对完整意义、不带有句末语气和语调、有的前面可添加关联词语的语言单位。

2.5

语段　expression

指语言片段，是对各种语言单位（如词、短语、句子、复句等）不做特别区分时的统称。

3 标点符号的种类

3.1 点号

点号的作用是点断，主要表示停顿和语气。分为句末点号和句内点号。

3.1.1 句末点号

用于句末的点号，表示句末停顿和句子的语气。包括句号、问号、叹号。

3.1.2 句内点号

用于句内的点号，表示句内各种不同性质的停顿。包括逗号、顿号、分号、冒号。

3.2 标号

标号的作用是标明，主要标示某些成分（主要是词语）的特定性质和作用。包括引号、括号、破折号、省略号、着重号、连接号、间隔号、书名号、专名号、分隔号。

4 标点符号的定义、形式和用法

4.1 句号

4.1.1 定义

句末点号的一种，主要表示句子的陈述语气。

4.1.2 形式

句号的形式是“。”。

4.1.3 基本用法

4.1.3.1 用于句子末尾，表示陈述语气。使用句号主要根据语段前后有较大停顿、带有陈述语气和语调，并不取决于句子的长短。

示例1：北京是中华人民共和国的首都。

示例2：（甲：咱们走着去吧？）乙：好。

4.1.3.2 有时也可表示较缓和的祈使语气和感叹语气。

示例1：请您稍等一下。

示例2：我不由地感到，这些普通劳动者也同样是很值得尊敬的。

4.2 问号

4.2.1 定义

句末点号的一种，主要表示句子的疑问语气。

4.2.2　形式

问号的形式是“？”。

4.2.3　基本用法

4.2.3.1　用于句子末尾，表示疑问语气（包括反问、设问等疑问类型）。使用问号主要根据语段前后有较大停顿、带有疑问语气和语调，并不取决于句子的长短。

示例1：你怎么还不回家去呢？

示例2：难道这些普通的战士不值得歌颂吗？

示例3：（一个外国人，不远万里来到中国，帮助中国的抗日战争。）这是什么精神？这是国际主义的精神。

4.2.3.2　选择问句中，通常只在最后一个选项的末尾用问号，各个选项之间一般用逗号隔开。当选项较短且选项之间几乎没有停顿时，选项之间可不用逗号。当选项较多或较长，或有意突出每个选项的独立性时，也可每个选项之后都用问号。

示例1：诗中记述的这场战争究竟是真实的历史描述，还是诗人的虚构？

示例2：这是巧合还是有意安排？

示例3：要一个什么样的结尾：现实主义的？传统的？大团圆的？荒诞的？民族形式的？有象征意义的？

示例4：（他看着我的作品称赞了我。）但到底是称赞我什么：是有几处画得好？还是什么都敢画？抑或只是一种对于失败者的无可奈何的安慰？我不得而知。

示例5：这一切都是由客观的条件造成的？还是由行为的惯性造成的？

4.2.3.3　在多个问句连用或表达疑问语气加重时，可叠用问号。通常应先单用，再叠用，最多叠用三个问号。在没有异常强烈的情感表达需要时不宜叠用问号。

示例：这就是你的做法吗？你这个总经理是怎么当的？？你怎么竟敢这样欺骗消费者？？？

4.2.3.4　问号也有标号的用法，即用于句内，表示存疑或不详。

示例1：马致远（1250？—1321），大都人，元代戏曲家、散曲家。

示例2：钟嵘（？—518），颍川长社人，南朝梁代文学批评家。

示例3：出现这样的文字错误，说明作者（编者？校者？）很不认真。

4.3　叹号

4.3.1　定义

句末点号的一种，主要表示句子的感叹语气。

4.3.2　形式

叹号的形式是“！”。

4.3.3 基本用法

4.3.3.1 用于句子末尾，主要表示感叹语气，有时也可表示强烈的祈使语气、反问语气等。使用叹号主要根据语段前后有较大停顿、带有感叹语气和语调或带有强烈的祈使、反问语气和语调，并不取决于句子的长短。

示例1：才一年不见，这孩子都长这么高啦！

示例2：你给我住嘴！

示例3：谁知道他今天是怎么搞的！

4.3.3.2 用于拟声词后，表示声音短促或突然。

示例1：咔嚓！一道闪电划破了夜空。

示例2：咚！咚咚！突然传来一阵急促的敲门声。

4.3.3.3 表示声音巨大或声音不断加大时，可叠用叹号；表达强烈语气时，也可叠用叹号，最多叠用三个叹号。在没有异常强烈的情感表达需要时不宜叠用叹号。

示例1：轰！！在这天崩地塌的声音中，女娲猛然醒来。

示例2：我要揭露！我要控诉！！我要以死抗争！！！

4.3.3.4 当句子包含疑问、感叹两种语气且都比较强烈时（如带有强烈感情的反问句和带有惊愕语气的疑问句），可在问号后再加叹号（问号、叹号各一）。

示例1：这么点困难就能把我们吓倒吗？！

示例2：他连这些最起码的常识都不懂，还敢说自己是高科技人材？！

4.4 逗号

4.4.1 定义

句内点号的一种，表示句子或语段内部的一般性停顿。

4.4.2 形式

逗号的形式是“，”。

4.4.3 基本用法

4.4.3.1 复句内各分句之间的停顿，除了有时用分号（见4.6.3.1），一般都用逗号。

示例1：不是人们的意识决定人们的存在，而是人们的社会存在决定人们的意识。

示例2：学历史使人更明智，学文学使人更聪慧，学数学使人更精细，学考古使人更深沉。

示例3：要是不相信我们的理论能反映现实，要是不相信我们的世界有内在和谐，那就不可能有科学。

4.4.3.2 用于下列各种语法位置：

a） 较长的主语之后。

示例1：苏州园林建筑各种门窗的精美设计和雕镂功夫，都令人叹为观止。

b）　句首的状语之后。

示例2：在苍茫的大海上，狂风卷集着乌云。

c）　较长的宾语之前。

示例3：有的考古工作者认为，南方古猿生存于上新世至更新世的初期和中期。

d）　带句内语气词的主语（或其他成分）之后，或带句内语气词的并列成分之间。

示例4：他呢，倒是很乐意地、全神贯注地干起来了。

示例5：（那是个没有月亮的夜晚。）可是整个村子——白房顶啦，白树木啦，雪堆啦，全看得见。

e）　较长的主语中间、谓语中间或宾语中间。

示例6：母亲沉痛的诉说，以及亲眼见到的事实，都启发了我幼年时期追求真理的思想。

示例7：那姑娘头戴一顶草帽，身穿一条绿色的裙子，腰间还系着一根橙色的腰带。

示例8：必须懂得，对于文化传统，既不能不分青红皂白统统抛弃，也不能不管精华糟粕全盘继承。

f）　前置的谓语之后或后置的状语、定语之前。

示例9：真美啊，这条蜿蜒的林间小路。

示例10：她吃力地站了起来，慢慢地。

示例11：我只是一个人，孤孤单单的。

4.4.3.3　用于下列各种停顿处：

a）　复指成分或插说成分前后。

示例1：老张，就是原来的办公室主任，上星期已经调走了。

示例2：车，不用说，当然是头等。

b）　语气缓和的感叹语、称谓语或呼唤语之后。

示例3：哎哟，这儿，快给我揉揉。

示例4：大娘，您到哪儿去啊？

示例5：喂，你是哪个单位的？

c）　某些序次语（“第”字头、“其”字头及“首先”类序次语）之后。

示例6：为什么许多人都有长不大的感觉呢？原因有三：第一，父母总认为自己比孩子成熟；第二，父母总要以自己的标准来衡量孩子；第三，父母出于爱心而总不想让孩子在成长的过程中走弯路。

示例7：《玄秘塔碑》所以成为书法的范本，不外乎以下几方面的因素：其一，具有楷书点画、构体的典范性；其二，承上启下，成为唐楷的极致；其三，字如其人，爱人及字，柳公权高尚的书品、人品为后人所崇仰。

示例8：下面从三个方面讲讲语言的污染问题：首先，是特殊语言环境中的语言污染问题；其次，是滥用缩略语引起的语言污染问题；再次，是空话和废话引起的语言污染问题。

4.5　顿号

4.5.1　定义

句内点号的一种，表示语段中并列词语之间或某些序次语之后的停顿。

4.5.2 形式

顿号的形式是“、”。

4.5.3 基本用法

4.5.3.1 用于并列词语之间。

示例1：这里有自由、民主、平等、开放的风气和氛围。

示例2：造型科学、技艺精湛、气韵生动，是盛唐石雕的特色。

4.5.3.2 用于需要停顿的重复词语之间。

示例：他几次三番、几次三番地辩解着。

4.5.3.3 用于某些序次语（不带括号的汉字数字或“天干地支”类序次语）之后。

示例1：我准备讲两个问题：一、逻辑学是什么？二、怎样学好逻辑学？

示例2：风格的具体内容主要有以下四点：甲、题材；乙、用字；丙、表达；丁、色彩。

4.5.3.4 相邻或相近两数字连用表示概数通常不用顿号。若相邻两数字连用为缩略形式，宜用顿号。

示例1：飞机在6 000米高空水平飞行时，只能看到两侧八九公里和前方一二十公里范围内的地面。

示例2：这种凶猛的动物常常三五成群地外出觅食和活动。

示例3：农业是国民经济的基础，也是二、三产业的基础。

4.5.3.5 标有引号的并列成分之间、标有书名号的并列成分之间通常不用顿号。若有其他成分插在并列的引号之间或并列的书名号之间（如引语或书名号之后还有括注），宜用顿号。

示例1：“日”“月”构成“明”字。

示例2：店里挂着“顾客就是上帝”“质量就是生命”等横幅。

示例3：《红楼梦》《三国演义》《西游记》《水浒传》，是我国长篇小说的四大名著。

示例4：李白的“白发三千丈”（《秋浦歌》）、“朝如青丝暮成雪”（《将进酒》）都是脍炙人口的诗句。

示例5：办公室里订有《人民日报》（海外版）、《光明日报》和《时代周刊》等报刊。

4.6 分号

4.6.1 定义

句内点号的一种，表示复句内部并列关系分句之间的停顿，以及非并列关系的多重复句中第一层分句之间的停顿。

4.6.2 形式

分号的形式是“；”。

4.6.3 基本用法

4.6.3.1 表示复句内部并列关系的分句（尤其当分句内部还有逗号时）之间的停顿。

示例1： 语言文字的学习，就理解方面说，是得到一种知识；就运用方面说，是养成一种习惯。

示例2： 内容有分量，尽管文章短小，也是有分量的；内容没有分量，即使写得再长也没有用。

4.6.3.2 表示非并列关系的多重复句中第一层分句（主要是选择、转折等关系）之间的停顿。

示例1： 人还没看见，已经先听见歌声了；或者人已经转过山头望不见了，歌声还余音袅袅。

示例2： 尽管人民革命的力量在开始时总是弱小的，所以总是受压的；但是由于革命的力量代表历史发展的方向，因此本质上又是不可战胜的。

示例3： 不管一个人如何伟大，也总是生活在一定的环境和条件下；因此，个人的见解总难免带有某种局限性。

示例4： 昨天夜里下了一场雨，以为可以凉快些；谁知没有凉快下来，反而更热了。

4.6.3.3 用于分项列举的各项之间。

示例： 特聘教授的岗位职责为：一、讲授本学科的主干基础课程；二、主持本学科的重大科研项目；三、领导本学科的学术队伍建设；四、带领本学科赶超或保持世界先进水平。

4.7 冒号

4.7.1 定义

句内点号的一种，表示语段中提示下文或总结上文的停顿。

4.7.2 形式

冒号的形式是“：”。

4.7.3 基本用法

4.7.3.1 用于总说性或提示性词语（如“说”“例如”“证明”等）之后，表示提示下文。

示例1： 北京紫禁城有四座城门：午门、神武门、东华门和西华门。

示例2： 她高兴地说：“咱们去好好庆祝一下吧!”

示例3： 小王笑着点了点头：“我就是这么想的。”

示例4： 这一事实证明：人能创造环境，环境同样也能创造人。

4.7.3.2 表示总结上文。

示例： 张华上了大学，李萍进了技校，我当了工人：我们都有美好的前途。

4.7.3.3 用在需要说明的词语之后，表示注释和说明。

示例1：（本市将举办首届大型书市。）主办单位：市文化局；承办单位：市图书进出口公司；时间：8月15日—20日；地点：市体育馆观众休息厅。

示例2：（做阅读理解题有两个办法。）办法之一：先读题干，再读原文，带着问题有针对性地读课文。办法之二：直接读原文，读完再做题，减少先入为主的干扰。

4.7.3.4　用于书信、讲话稿中称谓语或称呼语之后。

示例1：广平先生：……

示例2：同志们、朋友们：……

4.7.3.5　一个句子内部一般不应套用冒号。在列举式或条文式表述中，如不得不套用冒号时，宜另起段落来显示各个层次。

示例：第十条　遗产按照下列顺序继承：

第一顺序：配偶、子女、父母。

第二顺序：兄弟姐妹、祖父母、外祖父母。

4.8　引号

4.8.1　定义

标号的一种，标示语段中直接引用的内容或需要特别指出的成分。

4.8.2　形式

引号的形式有双引号"“”"和单引号"‘’"两种。左侧的为前引号，右侧的为后引号。

4.8.3　基本用法

4.8.3.1　标示语段中直接引用的内容。

示例：李白诗中就有“白发三千丈”这样极尽夸张的语句。

4.8.3.2　标示需要着重论述或强调的内容。

示例：这里所谓的“文”，并不是指文字，而是指文采。

4.8.3.3　标示语段中具有特殊含义而需要特别指出的成分，如别称、简称、反语等。

示例1：电视被称作“第九艺术”。

示例2：人类学上常把古人化石统称为尼安德特人，简称“尼人”。

示例3：有几个“慈祥”的老板把捡来的菜叶用盐浸浸就算作工友的菜肴。

4.8.3.4　当引号中还需要使用引号时，外面一层用双引号，里面一层用单引号。

示例：他问：“老师，‘七月流火’是什么意思？”

4.8.3.5　独立成段的引文如果只有一段，段首和段尾都用引号；不止一段时，每段开头仅用前引号，只在最后一段末尾用后引号。

示例：我曾在报纸上看到有人这样谈幸福：

“幸福是知道自己喜欢什么和不喜欢什么。……

“幸福是知道自己擅长什么和不擅长什么。……

“幸福是在正确的时间做了正确的选择。……”

4.8.3.6　在书写带月、日的事件、节日或其他特定意义的短语（含简称）时，通常只标引其中的月和日；需要突出和强调该事件或节日本身时，也可连同事件或节日一起标引。

示例1：“5・12”汶川大地震

示例2：“五四”以来的话剧，是我国戏剧中的新形式。

示例3：纪念“五四运动”90周年

4.9　括号

4.9.1　定义

标号的一种，标示语段中的注释内容、补充说明或其他特定意义的语句。

4.9.2　形式

括号的主要形式是圆括号“（ ）”，其他形式还有方括号“[ ]”、六角括号“〔 〕”和方头括号“【 】”等。

4.9.3　基本用法

4.9.3.1　标示下列各种情况，均用圆括号：

a）标示注释内容或补充说明。

示例1：我校拥有特级教师（含已退休的）17人。

示例2：我们不但善于破坏一个旧世界，我们还将善于建设一个新世界！（热烈鼓掌）

b）标示订正或补加的文字。

示例3：信纸上用稚嫩的字体写着：“阿夷（姨），你好！”。

示例4：该建筑公司负责的建设工程全部达到优良工程（的标准）。

c）标示序次语。

示例5：语言有三个要素：（1）声音；（2）结构；（3）意义。

示例6：思想有三个条件：（一）事理；（二）心理；（三）伦理。

d）标示引语的出处。

示例7：他说得好：“未画之前，不立一格；既画之后，不留一格。”（《板桥集・题画》）

e）标示汉语拼音注音。

示例8：“的（de）”这个字在现代汉语中最常用。

4.9.3.2　标示作者国籍或所属朝代时，可用方括号或六角括号。

示例1：[英]赫胥黎《进化论与伦理学》

示例2：〔唐〕杜甫著

4.9.3.3　报刊标示电讯、报道的开头，可用方头括号。

示例：【新华社南京消息】

4.9.3.4　标示公文发文字号中的发文年份时，可用六角括号。

示例：国发〔2011〕3号文件

4.9.3.5　标示被注释的词语时，可用六角括号或方头括号。

示例1：〔奇观〕奇伟的景象。

示例2：【爱因斯坦】物理学家。生于德国，1933年因受纳粹政权迫害，移居美国。

4.9.3.6　除科技书刊中的数学、逻辑公式外，所有括号（特别是同一形式的括号）应尽量避免套用。必须套用括号时，宜采用不同的括号形式配合使用。

示例：〔茸（róng）毛〕很细很细的毛。

4.10　破折号

4.10.1　定义

标号的一种，标示语段中某些成分的注释、补充说明或语音、意义的变化。

4.10.2　形式

破折号的形式是“——”。

4.10.3　基本用法

4.10.3.1　标示注释内容或补充说明（也可用括号，见4.9.3.1；二者的区别另见B.1.7）。

示例1：一个矮小而结实的日本中年人——内山老板走了过来。

示例2：我一直坚持读书，想借此唤起弟妹对生活的希望——无论环境多么困难。

4.10.3.2　标示插入语（也可用逗号，见4.4.3.3）。

示例：这简直就是——说得不客气点——无耻的勾当!

4.10.3.3　标示总结上文或提示下文（也可用冒号，见4.7.3.1、4.7.3.2）。

示例1：坚强，纯洁，严于律已，客观公正——这一切都难得地集中在一个人身上。

示例2：画家开始娓娓道来——

数年前的一个寒冬，……

4.10.3.4　标示话题的转换。

示例：“好香的干菜，——听到风声了吗？”赵七爷低声说道。

4.10.3.5　标示声音的延长。

示例：“嘎——”传过来一声水禽被惊动的鸣叫。

4.10.3.6　标示话语的中断或间隔。

示例1：“班长他牺——”小马话没说完就大哭起来。

示例2：“亲爱的妈妈，你不知道我多爱您。——还有你，我的孩子!”

4.10.3.7　标示引出对话。

示例：——你长大后想成为科学家吗？

——当然想了!

4.10.3.8　标示事项列举分承。

示例：根据研究对象的不同，环境物理学分为以下五个分支学科：

——环境声学；

——环境光学；

——环境热学；

——环境电磁学；

——环境空气动力学。

4.10.3.9　用于副标题之前。

示例：飞向太平洋

——我国新型号运载火箭发射目击记

4.10.3.10　用于引文、注文后，标示作者、出处或注释者。

示例1：先天下之忧而忧，后天下之乐而乐。

——范仲淹

示例2：乐浪海中有倭人，分为百余国。

——《汉书》

示例3：很多人写好信后把信笺折成方胜形，我看大可不必。（方胜，指古代妇女戴的方形首饰，用彩绸等制作，由两个斜方部分叠合而成。——编者注）

4.11　省略号

4.11.1　定义

标号的一种，标示语段中某些内容的省略及意义的断续等。

4.11.2　形式

省略号的形式是“……”。

4.11.3　基本用法

4.11.3.1　标示引文的省略。

示例：我们齐声朗诵起来：“……俱往矣，数风流人物，还看今朝。”

4.11.3.2　标示列举或重复词语的省略。

示例1：对政治的敏感，对生活的敏感，对性格的敏感，……这都是作家必须要有的素质。

示例2：他气得连声说：“好，好……算我没说。”

4.11.3.3　标示语意未尽。

示例1：在人迹罕至的深山密林里，假如突然看见一缕炊烟，……

示例2：你这样干，未免太……！

4.11.3.4　标示说话时断断续续。

示例：她磕磕巴巴地说：“可是……太太……我不知道……你一定是认错了。”

4.11.3.5　标示对话中的沉默不语。

示例：“还没结婚吧？”

“……”他飞红了脸，更加忸怩起来。

4.11.3.6 标示特定的成分虚缺。

示例：只要……就……

4.11.3.7 在标示诗行、段落的省略时，可连用两个省略号（即相当于十二连点）。

示例1：从隔壁房间传来缓缓而抑扬顿挫的吟咏声——

床前明月光，疑是地上霜。

…………

示例2：该刊根据工作质量、上稿数量、参与程度等方面的表现，评选出了高校十佳记者站。还根据发稿数量、提供新闻线索情况以及对刊物的关注度等，评选出了十佳通讯员。

…………

4.12 着重号

4.12.1 定义

标号的一种，标示语段中某些重要的或需要指明的文字。

4.12.2 形式

着重号的形式是“ . ”标注在相应文字的下方。

4.12.3 基本用法

4.12.3.1 标示语段中重要的文字。

示例1：诗人需要表现，而不是证明。

示例2：下面对本文的理解，不正确的一项是：……

4.12.3.2 标示语段中需要指明的文字。

示例：下边加点的字，除了在词中的读法外，还有哪些读法？

着急 子弹 强调

4.13 连接号

4.13.1 定义

标号的一种，标示某些相关联成分之间的连接。

4.13.2 形式

连接号的形式有短横线“-”、一字线“—”和浪纹线“~”三种。

4.13.3 基本用法

4.13.3.1 标示下列各种情况，均用短横线：

a） 化合物的名称或表格、插图的编号。

示例1： 3-戊酮为无色液体，对眼及皮肤有强烈刺激性。

示例2： 参见下页表2-8、表2-9。

b） 连接号码，包括门牌号码、电话号码，以及用阿拉伯数字表示年月日等。

示例3： 安宁里东路26号院3-2-11室

示例4： 联系电话：010-88842603

示例5： 2011-02-15

c） 在复合名词中起连接作用。

示例6： 吐鲁番-哈密盆地

d） 某些产品的名称和型号。

示例7： WZ-10直升机具有复杂天气和夜间作战的能力。

e） 汉语拼音、外来语内部的分合。

示例8： shuōshuō-xiàoxiào（说说笑笑）

示例9： 盎格鲁-撒克逊人

示例10： 让-雅克・卢梭（“让-雅克”为双名）

示例11： 皮埃尔・孟戴斯-弗朗斯（“孟戴斯-弗朗斯”为复姓）

4.13.3.2 标示下列各种情况，一般用一字线，有时也可用浪纹线：

a） 标示相关项目（如时间、地域等）的起止。

示例1： 沈括（1031—1095），宋朝人。

示例2： 2011年2月3日—10日

示例3： 北京—上海特别旅客快车

b） 标示数值范围（由阿拉伯数字或汉字数字构成）的起止。

示例4： 25~30g

示例5： 第五～八课

4.14 间隔号

4.14.1 定义

标号的一种，标示某些相关联成分之间的分界。

4.14.2 形式

间隔号的形式是“・”。

4.14.3 基本用法

4.14.3.1 标示外国人名或少数民族人名内部的分界。

示例1： 克里丝蒂娜・罗塞蒂

示例2：阿依古丽·买买提

4.14.3.2　标示书名与篇（章、卷）名之间的分界。

示例：《淮南子·本经训》

4.14.3.3　标示词牌、曲牌、诗体名等和题名之间的分界。

示例1：《沁园春·雪》

示例2：《天净沙·秋思》

示例3：《七律·冬云》

4.14.3.4　用在构成标题或栏目名称的并列词语之间。

示例：《天·地·人》

4.14.3.5　以月、日为标志的事件或节日，用汉字数字表示时，只在一、十一和十二月后用间隔号；当直接用阿拉伯数字表示时，月、日之间均用间隔号（半角字符）。

示例1："九一八"事变　　"五四"运动

示例2："一·二八"事变　　"一二·九"运动

示例3："3·15"消费者权益日　　"9·11"恐怖袭击事件

4.15　书名号

4.15.1　定义

标号的一种，标示语段中出现的各种作品的名称。

4.15.2　形式

书名号的形式有双书名号"《 》"和单书名号"〈 〉"两种。

4.15.3　基本用法

4.15.3.1　标示书名、卷名、篇名、刊物名、报纸名、文件名等。

示例1：《红楼梦》（书名）

示例2：《史记·项羽本记》（卷名）

示例3：《论雷峰塔的倒掉》（篇名）

示例4：《每周关注》（刊物名）

示例5：《人民日报》（报纸名）

示例6：《全国农村工作会议纪要》（文件名）

4.15.3.2　标示电影、电视、音乐、诗歌、雕塑等各类用文字、声音、图像等表现的作品的名称。

示例1：《渔光曲》（电影名）

示例2：《追梦录》（电视剧名）

示例3：《勿忘我》（歌曲名）

示例4：《沁园春·雪》（诗词名）

示例5：《东方欲晓》（雕塑名）

示例6：《光与影》（电视节目名）

示例7：《社会广角镜》（栏目名）

示例8：《庄子研究文献数据库》（光盘名）

示例9：《植物生理学系列挂图》（图片名）

4.15.3.3　标示全中文或中文在名称中占主导地位的软件名。

示例：科研人员正在研制《电脑卫士》杀毒软件。

4.15.3.4　标示作品名的简称。

示例：我读了《念青唐古拉山脉纪行》一文（以下简称《念》），收获很大。

4.15.3.5　当书名号中还需要书名号时，里面一层用单书名号，外面一层用双书名号。

示例：《教育部关于提请审议〈高等教育自学考试试行办法〉的报告》

4.16　专名号

4.16.1　定义

标号的一种，标示古籍和某些文史类著作中出现的特定类专有名词。

4.16.2　形式

专名号的形式是一条直线，标注在相应文字的下方。

4.16.3　基本用法

4.16.3.1　标示古籍、古籍引文或某些文史类著作中出现的专有名词，主要包括人名、地名、国名、民族名、朝代名、年号、宗教名、官署名、组织名等。

示例1：孙坚人马被刘表率军围得水泄不通。（人名）

示例2：于是聚集冀、青、幽、并四州兵马七十多万准备决一死战。（地名）

示例3：当时乌孙及西域各国都向汉派遣了使节。（国名、朝代名）

示例4：从咸宁二年到太康十年，匈奴、鲜卑、乌桓等族人徙居塞内。（年号、民族名）

4.16.3.2　现代汉语文本中的上述专有名词，以及古籍和现代文本中的单位名、官职名、事件名、会议名、书名等不应使用专名号。必须使用标号标示时，宜使用其他相应标号（如引号、书名号等）。

4.17　分隔号

4.17.1　定义

标号的一种，标示诗行、节拍及某些相关文字的分隔。

4.17.2　形式

分隔号的形式是“/”。

4.17.3 基本用法

4.17.3.1 诗歌接排时分隔诗行（也可使用逗号和分号，见4.4.3.1/4.6.3.1）。

示例：春眠不觉晓/处处闻啼鸟/夜来风雨声/花落知多少。

4.17.3.2 标示诗文中的音节节拍。

示例：横眉/冷对/千夫指，俯首/甘为/孺子牛。

4.17.3.3 分隔供选择或可转换的两项，表示“或”。

示例：动词短语中除了作为主体成分的述语动词之外，还包括述语动词所带的宾语和/或补语。

4.17.3.4 分隔组成一对的两项，表示“和”。

示例1：13/14次特别快车

示例2：羽毛球女双决赛中国组合杜婧/于洋两局完胜韩国名将李孝贞/李敬元。

4.17.3.5 分隔层级或类别。

示例：我国的行政区划分为：省（直辖市、自治区）/省辖市（地级市）/县（县级市、区、自治州）/乡（镇）/村（居委会）。

5 标点符号的位置和书写形式

5.1 横排文稿标点符号的位置和书写形式

5.1.1 句号、逗号、顿号、分号、冒号均置于相应文字之后，占一个字位置，居左下，不出现在一行之首。

5.1.2 问号、叹号均置于相应文字之后，占一个字位置，居左，不出现在一行之首。两个问号（或叹号）叠用时，占一个字位置；三个问号（或叹号）叠用时，占两个字位置；问号和叹号连用时，占一个字位置。

5.1.3 引号、括号、书名号中的两部分标在相应项目的两端，各占一个字位置。其中前一半不出现在一行之末，后一半不出现在一行之首。

5.1.4 破折号标在相应项目之间，占两个字位置，上下居中，不能中间断开分处上行之末和下行之首。

5.1.5 省略号占两个字位置，两个省略号连用时占四个字位置并须单独占一行。省略号不能中间断开分处上行之末和下行之首。

5.1.6 连接号中的短横线比汉字“一”略短，占半个字位置；一字线比汉字“一”略长，占一个字位置；浪纹线占一个字位置。连接号上下居中，不出现在一行之首。

5.1.7 间隔号标在需要隔开的项目之间，占半个字位置，上下居中，不出现在一行之首。

5.1.8 着重号和专名号标在相应文字的下边。

5.1.9 分隔号占半个字位置，不出现在一行之首或一行之末。

5.1.10 标点符号排在一行末尾时，若为全角字符则应占半角字符的宽度（即半个字位置），以使视觉效果更美观。

5.1.11　在实际编辑出版工作中，为排版美观、方便阅读等需要，或为避免某一小节最后一个汉字转行或出现在另外一页开头等情况（浪费版面及视觉效果差），可适当压缩标点符号所占用的空间。

5.2　竖排文稿标点符号的位置和书写形式

5.2.1　句号、问号、叹号、逗号、顿号、分号和冒号均置于相应文字之下偏右。

5.2.2　破折号、省略号、连接号、间隔号和分隔号置于相应文字之下居中，上下方向排列。

5.2.3　引号改用双引号“﹃”“﹄”和单引号“﹁”“﹂”，括号改用“︵”“︶”，标在相应项目的上下。

5.2.4　竖排文稿中使用浪线式书名号“﹏”，标在相应文字的左侧。

5.2.5　着重号标在相应文字的右侧，专名号标在相应文字的左侧。

5.2.6　横排文稿中关于某些标点不能居行首或行末的要求，同样适用于竖排文稿。

附录 A
（规范性附录）
标点符号用法的补充规则

A.1 句号用法补充规则

图或表的短语式说明文字，中间可用逗号，但末尾不用句号。即使有时说明文字较长，前面的语段已出现句号，最后结尾处仍不用句号。

示例1：行进中的学生方队

示例2：经过治理，本市市容市貌焕然一新。这是某区街道一景

A.2 问号用法补充规则

使用问号应以句子表示疑问语气为依据，而并不根据句子中包含有疑问词。当含有疑问词的语段充当某种句子成分，而句子并不表示疑问语气时，句末不用问号。

示例1：他们的行为举止、审美趣味，甚至读什么书，坐什么车，都在媒体掌握之中。

示例2：谁也不见，什么也不吃，哪儿也不去。

示例3：我也不知道他究竟躲到什么地方去了。

A.3 逗号用法补充规则

用顿号表示较长、较多或较复杂的并列成分之间的停顿时，最后一个成分前可用“以及（及）”进行连接，“以及（及）”之前应用逗号。

示例：压力过大、工作时间过长、作息不规律，以及忽视营养均衡等，均会导致健康状况的下降。

A.4 顿号用法补充规则

A.4.1 表示含有顺序关系的并列各项间的停顿，用顿号，不用逗号。下例解释“对于”一词用法，“人”“事物”“行为”之间有顺序关系（即人和人、人和事物、人和行为、事物和事物、事物和行为、行为和行为等六种对待关系），各项之间应用顿号。

示例：〔对于〕表示人，事物，行为之间的相互对待关系。（误）

〔对于〕表示人、事物、行为之间的相互对待关系。（正）

A.4.2 用阿拉伯数字表示年月日的简写形式时，用短横线连接号，不用顿号。

示例：2010、03、02（误）

2010-03-02（正）

A.5　分号用法补充规则

分项列举的各项有一项或多项已包含句号时，各项的末尾不能再用分号。

示例：本市先后建立起三大农业生产体系：一是建立甘蔗生产服务体系。成立糖业服务公司，主要给农民提供机耕等服务；二是建立蚕桑生产服务体系。……；三是建立热作服务体系。……。（误）

本市先后建立起三大农业生产体系：一是建立甘蔗生产服务体系。成立糖业服务公司，主要给农民提供机耕等服务。二是建立蚕桑生产服务体系。……。三是建立热作服务体系。……。（正）

A.6　冒号用法补充规则

A.6.1　冒号用在提示性话语之后引起下文。表面上类似但实际不是提示性话语的，其后用逗号。

示例1：郦道元《水经注》记载："沼西际山枕水，有唐叔虞祠。"（提示性话语）

示例2：据《苏州府志》载，苏州城内大小园林约有150多座，可算名副其实的园林之城。（非提示性话语）

A.6.2　冒号提示范围无论大小（一句话、几句话甚至几段话），都应与提示性话语保持一致（即在该范围的末尾要用句号点断）。应避免冒号涵盖范围过窄或过宽。

示例：艾滋病有三个传播途径：血液传播，性传播和母婴传播，日常接触是不会传播艾滋病的。（误）

艾滋病有三个传播途径：血液传播，性传播和母婴传播。日常接触是不会传播艾滋病的。（正）

A.6.3　冒号应用在有停顿处，无停顿处不应用冒号。

示例1：他头也不抬，冷冷地问："你叫什么名字？"（有停顿）

示例2：这事你得拿主意，光说"不知道"怎么行？（无停顿）

A.7　引号用法补充规则

"丛刊""文库""系列""书系"等作为系列著作的选题名，宜用引号标引。当"丛刊"等为选题名的一部分时，放在引号之内，反之则放在引号之外。

示例1："汉译世界学术名著丛书"

示例2："中国哲学典籍文库"

示例3："20世纪心理学通览"丛书

A.8　括号用法补充规则

括号可分为句内括号和句外括号。句内括号用于注释句子里的某些词语，即本身就是句子的一部分，应紧跟在被注释的词语之后。句外括号则用于注释句子、句群或段落，即本身结构独立，不属于前面的句子、句群或段落，应位于所注释语段的句末点号之后。

示例：标点符号是辅助文字记录语言的符号，是书面语的有机组成部分，用来表示语句的停顿、语气以及标示某些成分（主要是词语）的特定性质和作用。（数学符号、货币符号、校勘符号等特殊领域的专门符号不属于标点符号。）

A.9　省略号用法补充规则

A.9.1　不能用多于两个省略号（多于12点）连在一起表示省略。省略号须与多点连续的连珠号相区别（后者主要是用于表示目录中标题和页码对应和连接的专门符号）。

A.9.2　省略号和“等”“等等”“什么的”等词语不能同时使用。在需要读出来的地方用“等”“等等”“什么的”等词语，不用省略号。

示例：含有铁质的食物有猪肝、大豆、油菜、菠菜……等。（误）

含有铁质的食物有猪肝、大豆、油菜、菠菜等。（正）

A.10　着重号用法补充规则

不应使用文字下加直线或波浪线等形式表示着重。文字下加直线为专名号形式（4.16）；文字下加浪纹线是特殊书名号（A.13.6）。着重号的形式统一为相应项目下加小圆点。

示例：下面对本文的理解，不正确的一项是（误）

下面对本文的理解，不正确的一项是（正）

A.11　连接号用法补充规则

浪纹线连接号用于标示数值范围时，在不引起歧义的情况下，前一数值附加符号或计量单位可省略。

示例：5公斤~100公斤（正）

5~100公斤（正）

A.12　间隔号用法补充规则

当并列短语构成的标题中已用间隔号隔开时，不应再用“和”类连词。

示例：《水星·火星和金星》（误）

《水星·火星·金星》（正）

A.13　书名号用法补充规则

A.13.1　不能视为作品的课程、课题、奖品奖状、商标、证照、组织机构、会议、活动等名称，不应用书名号。下面均为书名号误用的示例：

示例1：下学期本中心将开设《现代企业财务管理》《市场营销》两门课程。

示例2：明天将召开《关于“两保两挂”的多视觉理论思考》课题立项会。

示例3：本市将向70岁以上（含70岁）老年人颁发《敬老证》。

示例4：本校共获得《最佳印象》《自我审美》《卡拉OK》等六个奖杯。

示例5：《闪光》牌电池经久耐用。

示例6：《文史杂志社》编辑力量比较雄厚。

示例7：本市将召开《全国食用天然色素应用研讨会》。

示例8：本报将于今年暑假举行《墨宝杯》书法大赛。

A.13.2　有的名称应根据指称意义的不同确定是否用书名号。如文艺晚会指一项活动时，不用书名号；而特指一种节目名称时，可用书名号。再如展览作为一种文化传播的组织的形式时，不用书名号；特定情况下将某项展览作为一种创作的作品时，可用书名号。

示例1：2008年重阳联欢晚会受到观众的称赞和好评。

示例2：本台将重播《2008年重阳联欢晚会》。

示例3：“雪域明珠——中国西藏文化展”今天隆重开幕。

示例4：《大地飞歌艺术展》是一部大型现代艺术作品。

A.13.3　书名后面表示该作品所属类别的普通名词不标在书名号内。

示例：《我们》杂志

A.13.4　书名有时带有括注。如果括注是书名、篇名等的一部分，应放在书名号之内，反之则应放在书名号之外。

示例1：《琵琶行（并序）》

示例2：《中华人民共和国民事诉讼法（试行）》

示例3：《新政治协商会议筹备会组织条例（草案）》

示例4：《百科知识》（彩图本）

示例5：《人民日报》（海外版）

A.13.5　书名、篇名末尾如有叹号或问号，应放在书名号之内。

示例1：《日记何罪!》

示例2：《如何做到同工又同酬？》

A.13.6　在古籍或某些文史类著作中，为与专名号配合，书名号也可改用浪线式“﹏”，标注在书名下方。这可以看作是特殊的专名号或特殊的书名号。

A.14　分隔号用法补充规则

分隔号又称正斜线号，须与反斜线号“\”相区别（后者主要是用于编写计算机程序的专门符号）。使用分隔号时，紧贴着分隔号的前后通常不用点号。

附录 B
（资料性附录）
标点符号若干用法的说明

B.1 易混标点符号用法比较

B.1.1 逗号、顿号表示并列词语之间停顿的区别

逗号和顿号都表示停顿，但逗号表示的停顿长，顿号表示的停顿短。并列词语之间的停顿一般用顿号，但当并列词语较长或其后有语气词时，为了表示稍长一点的停顿，也可用逗号。

示例1： 我喜欢吃的水果有苹果、桃子、香蕉和菠萝。

示例2： 我们需要了解全局和局部的统一，必然和偶然的统一，本质和现象的统一。

示例3： 看游记最难弄清位置和方向。前啊，后啊，左啊，右啊，看了半天，还是不明白。

B.1.2 逗号、顿号在表列举省略的“等”“等等”之类词语前的使用

并列成分之间用顿号，末尾的并列成分之后用“等”“等等”之类词语时，“等”类词前不用顿号或其他点号；并列成分之间用逗号，末尾的并列成分之后用“等”类词时，“等”类词前应用逗号。

示例1： 现代生物学、物理学、化学、数学等基础科学的发展，带动了医学科学的进步。

示例2： 写文章前要想好：文章主题是什么，用哪些材料，哪些详写，哪些略写，等等。

B.1.3 逗号、分号表示分句间停顿的区别

当复句的表述不复杂、层次不多，相连的分句语气比较紧凑、分句内部也没有使用逗号表示停顿时，分句间的停顿多用逗号。当用逗号不易分清多重复句内部的层次（如分句内部已有逗号），而用句号又可能割裂前后关系的地方，应用分号表示停顿。

示例1： 她拿起钥匙，开了箱上的锁，又开了首饰盒上的锁，往老地方放钱。

示例2： 纵比，即以一事物的各个发展阶段作比；横比，则以此事物与彼事物相比。

B.1.4 顿号、逗号、分号在标示层次关系时的区别

句内点号中，顿号表示的停顿最短、层次最低，通常只能表示并列词语之间的停顿；分号表示的停顿最长、层次最高，可以用来表示复句的第一层分句之间的停顿；逗号介于两者之间，既可表示并列词语之间的停顿，也可表示复句中分句之间的停顿。若分句内部已用逗号，分句之间就应用分号（见B.1.3示例2）。用分号隔开的几个并列分句

不能由逗号统领或总结。

示例1：有的学会烤烟，自己做挺讲究的纸烟和雪茄；有的学会蔬菜加工，做的番茄酱能吃到冬天；有的学会蔬菜腌渍、窖藏，使秋菜接上春菜。

示例2：动物吃植物的方式多种多样，有的是把整个植物吃掉，如原生动物；有的是把植物的大部分吃掉，如鼠类；有的是吃掉植物的要害部位，如鸟类吃掉植物的嫩芽。（误）。

动物吃植物的方式多种多样：有的是把整个植物吃掉，如原生动物；有的是把植物的大部分吃掉，如鼠类；有的是吃掉植物的要害部位，如鸟类吃掉植物的嫩芽。（正）。

B.1.5　冒号、逗号用于“说”“道”之类词语后的区别

位于引文之前的“说”“道”后用冒号。位于引文之后的“说”“道”分两种情况：处于句末时，其后用句号；“说”“道”后还有其他成分时，其后用逗号。插在话语中间的“说”“道”类词语后只能用逗号表示停顿。

示例1：他说：“晚上就来家里吃饭吧。”

示例2：“我真的很期待。”他说。

示例3：“我有件事忘了说……”他说，表情有点为难。

示例4：“现在请皇上脱下衣服，”两个骗子说，“好让我们为您换上新衣。”

B.1.6　不同点号表示停顿长短的排序

各种点号都表示说话时的停顿。句号、问号、叹号都表示句子完结，停顿最长。分号用于复句的分句之间，停顿长度介于句末点号和逗号之间，而短于冒号。逗号表示一句话中间的停顿，又短于分号。顿号用于并列词语之间，停顿最短。通常情况下，各种点号表示的停顿由长到短为：句号=问号=叹号>冒号（指涵盖范围为一句话的冒号）>分号>逗号>顿号。

B.1.7　破折号与括号表示注释或补充说明时的区别

破折号用于表示比较重要的解释说明，这种补充是正文的一部分，可与前后文连读；而括号表示比较一般的解释说明，只是注释而非正文，可不与前后文连读。

示例1：在今年——农历虎年，必须取得比去年更大的成绩。

示例2：哈雷在牛顿思想的启发下，终于认出了他所关注的彗星（该星后人称为哈雷彗星）。

B.1.8　书名号、引号在“题为……”“以……为题”格式中的使用

“题为……”“以……为题”中的“题”，如果是诗文、图书、报告或其他作品可作为篇名、书名看待时，可用书名号；如果是写作、科研、辩论、谈话的主题，非特定作品的标题，应用引号。即“题为……”“以……为题”中的“题”应根据其类别分别按书名号和引号的用法处理。

示例1：有篇题为《柳宗元的诗》的文章，全文才2 000字，引文不实却达11处之多。

示例2： 今天一个以“地球·人口·资源·环境”为题的大型宣传活动在此间举行。

示例3：《我的老师》写于1956年9月，是作者应《教师报》之约而写的。

示例4：“我的老师”这类题目，同学们也许都写过。

B.2 两个标点符号连用的说明

B.2.1 行文中表示引用的引号内外的标点用法

当引文完整且独立使用，或虽不独立使用但带有问号或叹号时，引号内句末点号应保留。除此之外，引号内不用句末点号。当引文处于句子停顿处（包括句子末尾）且引号内未使用点号时，引号外应使用点号；当引文位于非停顿处或者引号内已使用句末点号时，引号外不用点号。

示例1：“沉舟侧畔千帆过，病树前头万木春。”他最喜欢这两句诗。

示例2： 书价上涨令许多读者难以接受，有些人甚至发出“还买得起书吗？”的疑问。

示例3： 他以“条件还不成熟，准备还不充分”为由，否决了我们的提议。

示例4： 你这样“明日复明日”地要拖到什么时候？

示例5： 司马迁为了完成《史记》的写作，使之“藏之名山”，忍受了人间最大的侮辱。

示例6： 在施工中要始终坚持“把质量当生命”。

示例7：“言之无文，行而不远”这句话，说明了文采的重要。

示例8： 俗话说：“墙头一根草，风吹两边倒。”用这句话来形容此辈再恰当不过。

B.2.2 行文中括号内外的标点用法

括号内行文末尾需要时可用问号、叹号和省略号。除此之外，句内括号行文末尾通常不用标点符号。句外括号行文末尾是否用句号由括号内的语段结构决定：若语段较长、内容复杂，应用句号。句内括号外是否用点号取决于括号所处位置：若句内括号处于句子停顿处，应用点号。句外括号外通常不用点号。

示例1： 如果不采取（但应如何采取呢？）十分具体的控制措施，事态将进一步扩大。

示例2： 3分钟过去（仅仅才3分钟！），从眼前穿梭而过的出租车竟达32辆！

示例3： 她介绍时用了一连串比喻（有的状如树枝，有的貌似星海……），非常形象。

示例4： 科技协作合同（包括科研、试制、成果推广等）根据上级主管部门或有关部门的计划签订。

示例5： 应把夏朝看作原始公社向奴隶制国家过渡时期。（龙山文化遗址里，也有俯身葬。俯身者很可能就是奴隶。）

示例6： 问：你对你不喜欢的上司是什么态度？

答：感情上疏远，组织上服从。（掌声，笑声）

示例7： 古汉语（特别是上古汉语），对于我来说，有着常人无法想象的吸引力。

示例8： 由于这种推断尚未经过实践的考验，我们只能把它作为假设（或假说）提出来。

示例9： 人际交往过程就是使用语词传达意义的过程。（严格说，这里的“语词”应为语词指号。）

B.2.3　破折号前后的标点用法

破折号之前通常不用点号；但根据句子结构和行文需要，有时也可分别使用句内点号或句末点号。破折号之后通常不会紧跟着使用其他点号；但当破折号表示语音的停顿或延长时，根据语气表达的需要，其后可紧接问号或叹号。

示例1：小妹说："我现在工作得挺好，老板对我不错，工资也挺高。——我能抽支烟吗？"（表示话题的转折）

示例2：我不是自然主义者，我主张文学高于现实，能够稍稍居高临下地去看现实，因为文学的任务不仅在于反映现实。光描写现存的事物还不够，还必须记住我们所希望的和可能产生的事物。必须使现象典型化。应该把微小而有代表性的事物写成重大的和典型的事物。——这就是文学的任务。（表示对前几句话的总结）

示例3："是他——？"石一川简直不敢相信自己的耳朵。

示例4："我终于考上大学啦！我终于考上啦——！"金石开兴奋得快要晕过去了。

B.2.4　省略号前后的标点用法

省略号之前通常不用点号。以下两种情况例外：省略号前的句子表示强烈语气、句末使用问号或叹号时；省略号前不用点号就无法标示停顿或表明结构关系时。省略号之后通常也不用点号，但当句末表达强烈的语气或感情时，可在省略号后用问号或叹号；当省略号后还有别的话、省略的文字和后面的话不连续且有停顿时，应在省略号后用点号；当表示特定格式的成分虚缺时，省略号后可用点号。

示例1：想起这些，我就觉得一辈子都对不起你。你对梁家的好，我感激不尽!……

示例2：他进来了，……一身军装，一张朴实的脸，站在我们面前显得很高大，很年轻。

示例3：这，这是……？

示例4：动物界的规矩比人类还多，野骆驼、黄羊……，直至塔里木兔、跳鼠，都是各行其路，决不混淆。

示例5：大火被渐渐扑灭，但一片片油污又旋即出现在遇难船旁……。清污船迅速赶来，并施放围栏以控制油污。

示例6：如果……，那么……。

B.3　序次语之后的标点用法

B.3.1　"第""其"字头序次语，或"首先""其次""最后"等做序次语时，后用逗号（见4.4.3.3）。

B.3.2　不带括号的汉字数字或"天干地支"做序次语时，后用顿号（见4.5.3.2）。

B.3.3　不带括号的阿拉伯数字、拉丁字母或罗马数字做序次语时，后面用下脚点（该符号属于外文的标点符号）。

示例1：总之，语言的社会功能有三点：1.传递信息，交流思想；2.确定关系，调节关系；3.组织生活，组织生产。

示例2：本课一共讲解三个要点：A.生理停顿；B.逻辑停顿；C.语法停顿。

B.3.4　加括号的序次语后面不用任何点号。

示例1：受教育者应履行以下义务：（一）遵守法律、法规；（二）努力学习，完成规定的学习任务；（三）遵守所在学校或其他教育机构的制度。

示例2：科学家很重视下面几种才能：（1）想象力；（2）直觉的理解力；（3）数学能力。

B.3.5　阿拉伯数字与下脚点结合表示章节关系的序次语末尾不用任何点号。

示例：3　停顿

3.1　生理停顿

3.2　逻辑停顿

B.3.6　用于章节、条款的序次语后宜用空格表示停顿。

示例：第一课　春天来了

B.3.7　序次简单、叙述性较强的序次语后不用标点符号。

示例：语言的社会功能共有三点：一是传递信息；二是确定关系；三是组织生活。

B.3.8　同类数字形式的序次语，带括号的通常位于不带括号的下一层。通常第一层是带有顿号的汉字数字；第二层是带括号的汉字数字；第三层是带下脚点的阿拉伯数字；第四层是带括号的阿拉伯数字；再往下可以是带圈的阿拉伯数字或小写拉丁字母。一般可根据文章特点选择从某一层序次语开始行文，选定之后应顺着序次语的层次向下行文，但使用层次较低的序次语之后不宜反过来再使用层次更高的序次语。

示例：一、……

（一）……

1.……

（1）……

①/a.……

B.4　文章标题的标点用法

文章标题的末尾通常不用标点符号，但有时根据需要可用问号、叹号或省略号。

示例1：看看电脑会有多聪明，让它下盘围棋吧

示例2：猛龙过江：本店特色名菜

示例3：严防“电脑黄毒”危害少年

示例4：回家的感觉真好

——访大赛归来的本市运动员

示例5：里海是湖，还是海？

示例6：人体也是污染源！

示例7：和平协议签署之后……

附录四　出版物上数字用法
（GB/T 15835—2011）

1　范围

本标准规定了出版物上汉字数字和阿拉伯数字的用法。

本标准适用于各类出版物（文艺类出版物和重排古籍除外）。政府和企事业单位公文，以及教育、媒体和公共服务领域的数字用法，也可参照本标准执行。

2　规范性引用文件

下列文件对于本文件的应用是必不可少的。凡是注日期的引用文件，仅注日期的版本适用于本文件。凡是不注日期的引用文件，其最新版本（包括所有的修改单）适用于本文件。

GB/T 7408—2005　数据元和交换格式　信息交换　日期和时间表示法

3　术语和定义

下列术语和定义适用于本文件。

3.1

计量　measuring

将数字用于加、减、乘、除等数学运算。

3.2

编号　numbering

将数字用于为事物命名或排序，但不用于数学运算。

3.3

概数　approximate number

用于模糊计量的数字。

4　数字形式的选用

4.1　选用阿拉伯数字

4.1.1　用于计量的数字

在使用数字进行计量的场合，为达到醒目、易于辨识的效果，应采用阿拉伯数字。

示例1：−125.03　34.5%　63%~68%　1：500 97/108

当数值伴随有计量单位时，如：长度、容积、面积、体积、质量、温度、经纬度、音量、频率等等，特别是当计量单位以字母表达时，应采用阿拉伯数字。

示例2：523.56km（523.56千米）　346.87L（346.87升）　5.34m²（5.34平方米）
567mm³（567立方毫米）　605g（605克）　100~150kg（100~150千克）
34~39℃（34~39摄氏度）　北纬40°（40度）　120dB（120分贝）

4.1.2 用于编号的数字

在使用数字进行编号的场合，为达到醒目、易于辨识的效果，应采用阿拉伯数字。

示例：电话号码：98888
邮政编码：100871
通信地址：北京市海淀区复兴路11号
电子邮件地址：x186@186.net
网页地址：http：//127.0.0.1
汽车号牌：京A00001
公交车号：302路公交车
道路编号：101国道
公文编号：国办发〔1987〕9号
图书编号：ISBN 978-7-80184-224-4
刊物编号：CN11-1399
章节编号：4.1.2
产品型号：PH—3000型计算机
产品序列号：C84XB—JYVFD—P7HC4—6XKRJ—7M6XH
单位注册号：02050214
行政许可登记编号：0684D10004—828

4.1.3 已定型的含阿拉伯数字的词语

现代社会生活中出现的事物、现象、事件，其名称的书写形式中包含阿拉伯数字，已经广泛使用而稳定下来，应采用阿拉伯数字。

示例：3G手机　MP3播放器　G8峰会　维生素B_{12}　97号汽油　“5·27”事件
“12·5”枪击案

4.2 选用汉字数字

4.2.1 非公历纪年

干支纪年、农历月日、历史朝代纪年及其他传统上采用汉字形式的非公历纪年等等，应采用汉字数字。

示例： 丙寅年十月十五日　庚辰年八月五日　腊月二十三　正月初五　八月十五中秋
秦文公四十四年　太平天国庚申十年九月二十四日　清咸丰十年九月二十日
藏历阳木龙年八月二十六日　日本庆应三年

4.2.2　概数

数字连用表示的概数、含“几”的概数，应采用汉字数字。

示例： 三四个月　一二十个　四十五六岁　五六万套　五六十年前
几千　二十几　一百几十　几万分之一

4.2.3　已定型的含汉字数字的词语

汉语中长期使用已经稳定下来的包含汉字数字形式的词语，应采用汉字数字。

示例： 万一　一律　一旦　三叶虫　四书五经　星期五　四氧化三铁
八国联军　七上八下　一心一意　不管三七二十一　一方面　二百五
半斤八两　五省一市　五讲四美　相差十万八千里　八九不离十
白发三千丈　不二法门　二八年华　五四运动　“一·二八”事变
“一二·九”运动

4.3　选用阿拉伯数字与汉字数字均可

如果表达计量或编号所需要用到的数字个数不多。选择汉字数字还是阿拉伯数字在书写的简洁性和辨识的清晰性两方面没有明显差异时，两种形式均可使用。

示例1： 17号楼（十七号楼）　3倍（三倍）　第5个工作日（第五个工作日）
100多件（一百多件）　20余次（二十余次）　约300人（约三百人）
40左右（四十左右）　50上下（五十上下）　50多人（五十多人）
第25页（第二十五页）　第8天（第八天）　第4季度（第四季度）
第45份（第四十五份）　共235位同学（共二百三十五位同学）　0.5（零点五）
76岁（七十六岁）　120周年（一百二十周年）　1/3（三分之一）
公元前8世纪（公元前八世纪）　20世纪80年代（二十世纪八十年代）
公元253年（公元二五三年）　1997年7月1日（一九九七年七月一日）
下午4点40（下午四点四十分）　4个月（四个月）　12天（十二天）

如果要突出简洁醒目的表达效果，应使用阿拉伯数字；如果要突出庄重典雅的表达效果，应使用汉字数字。

示例2： 北京时间2008年5月12日14时28分
十一届全国人大一次会议（不写为“11届全国人大1次会议”）
六方会谈（不写为“6方会谈”）

在同一场合出现的数字，应遵循“同类别同形式”原则来选择数字的书写形式。如果两数字的表达功能类别相同（比如都是表达年月日时间的数字），或者两数字在上下文中所处的层级相同（比如文章目录中同级标题的编号），应选用相同的形式。反之，如果两数字的表达功能不同，或所处层级不同，可以选用不同的形式。

示例3： 2008年8月8日　　　　二〇〇八年八月八日（不写为“二〇〇八年8月8日”）

第一章　第二章……第十二章（不写为“第一章　第二章……第12章”）

第二章的下一级标题可以用阿拉伯数字编号：2.1，2.2，……

应避免相邻的两个阿拉伯数字造成歧义的情况。

示例4： 高三3个班　　高三三个班　　（不写为“高33个班”）

高三2班　　高三（2）班　　（不写为“高32班”）

有法律效力的文件、公告文件或财务文件中可同时采用汉字数字和阿拉伯数字。

示例5： 2008年4月保险账户结算日利率为万分之一点五七五零（0.015750%）

35.5元（35元5角　三十五元五角　叁拾伍圆伍角）

5　数字形式的使用

5.1　阿拉伯数字的使用

5.1.1　多位数

为便于阅读，四位以上的整数或小数，可采用以下两种方式分节：

——第一种方式：千分撇

整数部分每三位一组，以“,”分节。小数部分不分节。四位以内的整数可以不分节。

示例1： 624,000　　92,300,000　　19,351,235.235767　　1256

——第二种方式：千分空

从小数点起，向左和向右每三位数字一组，组间空四分之一个汉字，即二分之一个阿拉伯数字的位置。四位以内的整数可以不加千分空。

示例2： 55 235 367.346 23　　98 235 358.238 368

注： 各科学技术领域的多位数分节方式参照GB 3101—1993的规定执行。

5.1.2　纯小数

纯小数必须写出小数点前定位的“0”，小数点是齐阿拉伯数字底线的实心点“.”。

示例： 0.46不写为.46或0。46

5.1.3　数值范围

在表示数值的范围时，可采用浪纹式连接号“~”或一字线连接号“—”。前后两个数值的附加符号或计量单位相同时，在不造成歧义的情况下，前一个数值的附加符号或计量单位可省略。如果省略数值的附加符号或计量单位会造成歧义，则不应省略。

示例： −36~−8℃　　400—429页　　100—150kg　　12 500~20 000元

9亿~16亿（不写为9~16亿）　　13万元~17万元（不写为13~17万元）

15%~30%（不写为15~30%）　　4.3×10^6~5.7×10^6（不写为4.3~5.7×10^6）

5.1.4　年月日

年月日的表达顺序应按照口语中年月日的自然顺序书写。

示例1：2008年8月8日　　1997年7月1日

“年”“月”可按照GB/T 7408—2005的5.2.1.1中的扩展格式，用“-”替代，但年月日不完整时不能替代。

示例2：2008-8-8　　1997-7-1　　8月8日（不写为8-8）　　2008年8月（不写为2008-8）

四位数字表示的年份不应简写为两位数字。

示例3：“1990年”不写为“90年”

月和日是一位数时，可在数字前补“0”。

示例4：2008-08-08　　1997-07-01

5.1.5　时分秒

计时方式既可采用12小时制，也可采用24小时制。

示例1：11时40分（上午11时40分）　　21时12分36秒（晚上9时12分36秒）

时分秒的表达顺序应按照口语中时、分、秒的自然顺序书写。

示例2：15时40分　　14时12分36秒

“时”“分”也可按照GB/T 7408—2005的5.3.1.1和5.3.1.2中的扩展格式，用“：”替代。

示例3：15：40　　14：12：36

5.1.6　含有月日的专名

含有月日的专名采用阿拉伯数字表示时，应采用间隔号“·”将月、日分开，并在数字前后加引号。

示例：“3·15”消费者权益日

5.1.7　书写格式

5.1.7.1　字体

出版物中的阿拉伯数字，一般应使用正体二分字身，即占半个汉字位置。

示例：234　　57.236

5.1.7.2　换行

一个用阿拉伯数字书写的数值应在同一行中，避免被断开。

5.1.7.3 竖排文本中的数字方向

竖排文字中的阿拉伯数字按顺时针方向转90度。旋转后要保证同一个词语单位的文字方向相同。

示例：

示例一

雪花牌BCD188型家用电冰箱容量是一百八十八升，功率为一百二十五瓦，市场售价两千零五十元，返修率仅为百分之零点一五。

示例二

海军J12号打捞救生船在太平洋上航行了十三天，于一九九〇年八月六日零时三十分返回基地。

5.2 汉字数字的使用

5.2.1 概数

两个数字连用表示概数时，两数之间不用顿号“、”隔开。

示例：二三米　　一两个小时　　三五天　　一二十个　　四十五六岁

5.2.2 年份

年份简写后的数字可以理解为概数时，一般不简写。

示例：“一九七八年”不写为“七八年”

5.2.3 含有月日的专名

含有月日的专名采用汉字数字表示时，如果涉及一月、十一月、十二月，应用间隔号“·”将表示月和日的数字隔开，涉及其他月份时，不用间隔号。

示例：“一·二八”事变　　“一二·九”运动　　五一国际劳动节

5.2.4 大写汉字数字

——大写汉字数字的书写形式

零、壹、贰、叁、肆、伍、陆、柒、捌、玖、拾、佰、仟、万、亿

——大写汉字数字的适用场合

法律文书和财务票据上，应采用大写汉字数字形式记数。

示例：3,504元（叁仟伍佰零肆圆）　　39,148元（叁万玖仟壹佰肆拾捌圆）

5.2.5 “零”和“〇”

阿拉伯数字“0”有“零”和“〇”两种汉字书写形式。一个数字用作计量时，其中“0”的汉字书写形式为“零”，用作编号时，“0”的汉字书写形式为“〇”。

示例：“3052（个）”的汉字数字形式为“三千零五十二”（不写为“三千〇五十二”）

“95.06”的汉字数字形式为“九十五点零六”（不写为“九十五点〇六”）

“公元2012（年）”的汉字数字形式为“二〇一二”（不写为“二零一二”）

5.3　阿拉伯数字与汉字数字同时使用

如果一个数值很大，数值中的“万”“亿”单位可以采用汉字数字，其余部分采用阿拉伯数字。

示例1：我国1982年人口普查人数为10亿零817万5 288人。

除上面情况之外的一般数值，不能同时采用阿拉伯数字与汉字数字。

示例2：108可以写作“一百零八”，但不应写作“1百零8”“一百08”

4 000可以写作“四千”，但不应写作“4千”

参考文献

［1］林心治，刘俐．应用文写作教程［M］．重庆：重庆大学出版社，2016．

［2］张家恕，郑敬东，林心治．现代应用写作教程［M］．重庆：重庆出版社，2013．

［3］刘俐，李锐青．应用写作［M］．成都：四川大学出版社，2001．

［4］刘俐，周维群．现代应用文写作教程［M］．重庆：西南师范大学出版社，1995．

［5］董小玉，刘俐．现代应用写作训练教程［M］．重庆：西南师范大学出版社，1999．

［6］傅德岷．应用文写作大全［M］．乌鲁木齐：新疆人民出版社，2002．

［7］傅德岷，钱国纲．学术论文写作导论［M］．成都：四川科学技术出版社，1991．

［8］吴浩．中华人民共和国合同法释义及标准样本［M］．北京：改革出版社，1999．

［9］张保忠，岳海翔．最新公文写作规范、技巧与范例［M］．北京：研究出版社，2010．

［10］张保忠．党政公文写作规范技巧范例全书［M］．北京：研究出版社，2012．

［11］岳海翔．规范化：最新公文写作规范与规则实务大全［M］．北京：东方出版社，2020．

［12］岳海翔．党政机关公文标准与格式应用指南［M］．北京：人民邮电出版社，2019．

［13］高永贵．公文写作与处理考试教程［M］．北京：北京大学出版社，2016．

［14］王华．党政机关公文文种选用研究综述［J］．应用写作，2016,(8)：9-11．

［15］史为恒．党政公文“意见”与相似文种辨析［J］．应用写作，2019,(2)：11-13．

［16］史为恒．“会议公报”与“决议”文种辨析［J］．应用写作，2018,(5)：9-12．